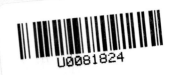

多元視角

〔教育現場卷〕

二十一世紀中華歷史文化教育

梁操雅、梁超然、區志堅——主編

推薦序一

杜葉錫恩教育基金會監事及永遠榮譽會長
黃華康

歷史是甚麼？國史大師錢穆在《中國的歷史精神》是這樣說的：「歷史便即是人生，歷史是我們全部的人生，就是全部人生的經驗。歷史本身，就是我們人生整個過往的經驗。」歷史不單是記載過去的事情，更把過去的人所經驗所得記錄下來，它是從一面由古到今的鏡子，我們藉此判斷過去人事的對錯是非。歷史教育，教人得從經驗中獲得啟發，學懂判別事情真偽的能力，更有助培養人的國民質素和國家歸屬感。

為提升香港學生對國家民族的自覺與認同，特區政府於2018年向全港中學發出通函，決定將中國歷史科成為初中的核心科目之一，中國歷史科新課程將在2020-21學年在全港中一級實施。此措施讓對世界充滿好奇的中學生中，能有機會透過專科研習，探究我國千年歷史長河的偉大之處，喚醒莘莘學子對國家及民族的自覺與認同，培養他們的人文關懷與素養，亦教導年輕人需從歷史與古人之中儲備人生經驗，啟發未來去向。

課程改革，牽起一眾熱衷歷史教育之大家和教育工作者的討論熱潮。杜葉錫恩教育基金特意於2019年1月中旬，舉辦為期兩日「兩岸四地中國歷史教育學術研討會」，研討會中雲集內地、港澳和台灣多位歷史學者，就各地中國歷史教育及國民教育發表真知灼見，以啟發本地中國歷史科的新思維。

本論文集彙集當日各研討會之演辭報告，經整理校對後，成為正規學術研究文章，為歷史教育研究提供嶄新而具參考價值的論點及研究方法，實在值得學術界人士閱讀。論文集深入探究歷史教育的議題，除詳細分析港台中史科教育面對的迷思，更由中國歷史科課程規劃變化、教育理念、教學模式、學生學習興趣及教學成效評量等，多方面反思中國歷史科的發展內涵。另外，學者更以古代歷史教科書為例分析其史學觀，從而延伸討論「為何要讀歷史」的根本問題；又論文集亦探討現當代各地史學研究的區域文化，比較各地歷史學者在研究時的視野與盲區。這些研究，既對史學研究甚有裨益，更有助推動歷史教育的前進發展，優化中國歷史科的教學質素。

現在，論文集得以梓行，承蒙諸位博學之士惠賜鴻文，使中國歷史科的教育使命獲更確切的論述，本人謹藉此機會，向諸位致謝。

推薦序二

杜葉錫恩教育基金會主席
張雅麗

二十一世紀，全球很多國家及地區，均面對在現代社會怎樣傳承已有文化，在今天的中國，已可見成把中國傳統文化與現代環境相結合，返本開新，把中國文化帶進現代科技文明的新領域。談及傳承文化，不可不注意從事歷史教育工作者的責任，達至先賢韓愈所說「師者，所以傳道、受業、解惑也」。中國歷史浩瀚如海，所包含的人與事不勝枚舉。熟知祖國的歷史，除了讓人鑑古知今外，也加強學生對國家的歸屬感，也提升其國民質素。因此，中華人民共和國香港特別行政區政府宣布中國歷史成為初中的核心科目之一，並即將實施新課程。由是在杜葉錫恩教育基金會，與香港樹仁大學歷史系、嶺南大學香港與華南歷史研究部、香港浸會大學當代中國研究所、香港教育大學人文學院、香港公開大學教育及語文學院、香港中國近代史學會、香港歷史博物館於2019年1月11至12日，合辦「兩岸四地中國歷史教育學術研討會」，得到中國內地、香港、澳門、臺灣等地從事歷史學教研工作的學者及教員，發表學術論文，使到是次學術研討會，取得美好成果！

近日欣喜是次學術研討會籌委會委員梁超然校長、梁操雅博士、區志堅博士，更在研討會後，努力蒐集，學者在研討會上發表論文，成為專集，予以出版，使到是次研討會成果，得以保存及流布，加強學者彼此交流。是次論文集更匯集歷史教研工作者，既以宏觀的角度，探討新課程改革之所需，為學界有疑難者排困解惑，更從微觀及教學個案，引證教學理論，使新課程更為優化，更切合二十一世紀歷史教育課程的步伐和需要，並可以支援中國歷史教師教學需要及提升教學效能，促進中國歷史科的發展。在此謹希望閱讀本書的讀者，多融匯貫通各章的要義，一起推動歷史教育的現代化。是為之序。

編者序

梁操雅、梁超然、區志堅

近年全球很多地區均推行改革歷史教育的政策，尤以中國內地、香港、澳門及臺灣，不只是改革中小學及高等院校歷史教育課程，中小學在進行新的歷史教育課程下，出版新一套有關中國歷史及世界歷史科教科書。至於歷史教育的施教方面，也強調師生間的學與教，也有優化已有教育科目。同時，海峽兩岸四地從事歷史教育的教、研人士，在討論歷史教育之餘，也致力引用電子科技、數據庫、圖像教學，致力提升中華文化、歷史教育與二十一世紀學術環境的接軌的工作。歷年來從事香港一地文化推動教育工作不遺餘力的杜葉錫恩教育基金會、香港樹仁大學歷史學系，於2019年1月11至12日，假座香港歷史博物館舉辦「多元視角探研：兩岸四地中國歷史教育學術研討會」，更邀請兩岸四地從事歷史教育的教、研人士，以多元化的觀點及教學方法，表述歷史教學，是次發表五十七篇有關文化及歷史教育的學術論文。及後，與會者均同意把修改宣讀論文，予以出版，收在全書中的所有論文，均經過了三位學者予以評審及給予建議，再給相關作者予以修改。

很多從事歷史教育的教研人士，多強調走在二十一世紀，為吸引年青人注意歷史教育，必先提升他們對歷史文化的興趣，希望教育界先從他們的生活環境，提取材料，進行教育，並先引發他們對歷史文化的好奇心，再在此基礎上培育他們對歷史文化的興趣，更可以多邀請學生參與教學活動，「動手動腳找材料」，互動及活動教學尤為重要，二十一世紀的教員，也由知識傳授者，變成知識的引導者。因為要注意提升學生對四周的關注，故也注意學生的情景教育，注意學生對問題的感受，及多元感覺進行教育。此外，現時歷史教育也應多注意配合運用現代電子科技、電子圖像、虛擬實景等施教工具設計課程，培育學生從多元視角，配合課堂教材及授課內容，使走出課室與課室內教學、校本教學，互相配合，故是次研討會的主題尤多強調結合資料，從多元視角及感覺出發，多思考怎樣進行歷史教育課程及科目的改革，加強開拓歷史教育課題。

至於本書的設計，主要分為第一、二冊。第一冊，為教育行為卷；第二冊，為教育現場卷。上冊收集的論文主要為：區域歷史教學和合作、清末民初歷史教科書、當代臺灣中學歷史教育、性別口述歷史教學、中國內地義務歷史教育、「敘事性」因素在歷史教育課的重要、香港中國歷史科電子教學、香港中史發展的情況、初中非華語學生學習中國歷史的課堂研究、20世紀20年代中小學歷史教育、歷史學習與深度認知、歷史教材的書寫、中國內地新高中課程的歷史解釋、法律知識與專題研習、北美華人學者探討大中華地區歷史教科書與博雅教育、以「考現學」進行歷史教育、詩歌與道德哲學的教學關係、口述史與歷史教育連繫、中國內地及香港中學經濟及歷史科忽略的課題、中國古代四大發明與歷史為主題的STEAM、「互聯網」與歷史教育、多元文化導向的僑生歷史教育、繪本共讀流程與文化教育、思考歷史學習模式、文獻與口述歷史教學、醫學知識與專題研習、漢語文化學習的課題、檢視中國文化教育等課題，上冊多為研究歷史教育的理念、構想及課程設計。

下冊各篇文章討論的主要內容，為：生命教育與文化傳承，以蓮花寶塔、盂蘭文化節、同仁堂、朱子之路、香港山西商會舉辦實習計劃、「故事學習」學與教、七夕文化、新界歷史文化、香港的孫中山史蹟徑、保釣、元朗區本歷史、南石頭難民營、觀塘區口述歷史、茶文化、華人喪葬文化、香港考古知識、工運、田野考察、深圳福田區的歷史考察、擬孫中山史蹟徑VR教學課題、抗日戰爭為等課題。下冊各篇論文，多研究進行歷史教育的個案，以實踐時遇到的成功及有待優化的地方，引證歷史教育的理念及實踐的課題。

是次論文集的出版，主要源自杜葉錫恩教育基金會資助舉行「多元視角探研：兩岸四地中國歷史教育學術研討會」。在此十分感謝杜葉錫恩教育基金資助研討會，使是次研討會得以順利舉行，更感謝香港樹仁大學及杜葉錫恩教育基金的行政人員、教員及學生，協助籌辦是次研討會。更感謝嶺南大學香港與華南歷史研究部、香港浸會大學當代中國研究所、香港教育大學人文學院、香港公開大學教育及語文學院、香港中國近代史學會、香港歷史博物館協辦是次研討會，感謝協辦單位提供行政的協助，沒有以上學術機構的支持，是次研討會不能取得美滿成果！及後，再一次感謝杜葉錫恩教育基金資助出版是次論文集，因教育基金的資助，使研討會的成果，得以保存及傳播，在此僅向杜葉錫恩教育基金致以衷心感謝！

除了感謝杜葉錫恩教育基金會的協助外，更感謝杜葉錫恩教育基金會監事及永遠榮譽會長黃華康先生、杜葉錫恩教育基金會主席張雅麗女士在百忙中惠賜推薦序，光耀論文集。編著者也感謝林浩琛先生、吳佰乘先生、梁唯實先生、盧錫俊先生，顧敏妤小姐協助對集各篇論文，進行初步排版工作。當然感謝秀威出版社編輯蔡登山先生、鄭伊庭小姐、杜國維先生、許乃文小姐的協助，處理全書的編務工作，使本論文集得以順利面世。當然要感謝惠賜鴻文的各位作者，沒有各位依三位評審學者的建議，修改研討會的宣讀論文，並予以出版，本書也不可以與讀者見面，編著者更要感謝三位評審學者在短時期評審各篇文章，並給予寶貴建議。

我們深信，是次集合兩岸四地從事歷史教育教研學者的研究成果，只是一個開始，日後舉辦的「多元視角探研：兩岸四地中國歷史教育學術研討會」，必會使兩岸四地歷史教育研究有更傑出的進展。本書的出版對歷史教育而言，不是完結，而是新的開始。

庚子年正月初四日

目次

第一章　把「校史」放進「生命教育」：以慕光英文書院為例

慕光書院
梁超然[1]

一、引言

近年香港教育界多提倡及重視中小學生「生命教育」[2]。有鑑於香港現時的「生命教育」課程設計上並未有一完整的、系統性的架構，有關「生命教育」課程的內容及實踐的想法，仍較為表面，學與教的焦點尚未夠清晰[3]。對於如何有效實踐「生命教育」，筆者認為以「校史」為「生命教育」是其中一種有效方式。有見及此，本文會以慕光英文書院（下稱「慕光」或「慕光書院」）的「生命教育」及以「校史」為例，提出一種可供教育界推動「生命教育」的學與教的策略。因為很多學者已指出要從學生熟悉的四周環境，年輕人在學時期，相信學生生活成為學習知識的來源，所以學生生活正好作為學習教材，這樣必然提升學生們學習興趣[4]。

1　梁超然先生，為慕光書院校長。

2　主因在於近年校園暴力、童黨、欺凌及青少年濫藥的個案有上升現象，引起教育界關注生命教育的問題，並把生命教育訂定為學校發展重點。如香港神託會早於2002年在其學校及社會服務單位推行生命教育，其轄下的培敦中學，已於2002年開始推行五年一貫全方位生命教育；循道衛理聯合教育於2005年發展「優質生命教育發展計畫」，發展屬校的生命教育的正規、非正規和隱蔽課程；香港中文大學崇基學院神學院亦於2009年成立「優質生命教育中心」；一群跨宗教、跨界別的前線生命教育工作者，籌組的「全人生命教育學會」，亦於2011年正式成立，推動香港全人生命教育的發展。見梁錦波：〈香港中小學生命教育的現況及發展〉，網站：http://www.holistic-life-ed.org/doc/hkahle_lkb_111129.pdf，瀏覽日期：2019-12-18。

3　有關內容會在下文詳析。

4　研究學生生活作為學習教材，見Jacques Barzun and Henry F. Graff, *The Modern Researcher* (Singapore: Thomson Learnning,2004), pp.5-9; Hilda Kean, 'London Stories, Personal Lives, Public Histories,' (coll.) Hilda Kean and Paul Martin(ed.), *The Public History Reader* (N.Y: Routledge, 2013), pp.173-192；參區志堅：〈建構族群身分認同：香港屏山鄧氏口述史表述家族歷史記憶〉，載澳門理工學院人文社會科學院主編：《口述歷史國際學術研討會論文集》（澳門：澳門理工學院出版社，2014年），

慕光英文書院向來重視學生品行上的表現[5]，尤以「生命影響生命」的方式去教育學子。而慕光的辦學理念是承自創校人杜學魁校長（1921-2001）及杜葉錫恩校監（1913-2015），他們通過言教或身教直接灌輸給慕光的一眾學子，或在與老師的日常相處中潛移默化地感染老師，再間接影響慕光學子們。這種以生命（個人的日常言行）傳承教育思想的方式可對時下香港的「生命教育」模式起借鑑作用。

然而，人的生命是有限，杜學魁校長及杜葉錫恩校監分別在2001年及2015年辭世，他們的辦學精神、教育理念除了繼續以「生命影響生命」的方式傳承外，作為慕校創校者，以「校史教育」傳播二人的教育思想是十分合適。慕光的「校史教育」不只是杜校長與校監二人的教育理念傳承，也是慕光前人共同建立的寶藏：慕光書院起源於英軍帳篷搭起的校舍，在杜校長、校監及各位老師教導下，學子們在艱難環境下求學，更孕育出勤奮向學、刻苦耐勞的優良品格。慕光「校史」教育不但是瞭解慕光承傳教育理念的重要部分，也是實踐「生命教育」的合適載體。研究把慕光的「校史」教育成為教育局推行「生命教育」的參考材料，詳細對慕光的創校先賢，在慕光成立之初的學習環境，及從慕光的校訓、校歌、校徽、學費設立及杜校長、杜校監對慕光的寄語，探析慕光的教育理念，再而結合慕光近年的發展概況，分析慕光對教育的實踐與傳承，教員可以取學校校史為「生命教育」課題。

二、「生命教育」的理念與發展

（一）「生命教育」的定義

在探析慕光的品德教育前，應先瞭解國際對「生命教育」的理念及學界探討「生命教育」課題的情況。現時不少地域正推行「生命教育」，其具體概念、目標等會因地域及文化差異，各地推行情況也有異同，因此「生命教育」對全球各地均有不一樣的意義[6]。

今天學界普遍認為是J. Donald Walters最早提出「生命教育」（Education for Life），他在《「生命教育」——與孩子一同迎向人生挑戰》一書，

第76-83頁。

5 慕光重視學生品格的理念可從其校訓、校歌及創校校長與校監的寄語中瞭解，下文會詳細分析。

6 張素玲、巴兆成、秦敬民、張興華：《生命教育》（山東：中國石油大學出版社，2007年），第22頁。

指出教育是不只是為了傳授工作技能及相關知識，更應學習培養良好的心理建設及追求正確的價值觀：「孩子們所學習的是如何生活在這個世界上，而不只是如何找到一份工作、一種職業；他們必須懂得如何明智、快樂而且成功地生活，而不違背自己內在深層的需求；當然，更不會執著於金錢和權力。」[7]基於這個想法下，「生命教育」在不同地區引申出更豐富的內涵。

「生命教育」在西方社會得到最早發展。20世紀西方國家經濟高速增長，人民在物質生活得到極大滿足，同時出現不少問題，例如青少年吸毒、性危機、自殺、他殺、暴力襲擊等，危害生命的社會問題[8]。因此英國、澳洲、紐西蘭，以至部分亞洲的國家和地區，都在不同程度上推展具備他們自己特色的「生命教育」：以關懷生命為出發點，協助個人尋求存在的意義[9]。

兩岸三地中，臺灣是較早推行「生命教育」的地區，其特色在於較關注校園問題。臺灣青少年自殺大都與「學校社會適應」和「感情困擾」有關：中學階段的青少年對父母認同感降低、對同儕的認同與對偶像的崇拜以及對異性產生興趣等問題，成為觸發青少年輕生原因。而臺灣推動「生命教育」的主因很大程度上是源自當地的校園暴力[10]。

（二）香港「生命教育」的實踐

香港的「生命教育」開始於九十年代，1996年天水圍十八鄉鄉事委員會公益中學在校內推行「生命教育」課程[11]。香港天主教教育委員會、香港浸會大學、香港教育學院等教育機構也先後開發了一些與「生命教育」有關的教材，幫助青少年學生能夠珍惜自己、尊重他人以及周遭萬物的生命[12]。其

---

7 J. Donald Walters著，林鶯譯：《生命教育——與孩子們一同迎向人生挑戰》（成都：四川大學出版社，2006年），第5頁。

8 R. T. Kurlycheck, "Death education: some considerations of purpose and rationale", *Educational Gerontology*, Vol. 2, No. 1, pp.43-50.

9 同前註。

10 陳志威：〈香港生命教育課程的框架〉，香港：《香港教師中心學報》，2017年第16卷，第85-99頁。

11 張素玲、巴兆成、秦敬民、張興華：《生命教育》，第22頁。

12 梯國強：〈香港生命教育的推動與發展概況〉，收入蘇肖好主編：《生命教育》（澳門：澳門大學教育學院，2005年），第36-45頁；杜家慶、胡少偉：〈香港生命教育的分享：人道教室的實踐經驗〉，《香港教師中心學報》，2011年第10卷，第107-114頁。

後，一批教育界人士自發地於2007年籌組了「香港『生命教育』基金會」，奠定「生命教育」在香港的發展[13]。

香港的「生命教育」，除了把重點放在強調對個人生命的珍惜，更重視對他者生命的尊重以及與他人和諧共處。為了體現學生的品德發展與正確生命觀的關係，教育局把「生命教育」從屬於「德育、公民與國民教育」。[14]。可見，香港的「生命教育」留意到學生建立正確的價值觀、道德觀對其心理建設的重要性。

學者魏麗敏、張匀銘指出：「香港的『生命教育』意涵包含教育學生對自我的認識與肯定、生命的珍惜與尊重、和家人朋友相處的重要、和大自然維持良好的關係、積極面對生命無常與不可控因素、規劃生命以自我實現。」[15]可見，香港的「生命教育」不但關注學生對生命的重視，更是要幫助學生在面對不同的處境時能懂得如何處理相關的情緒，進而克服逆境，探索生命的價值和意義，建立正面的價值觀及積極的人生態度。長遠而言是鼓勵學生為自己的學業和人生訂立目標和理想，並為社會做出貢獻、造福人群[16]。

因此，香港學校實踐「生命教育」時，其目的應是幫助引起學生對生命意義的思考如「為何而活」以及「如何生活」。教育局在實行上定下了三個目標：使學生認識生命的奧妙，從而確立生命的價值；從探索生命的意義尊重每一個生命個體；欣賞生命的價值接受生命的轉變[17]。歸納以上目標，可見香港教育機構對「生命教育」實踐目的是在於令學生思索生命的意義與本質，教學的目的正是要「培養學生積極和樂觀的態度，希望他們能夠以堅毅的精神面對人生挫折，尊重和珍惜自己及他人的生命，以及能夠就自己的行為做出負責任和理性的決定」，從而建立對生命正確的目標和方向[18]。

13　廖睿詩：〈陪伴孩子在生活中實踐：生命教育的喜樂〉，《生命教育通訊》，2007年第14期，第8-9頁。

14　〈新修訂德育及公民教育課程架構〉，《香港教育局》，網站：http://www.edb.gov.hk/tc/curriculum-development/4-key-tasks/moral，瀏覽日期：2019-12-18。

15　魏麗敏、張匀銘：〈生命教育理念與實施〉，《教育研究月刊》，2015年第251期，第115頁。

16　同上註，第125頁。

17　〈新修訂德育及公民教育課程架構〉，《香港教育局》，網站：http://www.edb.gov.hk/tc/curriculum-development/4-key-tasks/moral，瀏覽日期：2019-9-8。

18　羅范椒芬：〈立法會：「生命教育」動議辯論〉，《香港特區政府新聞公報》，網站：https://www.info.gov.hk/gia/general/200206/05/0605337.htm，瀏覽日期：2019-10-3；張永雄：〈推行生命教育初探〉，網站：http://www.edb.gov.hk/tc/curriculum-development/4-keytasks/moral-civic/Newwebsite/PDF/Life_understanding.html，瀏覽日期：2019-09-08。

綜上所述，香港政府推行「生命教育」的重點：為使學生瞭解生命的意義與本質，應先協助學生建立正確的生命目標和方向。然而，不應忽略實踐「生命教育」要「以人為本」，用「生命影響生命」，從日常生活中學學習及應用知識，較以只是書本單方面的知識傳播，往往更行之有效，香港教育統籌局訓育及輔導組高級學校發展主任黃潔芳也更認為：「我們強調在設計教材時，學校要將學習內容與學生的生活事件連結，以加強學生的投入感和共鳴之餘，更有助學生應用於日常生活中，至於設計學習活動時，著重互動互助的模式，以提高學生的學習動機，及促進彼此的交流與成長」，極力推動學生從生活中學習的重要。[19]而且，目前「生命教育」只是「德育、公民與國民教育」的其中一個部分，反映出教育界對「生命教育」的重視程度尚有待進一步延伸，[20]慕光英文書院對香港「生命教育」的推展有相當重要的參考作用。

三、慕光的「生命教育」——杜葉錫恩校監與杜學魁校長的教育理念

（一）二人對教育的寄語

慕光的「生命教育」實質上就是杜葉錫恩校監與杜學魁校長以生命傳承教育理念的過程。本章會先從他們對教育的寄語中瞭解他們的教育理念，其主要實踐方式會在下文補充。

杜葉錫恩校監一生很長時間均與慕光書院有密切聯繫（甚至到晚年仍居住在慕光書院中），她對慕光教育事業之付出，是毋庸置疑；另一方面，被譽為「香港民主之母」的校監，她把更多的心血和精神放在了香港廣大社會階層中。因此其自傳中往往多半篇幅都著墨於她對社會事務的關注，這份關切之情深深顯露出她對社會大眾的大愛。雖然校監在其自傳中較少提及她對教育的付出，但不可因此認為校監對慕光教育發展是有所忽略的；事實上，校監在2008年還以九十五歲的高齡特地為慕光學子出版一本英文精選文集，足見校監到了晚生仍然十分關心慕光學子的學習，希望提升他們的英文水準[21]。

---

[19] 黃潔芳：〈個人成長教育在香港小學的推行情況〉，收入蘇肖好主編：《生命教育》，第76頁。

[20] 〈新修訂德育及公民教育課程架構〉，《香港教育局》，網站：http://www.edb.gov.hk/tc/curriculum-development/4-key-tasks/moral，瀏覽日期：2019-12-18。

[21] 見Elsie Tu: *Lesson in Life* (Hong Kong: Chameleon Press, 2008)一書。

而校監在慕光創校週年紀念時寫下的寄語中，我們可以知道慕光創辦的教育理念不只重視學生的學習能力或功課、考試表現，更看重學生的道德價值觀的培育：

> 學生本著「慕光精神」，而給予學校很大幫助，雖然學校經濟不足，但「慕光精神」驅使我們有堅強意志，充足的信心，繼續為教育下一代而努力。[22]
>
> 我們深信所有的教師及同學永不會忘記過去奮鬥創造的慕光學校，更會警惕到，除非能繼續發揚「慕光精神」，否則難以培養出像帳篷時代學生的良好品格與學問。我們很高興看到本校畢業同學，已獻身於社會，做著教育及其他對社會有益的工作。他們的表現，使我們憶起過去一段艱苦歷程。我們的目的不單只為教育而教育，更重要是無愧於「慕光精神」，培養青年們成為良好公民，貢獻他們的光與熱，予他們所生存的社會。[23]
>
> 物質條件的改善是否為我們帶來快樂呢？答案是肯定也是否定的。昔日的同甘共苦的互助互濟精神，在今日欣欣向榮的日子裡已難復見到了。我們可能會在進步和繁榮中忽略了困難、哀傷的存在，因為現在已不像二十多年前小家庭般的緊密聯繫。然而，今日的慕光也有足以自慰的地方：我們的學生生比以前更成熟，懂得互助互愛。[24]
>
> 追求光明——這是校名「慕光」的意義所在。故此，我們必須努力尋求真理與光明，敢於面對蛻變中的時代，同時不忘慕光創校時所本著的友愛精神。[25]

上文可見，校監雖沒有明確定義慕光精神，但慕光精神應具備刻苦耐勞、熱愛社會、勤儉簡樸、好學上進、互助互愛等特質。而這份慕光精神，正是校監希望傳承的教育理念。

至於杜學魁校長，我們可從其著作《學教寄語》中，瞭解杜氏對教育的看法及願景。杜校長在其著作中，提出了大量的教學建議及實踐方式，因此

---

[22] 杜葉錫恩：〈發揚慕光的「奮鬥」精神〉，載黎國剛、羅皓妍、蘇求等著：《五十年風雨在香江杜葉錫恩女士側影》（香港：出版社不詳，1998年），第313-314頁。

[23] 同上註。

[24] 杜葉錫恩：〈二十五年〉，《五十年風雨在香江 杜葉錫恩女士側影》，第315-317頁。

[25] 同上註。

從寄語中，有助我們進一步瞭解對慕光如何實踐其教育理念，以下摘錄書中的部分內容：

> 教師用關懷教導孩子，養成孩子們關懷別人無私的體貼，將誘發孩子們理解別人的辛苦。[26]
>
> 講解一些至情至聖的史實，讓孩子們更多的瞭解尊貴的人性，珍貴的情感。[27]
>
> 教育的目的，不僅僅是訓練賺鈔票的能手，而是要陶冶正直無私創造幸福的智者。[28]

對如何實踐學生的健康思想教育，杜校長有以下建議[29]：

1. 思想引導行為：良好的思想會導致良好的行為，因此給青少年們予鼓勵，經常指出他們前途的美景，提高他們的自尊，加強他們的信心，培養他們的學習興趣，讓他們認識到自己生活的意義與價值，將是矯正歪風，引導青少年們走上正途的唯一原則。
2. 加強道德教育問題：各方呼聲已久，但只聞樓梯響，不見人落來，似乎到目前為止仍未有具體的方案與措施。我認為：所謂道德教育，不應該是一種抽象的說教，理論性、傳統性、儒家模式的灌輸，足以遭致「噴口水」、「說耶穌」的後果！目前應該是根據現在青少年思想上的特質，學校校長和全體老師，特別是班主任應掌握機會，抓取典型事例展開討論，用擺事實、講道理的方法，讓青少年們從思想上明確是非，明辨善惡。
3. 前面已談過本港青少年的特質之一是好逸惡勞，要想改變這種「工夫少少做」、「世界多多歎」的惡習，我想應該著重勞動教育，讓年輕的一代動動他們的筋骨，勞勞他們的體膚，流一點汗水，吃一點點苦頭，以達到知艱識苦，懂得生活並不容易，讓年輕人知道一點點愁滋味，我想對矯正目前的歪風是有幫助的。
4. 應該提倡「美育教育」。中國的大教育家蔡元培先生曾經提倡美育教

---

[26] 杜學魁：〈感情教育〉，《學教寄語》（香港：科教出版社，2000年），第48頁。
[27] 同上註，第48-49頁。
[28] 杜學魁：〈教育〉，《學教寄語》，第16頁。
[29] 杜學魁：〈矯正當前青少年的歪風〉，《學教寄語》，第155-157頁。

育。我覺得在今天的本港，特別應該加強各級學校的美術、音樂教育，用美感來消除野性，用和諧來化除暴戾，美育應該是道德教育的主要內涵，也應該是道德教育的主要方法。

可見杜校長與校監同樣十分重視學生的品格發展，而且他們都十分欣賞刻苦耐勞的品質，杜校長與校監對耐苦程度的重視與他們在創校時面對的艱苦環境經驗甚有關係。以下會從慕光的校歌、校訓、校徽及學費設立上反映杜校長與校監如何以此傳播其教育理念。

（二）慕光校歌[30]

慕光的校歌由杜學魁校長作詞，邵光先生作曲，共九十八字。歌中充滿杜校長對慕光莘莘學子的寄望：

獅子山上，朝陽照耀。老虎岩下，歌聲繚繞。真理向我們招手，光明向我們微笑。

社會因教育而光明，幸福由科學而創造。慕光，慕光，慕光的同學們敬愛先生，

慕光，慕光，慕光的先生們愛護同學。專心學習，耐心施教，朝氣蓬勃志氣豪，要把大同社會來締造。

校歌與慕光校訓「明理愛光」互相呼應，如校歌中：「光明向我們微笑」、「慕光的同學們敬愛先生」、「慕光的先生們愛護同學」、「真理向我們招手」、「社會因教育而光明」等，足見校歌寄予同學們學習正確的道理、追求光明的道路。

校歌亦寄寓了教育理想，例如：「社會因教育而光明」，其意是教育可以在社會建立正確價格觀，為社會帶來光明；「慕光的同學們敬愛先生」、「慕光的先生們愛護同學」，說明慕光的辦學宗旨是希望師生相親相愛，各盡本分；至於校歌中談及的「大同社會」，源出於《禮記‧禮運》這是儒家的理想世界，其想法正是希望人人都能愛人如己，實現儒家理想的大同社會。

30　黃威雄、潘明傑、扈小潔等編：《杜葉錫恩女士百子薈壽宴特刊》，（香港：自刊稿，2013年），第26頁。

（三）慕光校訓[31]

慕光校訓是「明理愛光」。杜校長在訂定校訓時有意用較淺白文字表達，「明理愛光」可拆分為「明理」及「愛光」理解：「明理」指明白真理，包括學術上的「理」（知識）和人生的「理」（做人道理）；「愛光」意思可理解為「愛戴光明」也可理解為「愛戴慕光」。創校之時「愛光」有「愛慕基督之光」之意，後來引申為「尋求光明的道路」。在教育中實踐「愛光」中的那份「愛」，也是杜校長與校監尤為重視的。

慕光的校訓與校歌中的「真理向我們招手，光明向我們微笑」呼應，說明創校先賢希望慕光學子在接受教育之後，能明白學術知識及人生道理，繼而向光明的康莊大道邁進。

（四）校徽

慕光的校徽由一位英國人設計，校徽圖案主要由一個盾牌和一段彩帶組合而成。彩帶上的拉丁文是「SAPIENTIA ET LUX」有「智慧和光明」的意思，與校訓「明理愛光」意義呼應；校徽「盾牌」下方的左面主要是一組四方形圖案，其形象為慕光校舍的窗口[32]。

校徽上的雄雞圖案，則有多個寓意：第一，「雞鳴報曉，朝陽過照」——雄雞暗叫，白晝降臨，驅走人世間的黑暗，象徵慕光學子步向光明；第二，「聞雞起舞，不辭辛勞」——寓意慕光學子應效法東晉名將祖逖，在半夜時分聽到雞鳴便起床舞劍強身，有珍惜光陰之意；第三，「五德兼備，品格完美」——古代中國人認為雞有五種德性，包括文、武、勇、仁、信，這也是創校先賢對學子的期望。

（五）學費

慕光書院雖然在2013年轉為直資學校，但慕光並沒有因而濫收學費而自肥，據悉當年杜葉錫恩校監不希望學費成為貧困學生的負擔，堅持每月只可

31　同上註，第27頁。

32　黃威雄、潘明傑、扈小潔等編：《杜葉錫恩女士百子薈壽宴特刊》，第28頁。

收學生二百元的學費，經調整後改為每年收二千元學費，依然遠低於香港直資學校的平均收費，二千元的學費收費仍持續至今。轉型早期更因過於低廉的學費設定而造成學校一度有財政危機。難能可貴的是，校監與校長自創校起，已十分關心清貧學生家庭，不但寬免學費，甚至會倒貼薪金支援學生。校監深知不少學生因為家境困難而有沉重負擔，於是在2003年成立了「杜學魁教育基金」及「杜葉錫恩教育基金」，基金成立至今，已援助了超過三百多名學生。足見杜氏夫婦辦學是真切地為了讓貧困家庭的學生也有接受公平教育的機會。

在創校之初已成立的制度及象徵，成為了創校先賢傳承教育不可或缺的載體，但更重要的仍然是他們以「生命影響生命」的高尚品德以及對教育的擇善固執，才能感染慕光的一眾師生，成為他們的榜樣，一代一代傳承慕光教育思想。

四、慕光的「校史教育」

（一）創校經歷

要探討慕光的「校史教育」如何影響學子們成長，先要瞭解慕光書院是如何成立的。而學生從瞭解慕光的校史中，必定會留意校長與校監當年在極之艱難的環境及面對各種困難下仍成功辦學，而且多年來一直貫徹有教無類的辦學理念並堅持傳承慕光精神至今。因此，本章會先帶出慕光成立及早年發展時的艱辛情況，並指出其發展如何令慕光一步步成長成為今天規模完善的校舍。

五十年代的香港，大部分市民生活水準不高，失學兒童眾多。慕光的前身就是在其中一個貧困小村落——九龍啟德新村扎根。小村緊靠老虎岩，那時的老虎岩是一座高低不平的小山區，搭架起很多用木板、鐵皮建成的小屋。居住的大多數是來自潮州，來港從事苦力的草根階層。這個地方與九龍城寨相近，是一個三不管的地方[33]。

當年杜校監就在水溝邊到打靶山的馬路之間，搭蓋起一個軍用帳篷，裡面只能容下三十多人，校監希望利用這個帳篷，辦一個學校，使它能成為孩子的容身之所。她這個意見告訴了杜校長、創校人之一戴中先生及與她一起

[33] 杜學魁：〈啟德新村　環境混雜〉，《慕光校史》（香港：自刊稿，2001年），第1頁。

傳教的同事們，並得到他們的一致同意[34]。及後，他們向政府部門申請借用土地，又購買了藍色鐵水管及舊的鐵絲網，把那塊草地圍起來。並做除草工作，對當時不熟悉這些工作的二人來說，十分不易。

不久，有好心人留意到這所帳篷學校，並以無名氏名義捐款蓋建三合土教室[35]。1958年9月，三合土教室的外觀部分大致完工，但內部裝修仍當進行。故1955至1956學年的首三個月，同學仍在帳篷上課。及至三合土教室的設備已完全竣工，擇定11月28日正式啟用，且舉行了一些簡單的慶典儀式。自此之後，11月28日就成為慕光的校慶日。至此，慕光英文書院才有了最基本規模。

二人早年的教學過程也相當不易。校監因在英國時已註冊了成為老師，但杜校長因戰時逃難遺失了教育學士證明，因而要重新考試。得到教師資格後，杜校長卻因肺病須到英國休養，於是與校監一同讓位予由教會委派的負責人。後來新的負責人決定停辦中學，改辦小學和幼稚園，令原來在慕光只讀了一兩年的學生失學。因此，杜校長與校監回港後，經濟拮据的二人又要到處奔波籌措復校資金。

最初回港時，為免與教會爭舊校地，二人曾短期租用私人樓宇做校舍，但又因消防設備出問題而導致校舍註冊失敗。無奈之下，校監毅然決定搬回舊校舍，因當初校舍持牌人是校監，所以校監成功回到啟德舊校復校，但也因此與教會出現分歧，甚至決裂。

1959年，政府遷徙木屋區，同時清拆慕光校舍。於是杜校長與校監租用了衙前圍道的一幢樓宇作為校舍。但辦學初期，校舍環境並不理想。因光線不充足，教育局限制每節課中教室的學童數目，學生不足因而導致學校的收支不平衡。校監只好在慕光授課之後，再安排補習工作，並把薪金補貼校舍開支。幸運的是，這個情況並未持續太長時間，1961年，慕光教育事業發展開始上軌道，並於九龍城獅子石道56-62號開設分校[36]。自此，奠定慕光發展基礎。

---

[34] 杜學魁：〈設立帳篷　刈草拓荒〉，《慕光校史》，第3頁。

[35] 最早伸出援手的是英官夏維少校夫婦，他們當時是住在界限街，夏少校為學校呼籲，夏夫人來學校幫教；其時有一小段有關此事的消息，刊登在《南華早報》上，不久後就收到了一筆無名氏的捐款，這款項可以建造兩間合標準的三合土課室。見杜學魁：〈無名氏捐款　蓋建三合土教室〉，《慕光校史》，第9頁。

[36] 校監創辦分校的過程也遇上不少困難，如申地問題等。詳見杜葉錫恩：《葉錫恩自傳》（香港：明報出版社，1995年），第159-162頁。

（二）慕光教育理念實踐——英中轉中中的抉擇

慕光在1998年由英文中學轉為以中文授課為主中學，印證了校長與校監「有教無類」的辦學理念。英文授課中學改為中文授課，是極為罕見的舉動，原因在於過去英語教學及英文中學總是較讓家長垂青，其收生質素也較為穩定；相反，中文中學維持收生人數及質素相對較困難。站在校舍營運立場，只有爭取中文中學轉為英文中學，英文中學自動申請轉為中文中學是十分不平常的。

雖然隨著時代的發展及政治氛圍的轉變，中文教學在八十年代已漸被教育局重視及提倡，但依然難以扭轉過去人們對英文中學與中文中學既有的印象差距。儘管如此，心繫國家的杜校長早有志辦中文教育，因此慕光成為首批由英中轉為中中的中學。1997年以前，杜校長已曾聯合許多間中學在香港多份報章上聯合刊登全版支持母語教學的廣告，而慕光自1998年，中一至中七除英語科外，所有科目也改以母語授課。更難得的是，身為英國人的校監對杜校長的舉動也表示同意，面對可能收生較差的情況，只說：「如果英文中學只教那些好的學生，那麼差的學生由誰教呢？」[37]這一席話已完全表現出校監有教無類的大愛思想，更可見杜校長與校監的舉動值得尊敬。

（三）教育理念的傳承與發展

自杜學魁校長後，繼任的溫國權校長、吳道邦校長、李逸樵校長及梁超然校長都很好地承接並傳播慕光精神。包括完善他們對品格教育的實踐：除恆常學科教導的知識外，學生應要多元發展，參與各種有益身心的活動，不但可陶冶性情、習得專業技能，更可從中學習到更多課外以外的經驗，豐富個人的心智成長，而參與有益健康的活動也更容易建立健康的人生觀，有助品德修養與發展；同時也不忘承傳二人對教學的熱誠，雖然慕光轉為中中，但他們仍十分重視學子對英文的學習，英文在香港仍然是十分重要的語言，好的英文基礎對他們日後發展有莫大益處，以下會分別簡介慕光今年在這兩方面上有何成績：

37　轉述自慕光英文教師金禮賢老師口述歷史訪問內容，見〈金禮賢老師訪問稿〉（慕光書院檔案）。

1. 完善品格教育——學習走向多元發展

首先，慕光有豐富多元的才華發展課程與興趣學習課程，滿足不同學生的多元學習需要。學生通過參與這些活動，不但得到課堂和書本以外的經驗，更有助他們的心智成長，完善他們的品格發展，活動內容如下：

（1）才華發展課程

(1)基礎日語、(2)基礎韓語、(3)基礎法語、(4)樂高機械編程、(5)普通話朗誦隊、(6)粵語朗誦隊、(7)國際象棋班、(8)欖球隊、(9)合唱團、(10)漫畫創作、(11)熱舞社、(12)獅藝班、(13)油畫班、(14)編織、(15)種植達人、(16)義工服務團、(17)手機遊戲編程

（2）興趣學習課程

(1)美容入門、(2)毽球、(3)國術、(4)飛鏢班、(5)跆拳道、(6)街頭健身、(7)閃避球、(8)魔術入門、(9)雜耍初階、(10)搖搖競技、(11)汽球製作、(12)水彩班、(13)黏土班、(14)模型製作、(15)圍棋、(16)桌上遊戲、(17)烹飪班、(18)結他班、(19)樂器班、(20)木箱鼓、(21)奧數訓練班、(22)IELTS英語、(23)種植達人、(24)應變支援隊、(25)新樹苗探索之旅

通過以上眾多課程活動選擇，學生總能找到合適自己能力及興趣的活動，並從參與中得到滿足感。更重要的是，學生這些活動帶給學生的成功感，可令他們理解到學業成績並非完全決定一個學生價值的標準，每個人都應發揮其獨特的長處，並在過程中建立對自身的自信心，再而在心智發展上得到成長。

2. 傳承教學熱誠——大力發展英文教育

慕光於2013至2014年度，中一級開辦英文班，該班的英文科、數學科、綜合人文科及綜合科學科皆以英語授課。除杜校長與校監外，歷屆校長都相當重視英語學習，每年均舉辦不少英語主題活動，包括英語週、英語探索之旅、英語烹飪課程、早會英語短講、英語話劇表演、節日慶祝活動、課後支援計畫以及境外學習之旅等，藉此引領同學走向國際，期望同學能與世界順利接軌。可見慕光至今對發展英文教育仍不遺餘力。

五、小結

從慕光的校歌、校訓、校徽等以及創校過程等，都可見杜校長與校監不但對辦學充滿熱誠，而且他們投身教育的舉動，充滿著對學生的愛，這他們也通過言傳承他們的教育理念；學生通過對校史的深入瞭解，便會得知創校先賢的辦學辛酸以及對教學的熱誠，因而會潛移默化受到他們兩位的大愛精神所感染，而對個人品質及知識進修皆有更高追求。慕光英文書院以人為本的「生命教育」及「校史教育」值得今天香港教育模式參考。

第二章　中國歷史的立體多元化教學：蓮花寶塔歷史文教系統

濟川文化研究會
潘樹仁

一、引言

歷史文化教育力求建立一個宏大的歷史觀，但怎樣能夠成功建立此構想，本文欲提出一個研究視域，以做參考。一般而言，人類大歷史多講述中國歷史前，先說人類大歷史，讓人明白任何國家的人類都來自宇宙，亦回歸宇宙。學習歷史要展望、創造未來，地球是命運共同體，大同世界為未來目標，珍惜現在，攜手締造家園，才有幸福的將來。大歷史（big history）可稱宇宙整體史，這個空間的事物，有生的起源和滅的消失，生滅之間就是歷史的存有。三維空間加上第四維的時間，每一秒都成為歷史。《淮南鴻烈》述說宇宙：「往古來今謂之宙，四方上下謂之宇。」[1]長闊高是宇，時間是宙，中國人對時間的先後有特殊的敏銳感，故對歷史有特別的愛護。天地是大歷史的起點，天指宇宙一切星系，地指地球。宇宙約在一百三十五億年前出現，大爆炸〔又稱「大霹靂」（Big Bang），1949年開始通用〕產生不穩定的能量，稍後穩定下來的能量蛻變為各種不同物質。宇宙產生的方式可能用科學能夠明瞭，但為什麼要產生宇宙？可能成為宗教的第一因問題，無法解答。所以愛因斯坦在〈我的世界觀〉說：「要追究一個人自己或一切生物生存的意義或目的，從客觀的觀點來看，我總覺得是愚蠢可笑的。」[2]歷史講求證據，故歷史是用器具拼湊出時間，也要捕捉歷史人物閃爍的智慧，作為不變的法則。物質的異化和凋零，令人們無法百分百還原歷

1　楊堅：《呂氏春秋・淮南子》（湖南：嶽麓書社，2006年），第313頁。
2　大衛・克利斯蒂安（David Christian）：〈中文版推薦序〉，《極簡人類史》（北京：中信出版集團，2016年），第14頁。

史事實，故學習歷史要小心翼翼，把握資料，瞭解文化的軌跡，清晰比對，細心思辨。

（一）五千至七千年文明史

以往對中國自身文明史的起點，多數稱為五千年，在五千年前有一個奇異情況，東西方雖然相隔十萬八千里那麼遙遠，但古文明似乎互相同步向前。

中外歷史對照[3]

距今年期	中國	兩河流域	埃及	印度
7,000年前，進入金石並用時代	10,000年前： 農業出現，中國是世界最早培植水稻和粟的國家。 8,000年前： 原始農業已經相當發達。 7,400年前[4]： 黃河流域新石器時代的磁山文化。	有了最始文明，北部為亞述亞里，南部為巴比倫尼亞，巴比倫尼亞分為北方的阿卡德和南方的蘇美爾。	社會逐步進入到早期奴隸制階段。	
6,500年	長江流域的河姆渡氏族和北方黃河流域的半坡氏族繁衍生息。	蘇美爾人移居兩河流域。	5,500年前： 上下埃及王國形成。	印度摩亨約・達羅文化與哈拉巴文化形成。
5,000年	大汶口文化中晚期，父系氏族公社時期，已有養蠶絲織技術。	兩河流域蘇美爾人建立了一系列奴隸制城邦國家，亞述人建城。	上埃及征服下埃及，統一的古代埃及國家建立，至西元前332年，共歷三十一個王朝。	出現了古代亞洲和非洲東北部各奴隸制國家。
4,800-4,300年	龍山文化是製陶史上的頂峰時期。 三星堆文化充實了中國古文明歷史。	4,400年前： 阿卡德人薩爾貢第一次統一兩河流域中部和南部。	4,500年前： 國王胡夫建造古埃及最大的金字塔。	
4,900-4,018年左右	黃帝、堯、舜成為部落盟主。			

3　吳運鴻：《中外歷史對照年表》（北京：外文出版社，2012年），第8頁。

4　陸運高：〈第一章・中國古人類簡史〉，《看版圖學中國歷史》（香港：中華書局，2010年），第18頁。

在七千年前，「以河南澠池的『仰紹文化』為代表的古代中國文化，廣泛分布在全中國所有省區。」[5]

磁山文化及仰紹文化都有七千年歷史，還有河姆渡文化，在浙江餘姚地區，1973年在遺址發現大量干欄式建築，有大量糧倉稻米、木器和紡織工具，出土了中國境內發現最早的漆器，陶器製造水準高。賈湖文化（七千七百至九千年前）在中國河南省漯河市舞陽縣賈湖村被確認出土少量文字，文字及其他文物，確實了中華文明史的起點為七千年。

（二）編年史及各種歷史體裁

中國古代記錄文書檔案的書吏，大部分以日記形式記載事件的經過，作為編年史的記敘史書。「春秋」歷史是統稱，春秋是一年的簡稱，變為編年史書的通用名稱，春秋時期各國都有本國的史書，現傳的《春秋》由孔子修撰，用魯國的春秋為主線，參考其他各國資料，記載魯隱公元年（西元前722年）至魯哀公十四年（西元前481年）之間，共二百四十二年歷史，成為世界最早的編年史書。孔子的《春秋》史筆令奸邪的人震懾，用字精準，「微言大義」在褒貶善惡，維護道德，達到警世阻嚇作用。在漢朝被列入五經之一，文詞精湛，有各種傳釋作品，最著名的是《左傳》。當中以聖賢的仁義為判別，闡述的方式：（1）以解釋體裁（表述方法）的方式傳經；（2）以補《春秋》的方式傳《春秋》；（3）以判詞「禮也」、「非禮也」傳《春秋》；（4）以「君子曰」的論斷方式傳《春秋》[6]。其他編年史書，有司馬光的《資治通鑑》，兼備《史記》及《左傳》的優點，受到特殊尊崇的傑作。

《戰國策》則以事件策略為章節，策士成為核心，他們的人生波折，雖然存留史冊內，這些光輝背後付出辛酸的代價，甚至慘痛的結果。《國語》以先秦時期的國家為軸心，等於多國的歷史合訂本。班固的《漢書》（又稱《前漢書》）是以朝代為範疇的斷代史書，創置了〈刑法志〉、〈食貨志〉、〈藝文志〉等。《三國志》是記傳體斷代史書，專門記述三國時代。

---

[5] 陸運高：〈第一章・中國古人類簡史〉，《看版圖學中國歷史》，第18頁。

[6] 單周堯：〈《左傳》・導讀〉，載中華書局編輯部：《經典之門・歷史地理篇》（香港：中華書局，2017年），第14頁。

二、專門課題史的多元化

（一）文史哲的整體觀

《史記》最早稱為《太史公書》或《太史公記》，是故事性很強的史書，馬彪形容：「《史記》就像一套巨大的連環畫，只要你知道了作者的主導思想和全書的篇章結構，隨心所欲地去讀就是了。」[7]成語故事有：指鹿為馬、胡服騎射、韓信點兵、毛遂自薦、河伯娶妻等等，講故事除了動聽，又容易記憶，是很好的教與學方法。《史記》創造了新的五體（本紀、表、書、世家、列傳）史書體裁，是一部好的文學作品。作者司馬遷定下理想：「究天人之際，通古今之變，成一家之言。」在盛世中有憂患意識及愛民的情懷，影響著史學的發展。

中國傳統的整體觀非常重要，是「東方古文明的搖籃」[8]，整體之內是系統性的組合及思維，多元化複合倍增思潮，不斷吸納新事物，層次性互相相容，動態性不停在活化。歷史的多元性專題各領風騷，除了歷史整體觀，還有「宇宙的整體觀、工程的整體觀、決策的整體觀、兵法的整體觀、中醫的整體觀、人體生命的整體觀、治療體系的整體觀、辯證模型的整體觀、經絡學的整體觀、導引學的整體觀」[9]。事物必定有關聯性，在學與教的過程中，整體觀的思維效益便能漸次彰顯。

文：文學的書寫，文化的多樣性、趣味性或漫畫方式等多元化表達；

史：正史的記載及考古證據、比對，各類生活專題史；

哲：善惡是非的思辨，前因後果，人物與時、空的交錯分析。

（二）物質文化史

物質文明帶給人類生活上的舒適享受，科技進步，其中的演變又會參照古代的設計，例如銅器的設計也參考了陶瓷的外形。用歷史的角度學習和研究物質文化的蛻變，對創意思維有極佳的啟發效用。

先秦文明高峰，有：青銅文化史，從商朝開始到周朝達到頂峰，青銅不

---

[7] 馬彪：〈《史記》‧導讀〉，載中華書局編輯部：《經典之門‧歷史地理篇》，第83頁。

[8] 林中鵬：《中華古導引學》（北京：北京體育大學出版社，2014年），第31頁。

[9] 同上註，目錄、第二章至第四章。

只造工具或兵器，「大量的青銅被用作鑄造禮器樂器和兵器，以體現國之大事，在祀與戎的思想，而人物或動植物的造像和用於農業生產的工具相對來說很少」[10]；玉器製品史，堅硬的玉器被精密地切割；鋼鐵技術史，中國最早的銅柄鐵劍約在二千八百年前製成，碳滲入鐵內成鋼，煉鋼是中國人首先發明；瓷器文化史，在追尋仿造玉器時，成功製成瓷器；絲織技藝史，中國領先手動紡織機的製造，絲綢是賺取外匯的首位產品；秦始皇兵馬俑史。

漢朝文明高峰，包括：書寫工具史，竹簡書、紙、筆、墨、硯；天文儀器科技史，張衡的地動儀刻畫了黃道坐標及地軸偏斜23.26度[11]。

隋唐高峰，有：運河建造史，大運河於2014年被聯合國列入世界文化遺產；橋樑建築史，現存世界最古老完好的單孔石拱橋，建於西元610年，在河北省的趙州橋；敦煌莫高窟歷史，壁畫的藝術創作。

宋朝至現代，包含：指南針與航海科技史，船隻製造從古代發展至明朝達到高峰；火藥與火器技術史，包括煙花娛樂，軍隊火焰、火炮的戰爭應用；印刷科技史，活字印刷影響全世界的訊息傳遞；故宮與中國建築史。

（三）非物質文化史

先秦文明高峰，有：文字演化史，從圖畫符號到象形文字，造字原則：象形、指事、會意、形聲、假借、轉注，《說文解字》為世界首部字典，篆、隸、行、草、楷的字體演變，書法藝術的流傳與轉變；《易經》思想史，太極陰陽五行的哲理與應用；九流十家思想史；中國古代音樂史，由五音演化為七音；禮樂文化史，周公制禮作樂的背景，儒家承傳禮樂文化與五經教育；農業發展史，外來食物進口，物種移植後的食用情況。

漢朝文明高峰，包括：飲食文化史，食材與食具的改變；喪葬文化史，陪葬品及墓穴的規格，人俑應用的情況，金縷玉衣的禁止使用；對外政治交流史，張騫出使西域，文化及學術交流。

隋唐高峰：科舉制度史，「取士不問家世」[12]；詩、詞、歌、賦藝術史，古代《詩經》的歌唱文化，漢賦、唐詩與宋詞的韻文，中文方塊字對偶寫作的特色；中國舞蹈藝術史；文化交流史，日、韓等國的遣唐使學習團，

---

10 嚴文明主編：《中華文明史》，第1卷（北京：北京大學出版社，2007年），第202頁。
11 鄧蔭柯：《中國古代發明》（北京：五洲傳播出版社，2010年），第69頁。
12 袁行霈主編：《中華文明史》，第3卷（北京：北京大學出版社，2007年），第129頁。

鑑真法師東渡與文化藝術的移植。

宋朝至現代，聯合國世界非物質文化遺產中國部分，包含：《十三經》歷史，《五經》、《六經》至《十三經》的演進；理學發展史，道、儒、釋三家思想的異同，哲理互相交融；宗教史，各種宗教的形成背景，外來宗教與本土宗教，政府的支持與取締，宗教派別的擴大及沒落；節慶歷史，民間各種節慶活動，不同民族的節慶特色；民間工藝史，各種手工藝的發展與傳承；經濟史，各朝代不同的背景，經濟波動，對外經貿交流；棋藝文化史。

三、上至下與橫向結構框架

（一）時間里程碑

用線性時間表為軸心，勾畫出中國朝代時間與更迭的情況，古代為頂部的起點，向下至底部的現代時期，底層較為寬闊，因為接近人們的時段，更易被人認識與進入系統。用塔形為講述，是中國建築特色，形象化易被記憶。

(1.1)西元前一萬年左右，新石器時代，賈湖文化、河姆渡文化。
西元前五千年左右，三皇五帝與神話，指南車，建房屋，織絲綢。
西元前2070年，夏、商兩朝，甲骨文，製造青銅器，水利工程。

(1.2)西元前1046年，周朝的封建繼承制度，開創禮樂文化。
西元前770年，春秋五霸，九流十家，諸子百家爭鳴，早期機械化生產，開墾長江以南土地。
西元前475年，戰國七雄爭鬥，兵法及武器製造，合縱與連橫的外交鬥智。

(1.3)西元前221年，秦國統一天下，法治改革，築萬里長城，建阿房宮。
西元前206年，漢朝盛世，文、景之治的和諧無為，張騫出使西域。
西元265年，晉朝，結束三國的混亂，五胡十六國。

(1.4)西元420年，南北朝。
西元581年，隋朝統一，開鑿大運河，創設科舉制度。
西元618年，唐朝大統，擴大絲綢之路國際貿易，五代十國。

(1.5)西元960年，宋朝，《清明上河圖》的繁華經濟。

西元1271年，元朝，蒙古鐵蹄開創世界版圖，《馬可波羅遊記》的影響。

西元1368年，明朝，鄭和下西洋，戚繼光的軍事謀略，擊退倭寇與蒙古鐵騎，東西方交往。

(1.6)西元1644年[13]，清朝，三藩之亂，擴張領土，西方文化大量進入，太平軍之亂，國勢轉弱，鴉片戰爭，割讓國土，甲午戰爭。

西元1911年，民國，袁世凱稱帝復辟，五四運動，國共相爭，衣服、生活趨向西化。

西元1949年，中華人民共和國，朝鮮戰事，中越戰爭。

（二）統一與分裂

傳統歷史較多講述政權的「起、承、轉、合」，起源的因素，成立新朝代，統治轉向敗壞，紛亂之下多個政治力量聯合管理中國，成為分裂。統一的前後都是分裂，細心分析混亂，就不會怕學習歷史的困難，從而增加分析技巧及能力。以下重點講解三個歷史時段：

(2.1)民國軍閥－清朝家族王權被革命黨擾亂，最終孫中山任臨時大總統，跟著袁世凱任第一位中華民國大總統。國會及司法院等部門，平衡總統權力，袁世凱夢想成為絕對權威的皇帝，在1915年建立中華帝國，年號洪憲，各省宣布獨立，登基八十三天後袁世凱宣布退位，病重自死。1916至1928年各地軍閥割據，有北洋軍閥、滇系軍閥、桂系、粵系等，稍後形成中國國民黨、中國共產黨等，對日抗戰後，新中國成立才結束了混戰。

(2.2)南北朝－東漢末年形成三國局面，跟著曹魏篡漢，司馬家又易幟為晉，後期東晉只能保持南方半壁江山。北方則產生五胡十六國，五胡是北方民族：匈奴、鮮卑、氐、羌和羯族。西元420年劉裕在南方取代東晉稱帝，改國號為宋，史稱「劉宋」，北方此時由北魏統領，南北對峙，故稱「南北朝」。北魏（386-534年）原屬鮮卑族拓跋氏所創立，孝文帝在位時勵行改革，為了鞏固管治情況，曾經胡、漢分治，493年從平城遷都洛陽，因為鮮卑有語言而沒有文

[13] 文物出版社編輯部：《中國歷史年代簡表》（香港：三聯書店，2010年），第180頁。

字，495年以漢語取代鮮卑語，並下令改為漢姓。隋文帝楊堅於589年滅陳國，再次使中國統一。

(2.3)春秋戰國－周武王開國初期，分封七十一個諸侯國，包括姬姓王族五十三國，大量增加了領土20%以上（商朝七十三萬平方公里，周朝八十九萬平方公里）。數百年後的親屬關係疏離，人性的貪婪膨脹，周天子的武力領導資源下降，各國互相攻伐。春秋（西元前770至前403年）五霸（或六霸）能夠維繫周天子的禮節，雖然一百四十多個小國漸被兼併。戰國（西元前403年至前221年）[14]則血流成河，七雄（秦、楚、燕、韓、趙、魏、齊）之間政治經濟謀略都在博弈，滅族屠殺的瘋狂行徑血染史書。直至秦始皇統一六國，中原才由一國主政。

（三）人天地的點線面拼圖

從統一到分裂，是時間的點至點，以統一或分裂的時間為切入點，用人物或其他專題為切入點都可以。切入點是學習者的興趣起點，順著時間主軸，向上找出形成的原因及背景，向下是事情的發展，可一直到事情的完結，甚至連續到眼前，或許稱為貼地。橫向是研究相關聯的人物及事件，有多條橫向線，故此產生不同的平面，互為聯繫。

例如切入點是兵馬俑，秦始皇陵墓及兵馬俑坑，1987年被聯合國教科文組織列入《世界遺產名錄》。向上是開始建造的時間在西元前246年為切點，向下至西元前208年停止，是一條直線，陪葬的陶俑，可以上溯周朝（西元前1046年），因為周朝廢止用人陪葬的不人道做法，以草（芻）紮成各種不同物品，線性時間成為葬禮歷史研究的脈絡，人物是秦始皇，秦朝與西周的首都同是今天的西安市周圍一帶，地理相同。周朝的橫線是周禮的喪禮，人物是周公制禮作樂，向下的直線是漢朝的金縷玉衣。兵馬俑、周朝喪禮、周公制禮、金縷玉衣等專題，任何兩點可以成直線作為歷史題目研究，三點或四點則成為一個平面，形成更廣大的研究命題。

這是一種自由拼圖而成的歷史研究題目，可以形成無限新議題，表面不關聯的話題，經過幾次的轉折，必定可以形成關係面。向上找到相關的起

[14] 陸運高：〈第七章・戰國和戰國七雄〉，《看版圖學中國歷史》，第40頁。

點，也可是多方向交錯點，亦可將主題切入點再細分數個小點，關聯的直線就會更多更廣。加入人物點又形成多條直線，最後是地理或其他相關專題，天時、人物、地理、專題為四大點，有點、線、面，如何拼湊出平面圖，而最終成為歷史課題，成為學習者的自由和趣味性取向。因此，這是以學習者趣味為導向的自主學習。

四、下向上的基礎學習與專題研究

（一）簡單生活化的接觸

切入點以生活化及趣味性為開端，專題重點包括：衣、食、住、行及生活用品。由淺入深，視乎學員對象的程度，專題從表面著手，再牽連到人物及其他專題，向主軸走，時間由現代伸向古代，從一個朝代到另一個朝代。同一個專題，可以用時間切成多個專題，例如：漢朝的服裝史、宋朝的服裝史等。使用漫畫為趣味性切入工具，也可以用歷史紀錄片為學習引子，例如《中國通史》一百集、《漢字五千年》、《世界遺產在中國》等。

(1.1)衣：衣冠史；帝王衣冠史；服裝史；服裝與飾物史；玉器配件與服飾史；婚禮服飾史；官員朝服史；官員腰帶及品級史；女性髮髻與頭飾史。

(1.2)食：飲食文化史；銅器食具與祭禮史；耕種發展史；中國八大名菜史；蒸與炒的烹飪史；中國糕餅特色史；中國辛辣飲食史；茶文化史；順德廚藝史。

(1.3)住：房屋建造史；塔樓建築史；古代斗拱特色史；道觀建造史；江南亭臺樓閣設計史；小橋流水及假山花園建構史。

(1.4)行：馬車發展史；車輛發明史，交通史；橋樑史；黃河史；河道運輸史；大運河史；道路建造史；造船史；航空事業進步史。

(1.5)電話發明史；古代通訊史；現代訊息進步史；太空衛星通訊史；天文研究史；曆法史；太空科技史；星球探索史；氣象學史。

(1.6)電影製作史；娛樂事業史；棋藝史；音樂史；中外音樂交流史；歌舞史；戲曲史；敦煌地區舞藝史；樂器史；雜耍技藝史；舞獅舞龍史。

(1.7)火藥發明史；武器史；軍事科技史；兵法與兵書史；岳飛與戚繼光作戰史對比；軍事人物史；先秦戰爭史；海上戰爭史。

(1.8)商業貿易史；廣州十三行史；明、清兩朝通商史；絲路經濟史；上海與香港商貿史；中、日交流史；陶瓷銷售史；銀號與銀行發展史。

(1.9)先秦思想史；諸子百家思想史；中國哲學史；中國宗教史；中外思想交流史；中西思想碰撞史；佛教哲理的發展與融合史。

(1.10) 中國文學史；《詩經》及漢賦史；禮樂文化史；唐詩宋詞史；文字演變史；字典發展史；中醫典籍史；科舉史；印章史；書畫史。

(1.11) 地圖史；朝代政制史；滿族遷徙史；河流與文明發展關係史；香港開埠史；天山南北路關防史；海洋文化史；五嶽文化史。

(1.12) 中國思想家傳記（即個人歷史）；三皇五帝史；中國帝王史；中國宰相史；中國太監史；中國政治人物史；明朝四大才子傳記。

（二）歷史學的基礎

在打開上述學習的點線面之前，必須令學員有最基礎的知識，甚至揭開了趣味的大門，才能夠在歷史寶塔裡喜悅學習，自由發揮每個人的智慧。歷史是已經發生的事實，但文字記載有局限性，如何記錄及流傳是關鍵所在。記錄者的主觀性必然有差異，個人的才能和觀點亦有不同，記載方式同樣影響後人的解讀，因而歷史的重心會因人而有所擺動不定，而且歷史不等於全部真實情況。

一個帝王的言行，雖然有專責的史官記錄，但他身邊的太監或妃嬪，可能有更多、更重要的歷史資料卻無法記錄，一些小人物會做出改變大時代的行動，卻不為人知。古代沒有錄音、影像等設備，並非現代歷史較為貼近真實。人們對當時發生的事件做紀錄，都是個人有意識、有選擇的行為，繼後整理歷史資料的人又有不同史觀，史官將各人的描繪拼合出歷史，作為官方史書。專門研究歷史，可稱為「歷史學」，或簡稱「史學」、「歷史科學」，除歷史本身，「還應該包括在歷史事實的基礎上研究和總結歷史發展的規律，以及總結研究歷史的方法和理論」[15]。

另類歷史包括民間筆記、雜劇及各類戲曲、家譜、各行業商會的紀錄，內容雖然龐雜，包括在不同階層的祖輩故事，民眾的口述歷史，趣味性也很多，可領略到不同群體的人們生活情況。還有外國人所寫的中國歷史、明信

[15] 葛劍雄：《歷史學是什麼》（香港：天地圖書，2003年），第78頁。

片、照片等，都是歷史的拼圖。有人覺得資料彙集及編輯是一件乏味工作，從考證及評審的角度來看則是趣味無窮，古人的通訊緩慢，很多重要事實未能被史官採用，另一個原因是考古發掘的文物出土，推翻了很多正史的記載。

（三）考古新證據的趣味

歷史的趣味之一是揭祕，解除謎團，令人驚歎。經歷戰爭，文物和資料都被破碎或焚燬。近年考古挖掘了很多珍貴物品，都是前人沒有提及和記錄的事物。考古學以調查遺址來研究人類過往的社會，用土層年份及結構，分辨年代群居生活，宏觀所有遺留下來的文物及文化建設，從而明瞭歷史演變的過程。歷史學又被稱作「古學」，宋朝後則有「金石學」，初期研究金屬青銅器及石鼓文，清朝末年發現的甲骨文，成為突破性的新主題「甲骨學」。

將新發掘的考古材料，拼合現有歷史，甚至比較其可信程度，激發新線索，隨時會改變史書上的舊記載。例如1993年發現的〈太一生水〉及其他的竹簡書〈魂魄賦〉等文學哲理篇章，令哲學史要改寫。

2017年十大考古發現：http://www.wenbao.net/shidakaogu/201701.html中國歷史文化遺產保護網。

(3.1)新疆吉木乃通天洞遺址：是新疆省境內第一個舊石器時代洞穴，突破這地區三千五百年前的歷史紀錄，對研究歐亞大陸的文化貫通、遷徙，有重大意義。

(3.2)山東章丘焦家遺址：屬於新石器時代大汶口文化（西元前3500至前2500年），是山東北部古濟水流域中心都邑，有夯土牆、一百一十六座房址、二百一十五座墓葬，陪葬玉鐲、玉鉞、白陶器和彩陶等。

(3.3)陝西高陵楊官寨遺址：史前墓葬三百四十三座，十分密集而無疊壓，經過嚴格的規劃，全部均為東西向。屬廟底溝文化（約西元前4005至前2780年）類型，是國內首次確認的廟底溝文化大型成人墓地。

(3.4)寧夏彭陽姚河原商周遺址：西周不知名封國的都邑遺址，證明西周對西部疆域同樣採取「分封諸侯，藩屏王室」形式，有馬坑、車馬坑、祭祀坑五十餘座。

(3.5)河南新鄭鄭韓故城遺址：歷史上對鄭韓故城城門的第一次發掘，揭露了春秋戰國時期城門的構造，春秋至明清時期十六條道路的走向，印證史書對鄭國「渠門」的紀錄。

(3.6)陝西西安秦漢櫟陽城遺址：戰國秦都櫟陽是商鞅變法的地方，不僅古城發現的半地下建築、浴室、壁爐等設施，空心磚踏步、巨型筒瓦、瓦當等秦代最早遺物，可證秦漢建築制度多始於櫟陽城。

(3.7)河南洛陽東漢帝陵考古調查與發掘：內陵園以帝后合葬墓為中心，周邊有周垣或道路環繞。外陵園以大面積夯土建築為主，分布在內陵園的東北側。文獻記載：「寢殿」、「石殿」、「鐘虡」、「園寺吏舍」、「園省」等陵園景點與考古發現符合。

(3.8)江西鷹潭龍虎山大上清宮遺址：大上清宮遺址是我國迄今發掘規模最大、等級最高、揭露地層關係最清晰、出土遺跡最豐富，具有帝皇宮觀特徵的道教正一派祖庭，是宗教考古的重大突破。

(3.9)吉林安圖寶馬城金代長白山神廟遺址：是中原以外首次發現的國家山祭遺跡，對探索金代禮儀制度發展具有重要價值，可瞭解金王朝的邊疆經略，充實長白山悠久歷史文化的內涵。

(3.10) 四川彭山江口明末戰場遺址：共出水各類文物三萬餘件，實證張獻忠（明末民變首領）江口沉銀的傳說。本次發掘包括屬於張獻忠大西政權的金封冊，「西王賞功」金幣、銀幣和「大順通寶」銅幣，銘刻「大西」國號和年號的銀錠等。

五、小結

用立體的蓮花寶塔為外在形象，專題為寶塔周圍的明燈，一顆一顆照徹人類的智慧，上窄下闊是由近而遠、立體多元地不斷擴充，蓮花的生生不息及蓮花效應的自我潔淨，秉持開放和吸納新思維的態度，使考古新證據的內化完善。授課老師能夠圓善更多細節，學生則追求真實及趣味性的開顯，本文歷史教與學的重點歸納如下：

1. **從生活專題開始**：每個人在生活中的趣味或有不同，選擇自己喜愛的專題，一盞一盞燈地親手點燃，尤如明燈照引進路，踏入歷史寶塔內，可以聯繫其他單元，相連時間主軸向上遊走，一點連一點，點、線、面無限擴建，將通透明亮的專題燈（籠）高高掛上。

2. **由近而遠**：從較大的基礎底部開始，從近現代的時段啟動，貼近生活而上升，聆聽父母親的故事，記載祖父母的不同生活趣聞，有如在塔內步行旋轉樓梯向上踏步，由闊而窄，直到頂部人類的生命肇始。
3. **立體多元**：每一個專題都可以向多方面自行膨脹，成為立體化專題的巨大整體，也可以牽連其他專題，保持核心題目的主導性，不可過分偏離主題（寶塔的主棟樑必須堅固），串聯融合一個較大主題，作為群體效益的整體觀。

第三章　把節日成為教材：以香港潮屬社團總會盂蘭文化節為例[1]

香港潮屬社團總會、盂蘭勝會保育工作委員會、
香港盂蘭文化節總統籌、西貢區盂蘭勝會
胡炎松[2]

一、引言

不少研究指出，節慶活動作為一個將過去及現代生活聯繫，一定程度上保存了傳統風俗文化，並把特定習俗文化知識在節慶活動中呈現，甚至邀請群眾參與，使文化知識走向民間，有時更配上現代電子科技，協助傳播知識，此既傳承傳統文化、價值觀念，可使傳統文化與現代科技接軌[3]。在節慶中舉辦的活動，體現的場面，邀請群眾參與觀察，更有力地凝聚了同共體[4]，沒有節慶，沒有場面設置裝飾，日常生活就會平淡無味[5]。更重要的是，若配合中小學的課程教學，更能有效使傳統文化知識傳往學校，協助學生學習[6]。今天，香港一地的中學推行通識教育課程，當中一個課題為「現

1　2019年9月24日非物質文化遺產資助計畫文件號:AC16/2019 in LCSD CS ICHO 15-14/4，十分感謝香港特區非物質文化遺產資助本研究計畫，此為研究計畫階段性的研究成果。

2　胡炎松先生，是香港潮屬社團總會盂蘭勝會保育工作委員會會副主席、香港盂蘭文化節總統籌、西貢區盂蘭勝會第六十六屆首總理。

3　高寶齡：〈前言〉、區志堅：〈代代相傳：把香港非物質文化遺產的內容成為知識〉，收入高寶齡等主編：《非物質文化遺產在香港》（香港：中華書局，2019年），第ii-v、232-233頁；林瑋嬪：〈導論媒介宗教〉，收入氏主編：《媒介宗教：音樂、影像、物與新媒體》（臺北：臺大出版中心，2018年），第1-15頁。

4　赤瀨川原平：〈我如何成為路上觀察者〉，收入赤瀨川原平、藤森照信、南伸坊合編，嚴可婷、黃碧君、林皎碧譯：《路上觀察學入門》（臺北：行人文化實驗室，2014年），第10-15頁。

5　楊慶堃著，范麗珠譯：《中國社會中的宗教》（成都：四川人民出版社，2016年），第64-82頁。

6　有關節慶與教學課堂的關係，成為知識傳給學生，見彼得・柏克（Peter Burke）：《知識社會學：從古騰堡到狄德羅》（臺北：麥田出版社，2003年），第51-70頁；Julia Mruphy著，張錦譯：《歷史教學之巧》（北京：教育科學出版社，2009年），第64-66頁。

代中國」教學單元，教學活動開列專題研習[7]。教員任教這些課題時，可以引領學生思考中華傳統文化在現代社會的意義，傳統文化與現代化的結合，思考傳統文化與全球化互動課題，由是以每年農曆七月，由香港潮屬社團總會盂蘭勝會保育工作委員會舉辦的「盂蘭文化節」[8]，此節慶活動邀請了香港不少中學師生參加，筆者為香港潮屬社團總會盂蘭文化節總統籌，多年來在文化節舉行前，會前往中學演講盂蘭文化的內容及意義，也安排中學師生考察香港各社區的潮人盂蘭勝會場地。近年筆者曾撰寫〈破解盂蘭迷思〉，邀請區志堅博士撰寫〈香港盂蘭文化與當代社會〉[9]，後者為向中學師生引介盂蘭文化的教材，並附有盂蘭文化工作紙。同時，更於2019年出版《盂蘭的故事》，以繪本傳播知識，由是藉著繪本、到校演講、帶領師生參觀盂蘭文化節場地布置、運用教材，把盂蘭文化知識傳往中學。是次以這些學與教的經驗，分享以傳統文化與中學通識教育的教學關係的教案，為師生說明中國傳統文化的意義，傳統文化與現代媒介，如電子科技等，二者的互動關係。

二、通識教育與盂蘭文化的關係

通識教育課題「現代中國」內主題，以及「中華文化與現代中國」，此課題專章有「傳統習俗與現代生活」，不少教科書列出其教學重點分為三方面：在知識方面，要求學生認識中國傳統習俗的由來及意義、瞭解中國傳統習俗在現代社會中的機遇及挑戰；在技能上，要學生探討在全球化中國傳統習俗的功能、分析中國傳統習俗延續與失傳的原因；在學習態度上，要學習欣賞中國傳統文化、反思中國傳統習俗在現代社會的價值、重視中國傳統習俗承傳。此外，要向學生介紹非物質文化遺產意義，引導學生思考文化傳

7　課程發展議會與香港考試及評核局聯合編訂：《通識教育科課程及評估指引（中四至中六）》（香港：香港特別行政區政府教育局，2014年），第26-27頁。

8　筆者十分認同香港一地不同社群，均會舉辦屬於族群認同的盂蘭勝會。如香港一地的客家、廣府及福建族群，也舉行屬於他們族群認同的盂蘭文化節儀，以超渡離世者。有關香港一地的盂蘭文化，見陳蒨：《潮籍盂蘭勝會：非物質文化遺產、集體回憶與身分認同》（香港：中華書局，2015年）一書。

9　有關盂蘭節的由來及發展，見陳蒨：《潮籍盂蘭勝會：非物質文化遺產、集體回憶與身分認同》；胡炎松：《破解盂蘭迷思》（香港：暉德數碼印務，2015年），第2-5頁；又有關在維多利亞舉辦盂蘭文化節的內容，見《盂蘭文化節2018》（香港：香港潮屬社團總會，2018年）；區志堅、黎漢傑編著：《香港盂蘭文化與當代社會》（香港：香港潮屬社團總會，2017年）；胡炎松文字，Stella So漫畫，陳幼南、馬介璋策畫：《盂蘭的故事》（香港：三聯書店，2019年）。

承、永續發展及保育的課題。

早於1989年11月聯合國教科文組織第二十五次大會上提出〈關於保護傳統文化與民俗的建議案〉，明確指出「民俗」（Folk）是構成人類文化遺產的一部分，把不同人群和社會團體凝聚一起，並標明其文化身分的有力手段。而依2003年聯合國教育、科學及文化組織通過《保護非物質文化遺產公約》，2006年正式生效，依照聯合國教科文組織定義：文化遺產是過去人類所創造，由現代人類繼承並傳之後世，具獨特和普世價值的非物質文化遺產，是無可取代的生活及靈感來源，能為社區和群體提供凝聚力、認同感和持續感[10]。

而習俗指稱人們在成長過程中，受當地傳統文化薰陶，日漸成為習慣。隨著時代發展，習慣成為群眾接受及奉行，漸漸成為社會群眾認定的生活方式。不少學者指稱這些群眾習慣為「習俗」，而在民間流行的習俗便稱為「民間習俗」。族群及群眾參與民間習俗，便形塑了群眾身分認同的象徵。如農曆正月初一，大家會互相祝賀，農曆十二月酬神，農曆七月盂蘭節等，都是中國傳統節慶習俗。此外，中國傳統習俗及節慶往往具有家庭倫理、儒家思想、宗教的因果、中國歷史典故及故事；不同的習俗儀式都具有中華文化意義，如現時香港島的大坑舞火龍儀式，在古代人心中「龍」可以消除災疫，而中國以農業立國，祈求風調雨順及消災，更為農民重視，群眾希望通過舞龍求神庇佑。還有，教學時希望學生可以瞭解傳承習俗在當代社會的意義，現代人士對傳統習俗及文化的不同觀點，怎樣可以運用當代教育及電子科技，把傳統文化和習俗保存及流傳後世，乃至表述「傳統價值和世界文化多樣性」的關係，怎樣透過發展文化產業的形式，推廣傳統文化及其背後的文化價值，當然也希望學生能夠瞭解傳統文化與商品化發展，二者之間的互動或矛盾的關係[11]。

由是以下探討中學學生可參加每年農曆七月舉辦的盂蘭文化節，以及考察潮人盂蘭勝會，甚至能運用此節日特色及蘊藏的背後文化，以便進行專題

---

[10] 陳財喜：〈可持續發展的非物質文化遺產工作〉，《非物質文化遺產在香港》，第234-235頁。陳氏為香港特別行政區非物質文化遺產諮詢委員會委員。

[11] 區志堅、黃海峰編著：《新視野通識教育：現代中國》（香港：香港教育圖書公司，2011年），第93-172頁；區志堅、黃海峰編著：《新視野通識教育：現代中國〔教師用書〕》（香港：香港教育圖書公司，2013年），第73-97頁；潘萱蔚編著：《新視野通識教育：現代中國》（香港：香港教育圖書公司，2016年），第194-243頁；趙志成編著：《高中新思維通識教育：單元三現代中國》（香港：齡記出版社，2019年），第264-282頁。

研習，又能切合以上通識教育課程「中華文化與現代中國」內提出的要點。

其一，依據盂蘭文化的原本意義是，具有關愛、施愛的普世價值，盂蘭文化具有久遠的傳說及歷史。「盂蘭」的梵語「Ullambanna」，意思是「倒懸」，即為倒吊懸掛之苦，引申為解救正在受苦的餓鬼。根據《佛說盂蘭盆經》記載，佛陀弟子目連得了六神通後，用法力觀看世界，看見他的母親因在生時，多作惡業，死後墮進餓鬼道，目連以法力把食物送進母親口內，但一到嘴邊，卻立即化為烈火，母親忍受飢餓之苦。目連無法救助母親，遂請示佛陀，佛陀告示目連，於七月十五日，即為「僧自恣日」（結夏安居最後一天，即圓滿之日），這時候最適合為自己過去歷代祖先及現在處於危難的父母。誠心備辦各種不同味道和數量飯食、新鮮五果、汲灌盆器、香油錠燭、床敷臥具，世上最美味的都羅列於盂蘭盆會中，供養十方大德眾僧。這樣便能救渡母親，免受餓鬼之苦。自此，目連救母故事與崇尚孝道的中華傳統倫理相結合，因此備受歷代帝王所提倡。乃至宋代，佛家的盂蘭盆會，由以盆供僧為報答父母祖先恩德，發展成為以盆施鬼的祈福消災，與道教的中元節有共同理念，互相結合。因目連救母故事傳揚孝道，得到儒學思想的人士認同，由是成為傳統儒、釋、道三教共同的民間節日。帝王、知識分子及民間百姓，於每年農曆七月十五日，舉行盂蘭盆會，報答父母祖先的恩情，而各地華人社會至今仍持續傳承此文化習俗。

五、六十年代，大批內地移民湧入香港，導致香港人口急遽增加，居住及就業成為當時社會的嚴峻問題。潮籍移民多居住在山坡簡陋的寮屋以及擠迫的徙置區，由於基建設施落後，每遇颱風暴雨，時有引發山泥傾瀉等自然災禍造成的人命傷亡。同時，在工作中意外身亡的單身同鄉又缺乏親人祭祀。因此，每當社區遇有不如意事情，多歸咎於神棄鬼弄、亡者不息所致，同鄉之間亦希望通過超渡亡者，以求陰安陽樂，社群安寧，更祈望在生活困境中求庇蔭。另外，潮籍移民對廣府言語不通，同鄉之間關係更為密切，當遇有生活困難同鄉更互相幫助，因而建立起團結互助的潮籍社區。盂蘭勝會成為潮籍同鄉維繫團結的動力，潮汕人對客死異鄉的同鄉稱為「好兄弟」，顯示潮汕人對去世同鄉的情義。

潮汕舊俗「施孤節」（盂蘭勝會）具有慈善濟貧功能，既布施冥界無祀孤魂又可賑濟陽間貧窮百姓，從而達到幫助冥陽兩界之弱勢社群。這種具有潮汕特色的盂蘭勝會正好迎合當時香港社會情景，潮人盂蘭勝會便成為潮籍移民心靈上的安全慰藉支柱，也是凝聚居港同鄉，發揮團結互助精神。

潮人盂蘭勝會團體，是通過向善長募捐金錢，籌辦活動。活動內容有敬天迎神、演戲酬神、誦經懺悔、供佛祈福、超渡亡魂、附薦先人、施食鬼神、派米賑濟等。以上活動除了能夠凝聚群眾及同鄉，也藉此活動施惠行善，當中蘊含佛家「因果」思想，通過行善布施可產生「功德」以迴向父母祖先福澤及自身消災迎吉祥。故盂蘭勝會既具有孝義、孝順的中華民族文化的美德，更重要的是，盂蘭勝會也具當代普世價值——不只是關愛自己血緣的父母，因有施惠濟眾的美意，虔誠地祭祝祖先，慎終追遠，盂蘭勝會的「功德」思想，具有推己及人，希望其他沒有血緣關係的眾生，也得到救濟，實踐推己及人、自利利他的「功德」精神。

只是到了近年，盂蘭勝會往往被一些電影故事渲染成為恐怖的鬼故事，使盂蘭勝會背後蘊藏中國文化及全球普世價值，未能彰顯。由是本人已編《破解盂蘭迷思》及區志堅、黎漢傑編著《香港盂蘭文化與當代社會》等教材，把盂蘭勝會的歷史演變、《佛說盂蘭盆經》故事，向學生傳播，澄清學生對此盂蘭勝會的誤解。

尤以區志堅、黎漢傑在《香港盂蘭文化與當代社會》的第三章，以繪本及文字，轉載西晉三藏竺法護以漢文譯《佛說盂蘭盆經》經文原文，並以白話文解說，以便學生瞭解盂蘭勝會的原文意義。

其二，潮人盂蘭勝會已是國家及香港特區政府承認的非物質文化遺產。潮人盂蘭勝會不只是香港潮籍人士的集體回憶，也是香港人士的集體回憶，很多香港人也認同此節日活動，同時，潮人盂蘭勝會具獨特儀式和關愛、推己及人的普世價值，成為社區和群體提供凝聚力、認同感和持續感。潮人盂蘭勝會於2011年被列入中國國家級非物質文化遺產名錄，以及列入香港特別行政區非物質文化遺產名錄清單。

其三，潮人盂蘭勝會在當代被列入中國國家級非物質文化遺產名錄，以及是香港特別行政區非物質文化遺產名錄清單，但遇到商品化及社區城化的衝擊，此可以為學生提供傳統文化在現代化社會價值的思考課題。

香港人口增長，社會進行城市及社區重建，昔日住在同一社區的街坊被遷離；家庭結構改變，昔日參與者老齡化，年輕一代多忙於生計或由於居住環境擠迫而遷住其他社區居住，減少了原有社區凝聚力；新社區缺乏歸屬感，遷入新社區的潮籍居民，雖然對昔日社區有歸屬感，可能基於工作或因年事已高，未能常返回舊社區，對新社區又缺乏歸屬感而沒有積極參與；傳統信仰觀念改變，昔日社會動盪多依賴信仰思想來面對逆境增強自信。新一代年輕人生長在安穩的社會環境，對於信仰已視為不合時宜，同鄉關係更漸疏離；籌集資金困難，有盂蘭勝會團體近年為減輕運作成本，分別將場地設置規模縮小、將三天儀式改為二天、取消公演神功戲、傳統花牌改為以噴畫代替、天地父母棚供品擺設減少等。基於以上原因潮人盂蘭勝會正面對組織者老年化、籌集資金困難、人事新舊難以交替等問題，都使到潮人盂蘭勝會發展受到影響。

此外，政府在政策上未能完善地配合，現時環保問題，往往針對盂蘭勝會燃燒紙紮祭品，要求主辦團體採用成本較昂貴符合環保標準的化寶爐；租用場地方面，球場已不是昔日的水泥地，現時球場地面多鋪上一層適合球類運動的塗層物料，有盂蘭勝會團體曾在搭建竹棚時破壞此等物料而被罰款，無奈只好改用金屬鋼架代替已列入香港非物質文化遺產名錄清單的竹棚搭建技藝。此外，為環保條例及聲音控制，盂蘭勝會演出神功戲，均要求提交在場地附近，定時量度嘈音數據的報告。同時，昔日公演至深夜的神功戲，規定在晚上10時便要結束。

其四，學生也可以談及潮人盂蘭勝會的傳承課題，此涉及潮人盂蘭勝會列入「香港非物質文化遺產名錄清單」及「國家級非物質文化遺產名錄」，就是代表了具有保存價值的文化遺產，而每年潮人盂蘭勝會場地均以潮式佛道宗教融合的方式布置，場地通常設有九個棚，分別是「天地父母棚」、「神袍棚」、「神功戲棚」、「經師棚」、「米棚」、「大士臺」、「孤魂臺」、「附薦臺」和「金榜」。尤以神功戲臺，每日開臺前都會重複公演五套吉祥例戲，劇目名稱有〈八仙賀壽〉、〈跳加冠〉、〈仙姬送子〉、〈唐明皇淨棚〉、〈京城會〉，合稱「五福連」，主要是送給主辦團體，慶賀吉祥的意思，是一種神靈人格化的表現。

經師棚科儀取自目連救母故事中，供養十方大德眾僧情節，後來演化成為盂蘭勝會部分供養科儀。供養涵蓋諸佛菩薩、天王、護法等，科儀有「金山供佛」、「普門獻花科儀」、「金山十獻」、「六供」等，用於儀式的供品有，花、香、燈、塗、果、茶、食、寶、珠、衣、樂。按照儀式，選取所需部分放置於三寶佛壇前，由經師誦唸經文以做供養。

乃至2012年香港潮屬社團總會正式成立盂蘭勝會保育工作委員會，在2015年舉辦首屆「盂蘭文化節」搶孤競賽。古代的盂蘭勝會，各家各戶把施祭物品，放在門前附近空地拜祭，拜祭後就任由無家者取食。清代潮汕地區的「搶孤」在農曆七月盂蘭勝會活動最後一天晚上進行，祭拜儀式結束後，鑼鼓聲一響，便任由有需要的貧民和無家者，爭先恐後搶奪祭品。香港潮人盂蘭勝會在六、七十年代的派米濟貧，就是源自潮汕地區的「搶孤」活動。

「搶孤」競賽是將潮汕地區的搶孤活動加以優化及規範化，吸引了年輕人參與的競賽活動，除了邀請本地高等院校及中學生參加外，更邀請內地、東南亞地區組隊參賽，比賽形式採用三隊為一組，每組比賽分三輪，每隊輪流有五分鐘時間在搶孤棚上拋福米包，其餘二隊共十人則在搶孤區內手持孤承搶接福米包，最後搶得福米包數量最多、積分最高的隊伍便是優勝隊。故把傳統「搶孤」活動，成為一種當代體育競賽運動。

同時，也加入親子盆供堆疊賽，盂蘭盆供被漢傳佛教譽為吉祥之最，能夠利用有限資源及時間，產生無量功德。相傳目連為救渡母親，在農曆七月十五僧自恣日，用盂蘭盆盛載百味五果、生活用品、油燈香燭、床具被鋪供養十方聲聞眾僧，供僧所產生善功德能令其母親脫離苦難。

盆供堆疊賽的構想源於盂蘭盆供。比賽方式分為每組二人。參賽者須在指定時間內將各種供品米包有技巧地堆疊在金漆木雕饌盒上，堆疊得愈多，寓意將更多福報迴向父母，目的是教導大眾毋忘父母長養慈愛之恩，弘揚孝親是世代相傳的美德。盆供堆疊賽採用分組混合賽制，以三隊為一組，每隊須在指定時間內將每個供品（米包及其他形狀物品）在饌盒上逐層堆疊，用最少時間，能堆疊最多供品且饌盒供品不會倒塌的隊伍，便可勝出。乃至近年更增設最佳隊伍造型獎。

此外，近年已編刊《盂蘭的故事》、《香港盂蘭文化與當代社會》二書，及以電子科技虛擬實景目連救母的故事，以繪本向青少年傳播盂蘭文化的訊息。《盂蘭的故事》、《香港盂蘭文化與當代社會》二書，均以手繪圖片，配合文字詳述盂蘭節的起源、目連救母的故事、《佛說盂蘭盆經》內「目連救母」故事漢文經文及白話解釋，古今盂蘭節、傳統盂蘭節的儀式、盂蘭勝會的布局，三天法事日程、盂蘭節日的核心概念等。把盂蘭文化習俗以繪本、照片及文字記錄下來。

三、「盂蘭文化」專題研習舉隅

近年香港潮屬社團總會均於農曆七月中在香港維多利亞公園舉行「盂蘭文化節」，依2018年「盂蘭文化節」場地布置，主要設置分為接待處、盂蘭文化歷史展覽、3D主題拍攝區、經師壇、搶孤棚、接孤區、心願蓮池許願區、潮劇文化展示、盂蘭文化導賞。而今屆工作坊則以潮劇為題材，有面譜繪畫工作坊、潮劇服飾造型體驗班、兵器演練體驗、班戲裝身真人Show；文化互動攤位有盂蘭VR虛擬實景體驗《破・地獄》、搶孤大作戰H5小遊戲、盂蘭文化對對碰、盂蘭茶文化、潮人學堂、聖杯選總理、盆供堆疊體驗、搶孤大布施，以及舞臺活動有請老爺（搶孤舞蹈篇）、神功戲技藝演繹等，將嘉年華式、現代新科技、動漫畫、健身競賽運動、表演藝術，把傳統盂蘭文化特色傳往民間。大會每年均會為香港的中學師生安排專題免費導賞，導賞員多為大專院校學生。因為這些高等院校學生正在修讀歷史文化課程，以他們為優先接受導賞技巧培訓；更重要的是，他們多數曾參與及具有中學專題研習的經驗，容易協助中學學生把盂蘭文化成為學生專題研習的功課。以下曾是盂蘭文化節籌委會為一些中學師生舉行，以盂蘭文化節為中學專題研習的課題：

其一，同學可以從宏觀研究盂蘭勝會的由來，與中國佛教目連救母的故事之關係。同學可以參考陳蒨：《潮籍盂蘭勝會：非物質文化遺產、集體回憶與身分認同》、胡炎松《破解盂蘭迷思》、區志堅和黎漢傑編著《香港盂蘭文化與當代社會》，胡炎松文字、Stella So漫畫、陳幼南、馬介璋策畫《盂蘭的故事》。

其二，學生可以在盂蘭文化節觀看「神功戲技藝演繹」。為使觀眾能充分瞭解潮劇傳統文化藝術，特設劇目在公演前先由專人做現場解說潮劇技藝和歷史文化，觀眾更可通過電子字幕設置瞭解戲文內容，目的讓公眾都能認識潮劇文化的博大精深。「神功戲技藝演繹」劇目是傳統潮劇每日開臺必演吉祥戲《五福連》。《五福連》包括：〈八仙賀壽〉、〈跳加冠〉、〈仙姬送子〉、〈唐明皇淨棚〉、〈京城會〉，五個短劇目，寓意功名財子壽的意思。

因此，同學可以從演員演繹劇目故事、唱劇內容以及樂器種類等，研究潮劇的歷史文化。同學不用擔心聽不明白潮語內容，因為在開場前，有演員以廣東話解說戲文內容，又以文字介紹劇目。大會既安排學生觀看潮劇，也安排與演員交流，學生可以感同身受，以情景學習教學策略，使學生更明白潮劇蘊藏的中華文化[12]。

---

[12] 有關中國地方表演傳統劇目與教化的關係，見田仲一成著，錢杭、任余白譯：《中國的宗族與戲劇》（上海：上海古籍出版社，1992年），第9-35頁；陳守仁：《儀式、信仰、演劇：神功粵劇

其三，同學可到潮人盂蘭勝會場地，以研究潮人盂蘭勝會佛社的法事科儀，及在當代社會的意義。潮人盂蘭勝會法事科儀主軸「施食」儀式，由「上師」在經師壇帶領眾經師進行，上師與諸佛結界進入觀想境界，唸密咒，結手印，將粒粒白米轉入另一空間，化為千千萬粒甘露美食。「上師」恭請地藏王菩薩帶領十方孤魂眾生到壇前聞法享食。儀式後，昔日主辦團體會將平安米分發給有需要的貧苦大眾。現在領取平安米已演變為街坊善信討吉利、祈求平安的習俗。而白米捐贈者，更可迴向消災納福、遇事吉祥的庇佑。同學可運用當代拍攝方法，記錄整個儀節、場地布置，藉現實圖像，得以保存及傳播。

是次潮人盂蘭勝會場地的「天地父母」棚內供品擺設是延續《目連救母》的盂蘭盆供。根據日本圓仁《入唐求法巡禮行記》卷四，唐武宗會昌四年（844年）條記載：「唐代長安城民眾在七月十五日盂蘭盆會送盆獻供，有各種食品、雜物、花臘、花瓶、假花果樹、手飾金翠，還配有音樂、儀仗。隨著送盆隊伍到各皇家寺院佛殿前鋪設供養，官民共樂，場面壯觀。」唐代盆供物品的花臘、花瓶、假花果樹等，與潮人盂蘭勝會天地父母棚的擺設相似，羅列各式各樣，有茶、酒、湯、飯、齋菜碗、彩紮造型、麵塑藝術、五果、豆仁團五牲，競投福品有金器、陶瓷、電器產品等，潮式糕餅分別有發粿、甜粿、金錢糕、紅桃粿、糖獅塔、福桃、棋子餅、壽桃等。置於最前方兩側有豆團架、豆心架，中央放置金漆木雕饌盒，和生動造型燈飾，閃亮兼有動態氣氛的八仙賀壽糖方肚等，與唐代長安城送盆獻供相似，潮人盂蘭勝會天地父母棚供品擺設可說是中原古俗遺存。

其四，學生可以研究「盂蘭文化節」親子盆供堆疊賽、VR虛擬實景《破・地獄》以體驗方式表述地獄及目連救母故事，學生可憑參加攤位活動贈券，換取潮州草粿（涼粉）及食糜（潮州粥）配雜鹹，從中瞭解食糜、潮州工夫茶在當代社會的意義。同學可以從宗教信仰、商品物質化、傳播知識方面，比較盂蘭文化與西方鬼節（Halloween）的異同。

當然，因為盂蘭勝會是在農曆七月舉行，在香港情況而言，正值學校放暑假，這樣未必會有太多中學或高等院校學生參加，故進行盂蘭文化的專題研習，須提前計畫安排早於西曆5月通知學生於西曆8月參加，同時要提前通知大專院校學生，以安排他們參加導賞培訓工作。

在香港》（香港：香港中文大學音樂系，2008年）一書。

四、小結

盂蘭文化既是一個蘊藏深厚中華文化意義的傳統節日，也具有組成中華文化精要之孝道、施愛精神[13]，若能結合新媒介，如電子科技、人世間的嘉年華節日表現形式、教材編寫、競賽運動、動漫畫表述、宗教故事形象化、表演藝術，增加參與活動者與宗教文化、節日互動，甚至可以運用「公眾史學」的概念[14]，均會加強大眾對民間宗教有別於過去不同的理解，可以藉新媒介讓傳統文化精義走向大眾，邀請公眾人士參與[15]。還有，新媒介也可以把節日文化變成為「知識」（knowledge），代代相傳，保存及流播儀節文化，更發揚蘊藏於盂蘭文化中之孝於親、慈於眾、悲於孤等中華文化的精神，並以新媒介向國內外傳播，使中華文化精神的普世價值推向國際[16]。由是，談及知識傳播，不能不注意把文化知識傳向在學的年輕人，這樣結合中小學課程，做出論當調節，把傳統文化根植學生，深信教材、教師的教學及引入場景體驗教學，以成為知識傳播的重要媒介[17]。

---

[13] 有關中華文化內孝親觀念之重要性，見南愷時：〈美國歷史學者談北朝孝子圖的歷史價值〉，《亞洲考古》，網頁mp.weixin.qq.com，瀏覽日期：2020年1月5日；參見呂妙芬：《孝治天下：《孝經》與近世中國的政治與文化》（臺北：中央研究院、聯經出版事業有限公司，2011年），第6-14頁。

[14] 李娜：《公眾史學研究入門》（北京：北京大學出版社，2019年），第222-244頁。

[15] 參見陳蒨：〈文化遺產與生態遺產——建構與持續發展利用〉；吳志華：〈文化遺產保護新視野——香港經驗〉，收入陳蒨、祖運輝、區志堅主編：《生態與文化遺產：中日及港臺的經驗與研究》（香港：中華書局，2014年），第2-13、23-25頁。

[16] 當然，筆者也不能否定以新媒介傳播新傳統文化，有機會影響傳統文化的精神及背後意義，此將是另一個有待研究的課題。筆者限於篇幅，留待日後再研究此課題。又近年不少學者致力研究以新科技、新媒介結合傳統宗教文化的傳播，見Wei Ping Lin（林瑋嬪），*Materializing Magic Power: Chinese Popular Religion in Villages and Cities* (Cambridge & London: Harvard University press, 2015), pp.141-169；〈跨越界線：LINE與數位時代的宗教〉；齊偉光：〈臺灣漢人民間信仰與新媒體：以臉書為媒介的宗教建構〉，收入《媒介宗教：音樂、影像、物與新媒體》（臺北：臺灣大學出版中心，2018年），第267-302、227-266頁。

[17] 蘇珊・波普（Susanne Popp）著，邢寬譯：〈全球歷史教學法的發展趨勢〉，收入李帆、馬衛東、鄭林主編：《21世紀全球歷史教育的發展與挑戰》（北京：社會科學文獻出版社，2018年），第8-11頁。

第四章 The Theme-based Learning Approach of Traditional Chinese-based companies thriving on entrepreneurship with Confucian virtues: A Case Study of Beijing

Tong Ren Tang

Abstract

This paper aims to provide students or teachers at the senior secondary school level in Hong Kong with the relevant skills and knowledge to prepare for the Hong Kong Diploma of Secondary Education Examination (HKDSE), particularly for the topics of Entrepreneurship and Small and Medium Enterprises (SME) Management in Business, Accounting, and Financial Studies (BAFS). Students should be able to understand the characteristics of **entrepreneurship** and its contribution to economic development and develop their awareness of **Confucian virtues,** corporate social responsibility and business ethics. Besides, a case study of **Beijing Tong Ren Tang** is supplied to facilitate the discussion of entrepreneurship and SME management. The theme-based approach is a method of learning and teaching, in which many aspects of the curriculum are linked together and incorporated within a theme[1]. In this paper, the author adopted the theme-based approach, which includes learning targets, level, duration, prior knowledge, topics and content covered, a case of **Beijing Tong Ren Tang,** learning tasks with the provision of the relevant knowledge and generic skills, values and attitudes. In addition, extended learning activities are provided.

---

1 Kidken (2019). Theme-based approach. https://www.kidkenmontessori.com/theme-based-approach/Accessed on 16 September 2019.

內容摘要

本文旨在為應付香港中學文憑考試（HKDSE）的香港高中學生或相關課程的教師，提供一些實用而相關的資料。內容特別針對企業、會計與財務概論（BA FS）的課文——企業家和中小企的管理。除此以外，本文亦提供一個小型個案，內容是有關**北京同仁堂**，希望藉著此個案分析，可以讓同學更加認識**企業家的精神**，儒家的美德及中小企的管理知識。在本文中，作者採用了基於主題的方法，其中包括學習目標、水準、持續時間、以往知識，主題和內容涵蓋，**北京同仁堂案例**，學習任務與提供相關知識和通用技能、價值觀和態度。此外，還提供了擴展的學習活動。

Theme-based learning

According to Curriculum Development Council[2], "Theme-based learning The learning elements in BAFS are inter-related, not discrete. A theme-based approach is used to organise and integrate the learning elements of different business areas around a theme that connects to real-world issues. Selecting the topics related to students' life experiences and interests can make learning more meaningful. The learning elements should be delivered flexibly and build on each other around a theme by integrating the relationships among the elements of knowledge. This approach equips students with the necessary knowledge and skills to bring together the relevant perspectives in making business decisions." Below please find an example of theme-based learning adapted from Curriculum Development Council[3]. Importantly, the author made a significant contribution to the provision of the mini case: **Beijing Tong Ren Tang**, the topic and content for students' learning in the process.

Learning targets: Theme-based learning assists senior form students to integrate the learning elements of entrepreneurship, small-medium enterprises,

---

2 Curriculum Development Council, *Senior secondary curriculum guide*. (Hong Kong: The Printing Department, 2014).

3 Curriculum Development Council, *Senior secondary curriculum guide*.

large corporation, Confucianism, corporate social responsibility around a theme of the **Confucian virtue and Beijing Tong Ren Tang**

Level: S4

Duration: In-class: four hours; outside class: six hours

Prior knowledge: Forms of business ownership

Topics covered: Entrepreneurship, business plan, small-medium enterprises, large corporation, Confucianism, corporate social responsibility in the Compulsory Part

Learning objectives: Students should be able to understand the characteristics of entrepreneurship and its contribution to economic development and develop their awareness of Confucian virtue, corporate social responsibility, and business ethics

Teaching as inquiry - roles of teachers:

- To provide feedback and guide students to bring together various perspectives in making ethical decisions
- To stimulate students' critical thinking in discussing issues from different angles

Learning as a 'process' - roles of students:

- To participate actively in discussion and group work to share and compare views, ideas, and knowledge with peers
- To learn how to collect, analyse and acquire updated knowledge independently
- To generate ideas and opinions and generalise the concepts from their own findings

Theme: Traditional Chinese-based companies thrive on entrepreneurship with Confucian virtues

Case: Beijing Tong Ren Tang

Starting from 1723, Beijing Tong Ren Tang Chinese Medicine Company Limited or also commonly named Tong Ren Tang by its die-heart fans has provided its exclusive health care services and precious Chinese medicines to the royal family members in the Qing Dynasty[4]. The first two words of the brand 'Tong Ren' refer

[4] Beijing Tong Ren Tang Chinese Medicine Company Limited (2019) https://www.tongrentangcm.com/tc/ Accessed on 16 September 2019.

to fairness to everybody. Confucianism advocates five important virtues i.e. Ren (Benevolence), Yi (Duty), Li (Manner), Zhi (Wisdom) and Xi (Loyalty). Tong Ren carries the same meaning of benevolence, which is the top priority among the five virtues[5].

Established in 1669 by Dr. Yue Xianyang, a well-known emperor physician, Tong Ren Tang has always upheld its core values of integrity and quality services. [6]By inheriting the traditional Chinese values such as building a healthy body from oneself to others, Tong Ren Tang's brand name and brand assets are so valuable and after-sought in the Chinese medicine industry all over the world. To continuously maintain the quality of its Chinese medicine and gain trust from its customers, Tong Ren Tang first set up its state-of-the-art research and development hub in Tai Po Industrial Estate in Hong Kong in 2006. Through R&D, Tong Ren Tang has obtained various international standard certifications and accolades i.e. ISO22000:2005 certification. From good to great, the corporation has always aimed high by using high-quality ingredients for its medicine, inventing special Chinese medicine formulae and providing the best training for its staff.

After serving the Chinese medicine industry for more than 300 years, Tong Ren Tang has positioned itself as an international corporation, inheriting the sophisticated Chinese medicine knowledge, ancient Chinese prescriptions, and secret recipe formulae from one generation to another generation. In 2018, the corporation was successfully listed on the Main Board of the Stock Exchange of Hong Kong Limited. To succeed and sustain in some 28 countries today, Tong Ren Tang has made tremendous efforts in keeping its corporation in good shape. Being an ethical corporation is not just about making a lot of profits for its stakeholders. On top of that, Tong Ren Tang always put corporate social responsibility and environmental friendliness in the first place.

---

5 Confucian Belief (2019). http://factsanddetails.com/china/cat3/sub9/item88.html#chapter-5 Accessed on 16 September 2019.

6 Yang, X., Li, J., Stanley, L. J., Kellermanns, F. W., & Li, X., "How family firm characteristics affect internationalization of Chinese family SMEs". *Asia Pacific Journal of Management*, 2018, pp.1-32.

Q.1 How do the following characteristics of Tong Ren Tang influence the success of its business?

(a) Company culture/values

Answer

- Selfless value: The first two words of the brand 'Tong Ren' refer to fairness to everybody.
- Tong Ren carries the same meaning of benevolence, which is the top priority among the five virtues[7].
- Inheriting the traditional Chinese values such as building a healthy body from oneself to others
- Tong Ren Tang has always upheld its core values of integrity and quality services.

(b) Innovative thinking

Answer

- Tong Ren Tang first set up its state-of-the-art research and development hub in Tai Po Industrial Estate in Hong Kong in 2006.
- Through R&D, Tong Ren Tang has obtained a lot of international standard certification and accolades i.e. ISO22000:2005 certification.
- From good to great, the corporation has always aimed high by using high-quality ingredients for its medicine, inventing special Chinese medicine formulae and providing the best training for its staff.

(c) Business ethics

Answer

- Being an ethical corporation is not just about making a lot of profits for its stakeholders. On top of that, Tong Ren Tang always put corporate social responsibility and environmental friendliness in the first place.

[7] Confucian Belief (2019). http://factsanddetails.com/china/cat3/sub9/item88.html#chapter-5 Accessed on 16 September 2019.

Q.2 In terms of decision-making processes, what are the major differences between a small company and a large corporation like Tong Ren Tang?

Answer

- Owners of a small company make all or most of business decisions by themselves. It can be more efficient.
- For the large corporation i.e. Tong Ren Tang, the process of making the decision may involve a lot of people.
- Decisions may need to go through various departments or divisions. They can be less efficient.

Topics and content covered:

1. What is an entrepreneur?

An entrepreneur refers to an owner of a business who makes money and profits through risks and initiatives.

2. Characteristics of successful entrepreneurs

1. Strong desire to succeed
2. Highly motivated
3. Highly independent
4. Self-confident
5. Visionary
6. Determinate and Persistent
7. Innovative
8. Flexible
9. Opportunistic

3. A business plan refers to a written document that explains all the interrelated internal and external components and strategies for a start-up company.

4. Significance of a business plan

For the entrepreneur

1. An entrepreneur can assess the company's success more systematically.

2. It helps pinpoint potential problems and hidden risks.

For the organization

1. Goals and strategies are explicitly stated.
2. It provides clear directions and guidelines for the staff to follow.
3. It also provides useful business information for potential investors, suppliers, bankers, partners, and customers.
4. The start-up companies need to write well-prepared business plans to obtain loans from the bankers or support from the investors.
5. A sound business plan can help an organization to gain better credit terms from the supplier or partner.
6. A company's business plan can keep its potential or current customers informed so that they will be more prepared to buy from it.

Steps of business plan development

1. Collect relevant information about the macro- and micro-environment of the industry.
2. Evaluate the political, economical, social, technological, ecological, competitive and legal forces of the macro-environment.
3. Analyze the strengths, weaknesses, opportunities, and threats of the company in the industry.
4. Determine the mission and vision of the company.
5. Work out the company's strategies and necessary resources for the new project.
6. Create the business plan.

5. Outline of a business plan

1. Title page

2. Executive summary: Summary of the business plan

3. Table of contents

4. Mission and vision: Objectives of the business, products, and services provided

5. Company background

6. Marketing plan: Marketing mix (4Ps), target markets, unique selling proposition (USP), and competitor's market share and strategies

7. Production plan: Illustration of the operation in the plant.

8. **Implementation plan:** Schedule of work and manpower allocation.
9. **Financial plan:** Forecast revenue/profits and cash flow projection generated by the start-up organization;
10. **Organizational plan:** Organization chart and skills, knowledge and/or attitude of the management teams and their responsibilities and authority and power.

6. Small and medium enterprises (SME)

According to the Trade and Industry Department in Hong Kong, an SME refers to:

1. a manufacturing company that hires fewer than 100 employees, or
2. a non-manufacturing company that hires fewer than 50 employees.

Lots of successful entrepreneurs set up their businesses as SMEs due to the constraints of funds and financial supports from investors or banks.

An SME can function as a sole proprietor, a partner or a limited company.

An SME is usually set up in both secondary and tertiary sectors.

SMEs in Hong Kong usually possess the following characteristics:

1. SMEs are owned and run by independent individuals.
2. Restricted funds, resources, and capital.
3. Family members usually play a significant role in operating the SME.
4. SMEs are more flexible in operation.
5. SMEs are more receptive to new opportunities and insights than large corporations.
6. Sometimes, SMEs focus more on narrow segments than large corporations.

SMEs' contributions to the Hong Kong economy

1. SMEs develop new products and services to compete with large corporations.
2. SMEs play different roles to support large corporations e.g. suppliers, agents or distributors.
3. SMEs make great contributions to Gross Domestic Products (GDP).
4. SMEs create job opportunities for both inexperienced and unskilled labor force.
5. SMEs introduce tailor-made or specific products and services to different niche markets.

7. Entrepreneurship benefits the business and society and the reasons are explained as follows.

Production

Apart from land, labor, and capital, an entrepreneur is one of the key factors of production.

Entrepreneur allocates resources and people and leads business development.

Social advancement

Entrepreneurship provides an opportunity for people to enhance their social status.

Entrepreneurship also allows the ethnic minority to make a living outside the mainstream.

Competition

Entrepreneurship can provide different variety of products and services to the target markets.

It utilizes resources more efficiently and in turn, enhances competition.

Consumers benefit from a multitude of products and services with better quality at lower costs.

Economic Development

Entrepreneurship provides more job opportunities.

The innovation of new products benefits consumers.

Entrepreneurship is an important factor in the economic transformation in Hong Kong in the past few decades.

Differences between small and large businesses

	Small business	Large business
Ownership and Management	Ownership and management are usually not separate. Companies are usually managed by the family members of the owner.	Ownership and management are usually separate. Managers are professional and are usually hired from outside.
Business Scope	Simple business operations. With limited resources, they can produce a small range of products and services.	More complicated business operations. More and resourceful and capable to produce more variety of products and services.
Decision-making	Owners make all or most of business decisions. More efficient.	The process of making a decision may involve a lot of people. Decisions may need to go through various departments or divisions. Less efficient.
Planning	Plans are more short-term and operational. Plans are more informal and created by the owner.	Plans are more long-term. Plans are more formal and systematic and are usually created by the manager.
Organizing	The unity of command is not stressed. Organization structure is flatter. More face-to-face communication is commonly adopted.	Unity of command is adopted. Organization structure is taller. Different communication modes are adopted e.g. Email, face-to-face, Internet, Conference calls etc.
Leading	The autocratic leading style is prevalent. Business decisions are usually made by the owner.	Laissez-faire leading style or participative leading style is commonly adopted. It is quite common to delegate jobs to subordinates.
Controlling	Rules and regulations are not so strict. The monitoring system is rather informal.	Rules and regulations are usually clearly stated for staff to follow. The monitoring system is more formal and systematic.

Learning tasks

Am I a potential entrepreneur?

Task 1:

(a) Identify and classify different success factors for small businesses by a field visit and observation.

(b) Discuss and justify the critical success factors for setting up and running a small business.

Task 2:

(a) Find different definitions of entrepreneurship and the characteristics of entrepreneurs from various sources.

(b) Generalise the definition of entrepreneurship and compile a list of the key characteristics of an entrepreneur.

(c) Compare entrepreneurs and managers with respect to their roles in business operations.

* *Knowledge The first two learning tasks aim at introducing the entrepreneurial spirit. Students are expected to generate an understanding of the key attributes and skills of entrepreneurs and their entrepreneurial spirit.*

* *Generic skills Analytical skills will be developed through analysing the critical success factors*

Task 3:

Complete an online self-assessment of your entrepreneurial potential and present the results in class.

* *Knowledge The third learning task aims to help students reflect on what they have learned in the previous activities. Teachers may use their findings to reinforce the understanding established in the previous two tasks.*

* *Generic skills In the process, students can develop their IT skills in organising and presenting the information. They will also understand their own strengths and areas for improvement which helps to develop their entrepreneurial attributes.*

Do we need entrepreneurs with Confucian virtues in Hong Kong?

Task 1:

By reading economic reports and business journals, explain why entrepreneurial activities with Confucian virtues are so important to a country's economic growth.

* *Knowledge The first task aims to help students visualise the importance of entrepreneurship with Confucian virtues in business development and economic growth.*

* *Generic skills Skills in IT applications, research, and written communication will be developed through this learning process.*

Task 2:

Propose recommendations for the development of an entrepreneurial culture with Confucian virtues in Hong Kong for economic growth and sustainability.

* *Generic skills The second task expects students to make use of the information collected in Task 1 and make suggestions for improving economic growth in Hong Kong. The activity aims to develop students' creativity and critical thinking skills in tackling business problems.*

What's wrong with our business world?

Task 1:

(a) Identify some local and international unethical business practices.

(b) Discuss the causes and negative impacts of such practices.

(c) Distinguish between illegal and unethical business practices, with examples.

* *Knowledge Task 1 aims to trigger students' awareness of unethical business practices. Students will learn how to identify and differentiate illegal and unethical business practices. *Generic skills Communication skills and creativity will be developed as students need to draw on and share different views on the causes and impact of malpractice with peers.*

* *Values and attitudes Through the learning process, students can recognise the negative impact of illegal and unethical practices on society, which can nurture positive values and attitudes towards business ethics and social responsibilities.*

Extended learning activities

- **Company Visits:** Apart from classroom activities, teachers can arrange **business talks by entrepreneurs and SME visits** to enable students to understand authentic business situations in an interactive and interesting way.
- **School Competitions:** Teachers can further develop students' collaborative learning by encouraging them to participate in **business projects and competitions.**
- **Sharing by Professionals:** Schools may invite speakers from statutory bodies and professional organisations - such as the **Consumer Council** - to deliver talks or conduct forums on **business ethics and corporate governance** for students.

第五章　中國傳統節日與環保知識的教研課題：以盂蘭節為例

香港樹仁大學歷史系
梁浩文[1]

一、引言

盂蘭節是香港每年農曆七月初一至二十九／三十日的一個節日。由於民間對此節日眾說紛紜，為此節日添加了不少神祕色彩。許多市民為求得內心安寧，以及為保佑家人、家宅平安，會舉行一些傳統祭祀儀式，例如燒街衣以供奉孤魂野鬼，許多團體也會舉辦一至五天的盂蘭勝會。依香港潮屬社團總會印行《香港潮人盂蘭勝會》所載，每年盂蘭文化勝會總數達二百多個，而潮州人盂蘭勝會則占一半以上。[2]香港潮人盂蘭文化勝會更在2010年被列入第三批國家級非物質文化遺產項目[3]。一般來說，整個盂蘭勝會離不開祭祀、神功戲、宴會、施食等傳統環節，少不免會製造不同程度的污染，例如空氣、水、廢物污染，及浪費自然資源，例如食物、祭祀用的物件等。另一方面，教師向學生傳播此文化有其挑戰，因為既要考慮環保問題，又要尊重和推動中國傳統文化，二者實有緊張關係。再者，香港中學生對盂蘭節的深入探討極為缺乏，甚至一些學校基於宗教、傳統、校訓等因素，拒絕提案該傳統節日給學生在課堂討論或研習，此往往導致該傳統文化未能在新一代中宣揚或傳承。依2007年編刊，後於2014年更新，由課程發展議會與香港考試及評核局聯合編訂，「香港特別行政區教育局建議學校採用」的《通識教育科課程及評估指引》中，列有〈第三單元：現代中國〉，文中談及要教導學生瞭解「在國家推行現代化的過程中，傳統的中華文化自然產生轉變，其中

1　作者感謝李朝津教授、區志堅博士在研討會上給予意見。
2　香港潮屬社團總會：《香港潮人盂蘭勝會》（香港：香港潮屬社團總會，缺出版年份），第2-3頁。
3　同上註。

有些消乏了，有些則仍然是中國境內各民族日常生活的重要組成部分」，教學內容主要從物質文明，如建築、名勝古蹟，制度方面，如民俗及禮儀，和精神文明，如哲學、倫理道德，瞭解中華文化的多元化面貌，也希望教員能教導學生「認識和探討中華文化在物質方面的內容」，更希望藉教學活動，使學生「深入瞭解中華文化中的精神和制度內容以及中華文化如何受社會轉變所影響」。港府行政也希望教員能教導有關「文化遺產的保存和保育」的知識，課程發展議會及香港考試及評核局也建議教員，從多角度及多元化評述傳統習俗與現代生活之間可能存在的一些「矛盾／衝突」[4]。以現時在香港流行的中國傳統文化習俗，又具有非質文化遺產的特色，也具有傳統文化的倫理價值。另外，受到現代文化的衝擊，不可不談盂蘭節[5]。盂蘭節又稱為「鬼節」，每年農曆七月在香港各區舉行，也是不少中學通識科師生喜歡運用的專題研習及教學的材料。近年潮屬盂蘭文化節也受香港旅遊發展局、非物質文化遺產辦事處及華人廟宇委員會資助，成為每年吸引中國內地及香港旅客的重點項目。更有學者設計《香港盂蘭文化與當代社會》給中學生運用的教材，把盂蘭文化知識普及化[6]。本文作者曾獲香港一間中學通識科現代中國課程老師邀請，協助其設計一項有關非物質文化遺產課題的教案。此教案內，本人以盂蘭文化為例，說明傳統文化在現代社會遇到的問題，並教導學生瞭解「原來盂蘭節其實可以同時做好環保」的訊息。先引述此教案的內容為：

通識教育專題研習教案

科目：「當代中國——中華文化與現代生活」、「能源科技與環境」

級別：中六級

課時：80分鐘

主題：從環保角度去看盂蘭勝會

學生已有知識：

4　課程發展議會與香港考試及評核局聯合編訂：《通識教育科課程及評估指引》（香港：課程發展議會與香港考試及評核局，2014年），第26-27頁。此《通識教育科課程及評估指引》於2007年編刊及出版，再於2014年編刊及更新，本文作者參閱及運用的資料，是2014年的更新版本。

5　有關盂蘭節的由來及發展，見胡炎松：《破解盂蘭迷思》（香港：暉德數碼印務，2015年），第2-5頁；又有關每年舉辦盂蘭文化節的內容，見《盂蘭文化節2018》（香港：香港潮屬社團總會，2018年），此為宣傳小冊子。

6　如：區志堅、黎漢傑編著：《香港盂蘭文化與當代社會》（香港：香港潮屬社團總會，2017年）一書。

- 傳統文化和現代生活的關係
- 傳統習俗與中國人的現代社會相容關係
- 可永續發展和傳統文化的關係

教學目標：

- 能瞭解盂蘭勝會由來
- 能關注現代香港和傳統文化的關係
- 能提出建議盂蘭勝會與可永續發展的關係

學與教活動：

流程

引起動機　10分鐘

- 問好
- 檢查學生帶筆和文件夾
- 問學生有沒有參觀盂蘭勝會經驗
- 簡介課堂主題及目標
- 分發工作紙
- 登記沒有帶材料的學生

- 課室內設賞罰制度，學生有將功補過的機會
- 學生自備文件夾及原子筆
- 聯繫生活相關的知識

小組討論　30分鐘

由於近來環境教育的迅速發展，本港市民對環保意識的提高，在香港的一些傳統節日慶祝之後會產生很多廢物，再者由於新一代對傳統節日的熱情漸趨冷淡，因此，在現象的基礎上，辯論應否保存盂蘭文化節或反對現代社會保存盂蘭文化節。

——多問學生觀察到什麼

——分配兩組各自表達正反的意見

——每位辯士員皆須申論、質詢、答辯。流程如下：正方一辯申論，反方二辯質詢正方一辯；反方一辯申論，正方三辯質詢反方一辯；正方二辯申論，反方三辯質詢正方二辯；反方二辯申論，正方一辯質詢反方二辯；正方三辯申論，反方一辯質詢正方三辯；反方三辯申論，正方二辯質詢反方三辯；反方結辯，正方結辯

總結　10分鐘

- 老師問問題以總結課堂目標
- 安排家課及預告下一課內容
- 檢查及登分
- 課堂完結
- 多讓學生發表，以強化記憶

附件：盂蘭勝會與可永續發展背景資料

盂蘭節是香港每年農曆七月初一至二十九／三十日的一個節日。由於民間對此節日眾說紛紜，為此節日添加了不少神秘色彩。許多市民為求得內心安寧，以及為保佑家人、家宅平安，會舉行一些傳統祭祀儀式，例如燒街衣以供奉孤魂野鬼，許多團體也會舉辦一至五天的盂蘭勝會。根據香港歷史，此勝會總數達百多個，其中潮州人盂蘭勝會超過一半以上。由於此盛會隨著社會文明而式微，故此活動在2010年被列入第三批國家級非物質文化遺產項目。一般來說，整個盂蘭勝會離不開祭祀、神功戲、宴會、施食等傳統環節，少不免會製造不同程度的污染，例如空氣、水、廢物污染，及浪費自然資源，例如食物、祭祀用的物件等。所以，此教案內，本人以盂蘭文化為例，說明傳統文化在現代社會遇到的問題，並教導學生瞭解「盂蘭節其實可以同時做好環保」。

二、教學重點

首先，我們從整個盂蘭節的程序去探討怎樣可以達到可永續發展（Sustainable Development）[7]的目標。

盂蘭勝會習俗由潮汕人帶來香港，他們早年大都從事苦力行業，由於無親無故，生活艱苦，因此同鄉之情濃厚，即使沒有血緣關係，亦稱兄道弟。當有同鄉不幸去世，他們為了慰藉心靈，便按家鄉習俗在農曆七月舉行盂蘭勝會，超渡「好兄弟」（孤魂），同時拜祭神

7 參見聯合國環境與發展世界委員會於1987年發表的報告《我們的共同未來》（又稱布倫特蘭報告）中可持續發展的定義

靈，向祖先表達孝道，希望獲得庇佑。[8]

中國人有一個傳統，如果廟宇香火鼎盛，即代表此廟神靈特別顯靈，故此在傳統節日中到該廟宇還神、祈福的善信不絕。不過，燒香化寶時，往往製造大量灰塵、廢氣，身處廟內更是煙霧瀰漫，令人呼吸困難。有毒物質便藉此進入人體肺部內，進而損害健康及增加患癌的風險。舉行勝會時，不妨參照近年東華三院及該院轄下廟宇的做法，採用環保爐，如此可大大減少焚燒元寶時對空氣的影響；同時提倡用環保香及其他祭品取代燒香，令傳統廟宇跟上環保時代步伐。例如在中區文武廟內的化寶爐即解決了空氣污染問題。傳統磚爐外牆多空隙，空氣引入致紙品紮作燃燒過程不完整，製造大量灰塵。相比之下，不鏽鋼製造的環保爐其空氣污染問題微小得多：當紙品紮作在化寶爐爐火中燃燒時，下降的灰燼跌入內置靜電除塵器中，再經灑水洗滌排走，上升的煙氣則經除霧器後排放。化寶爐排出的煙塵，比傳統磚爐大減九成半；化寶爐爐火溫度高，燃燒過程完整，達至完全燃燒（complete combustion），減少霧霾的產生。環保爐對環境污染減少，對職員健康亦較有保障。環保爐每小時可焚燒二十公斤紙品紮作，每月耗電量只等於長開一個雪櫃加一部冷氣機，既環保又可以達到祭祀的效果。

在勝會節日中，香燭可以換上環保香。環保香以天然原材料製成，比傳統香燭少化學成分及人造色素，較少釋放煙量及焦油量。環保香釋放的黑煙比傳統約少一半。黑煙是癌症的源頭，因為是碳微粒子在人體內轉化成致癌物質，誘發人體細胞突變（mutation）為癌症細胞。故此，環保香使人走入廟內亦時不會感到太澀眼、攻鼻，得以保障健康。

在教育方面，可建議改用其他代替祭品，例如綁絲帶代替香燭，加上鮮花、清水、生果等，同樣可表達對「好兄弟」（孤魂）的誠心誠意。時代進步，我們應鼓勵使用環保拜祭用品。

為了提倡綠色祭祀，有些組織自2017年起推出「功德狀」以取代須焚化的金帛衣包，大大減低碳排放。「功德狀」為普渡祭祀迴向祖先的用品，具幫助先亡早日脫離苦海及累積善果的意義，可代替燒紙錢及紙紮等祭品，為保護環境出一分力，亦為後代子孫留下功德及實踐可永續發展的目標。

一般的燒街衣的紙可以用火紙以代傳統的紙張。首先，我們知道傳統

8　見香港潮屬社團總會：《香港潮人盂蘭勝會》一書。

紙是由樹製成的，其主要化學成分是纖維素，纖維素是多醣的一種，其主要成分是碳水化合物，如果紙足夠純淨，完全由纖維素組成的話，燃燒後就是二氧化碳和水分了，也就沒有煙灰了。而我們平時使用的紙都是含有大量不可揮發的雜質的，比如一些無機鹽等，所以燃燒後會剩下灰燼。火紙的成分是硝酸纖維素，也稱硝化纖維素，極度易燃，燃燒產物為一氧化氮、二氧化氮、二氧化碳和水。說到無灰，火紙無灰的原因和無灰濾紙相似，生產時都需要酸浸，灰分在此過程中被除去了，這樣便可解決灰燼，也不會產生有毒氣體。

> 潮州人盂蘭勝會以佛教形式舉行（廣府人和鶴佬人採用道教），在場地上通常搭建了臨時的神棚、經棚、神袍棚、大士棚、附薦棚（孤魂棚）、戲棚和辦事棚等。神棚供奉「天地父母」、「南辰北斗」和「諸位福神」，各以一個香爐為代表。[9]

盂蘭勝會曲終人散後，都遺下大量竹棚。鑑於大型花牌及戲棚多以舊竹枝興建，被直接運往堆填區棄置。勝會當局可參照環境保護署、環境運動委員會連同環保組織首次推出「舊竹再造」計畫，助一眾「孤兒竹」改變命運。首先搭棚師傅先用小彎刀割掉攤位膠布，然後割斷膠索，竹棚竹枝應聲「解體」落地。不消十分鐘，一個大型花牌及戲棚還原成近百條舊竹。自然脈絡創辦人「野人」指出，回收來的竹枝，如果質量有保證，他們會取少量自用，用來建樹屋及農地農棚，做環保教育工作。「樹屋的竹枝通常一兩年後就會受潮發黴，此時竹枝可做柴枝生火煮食，灰燼便當肥料。」從土地而來的竹，成灰後再回歸大地，是物盡其用，也是環保。

環境保護署、環境運動委員會連同非牟利環保組織「執嘢」首次推出「舊竹再造：竹子升級再造計畫」，以推動惜物減廢。透過舉辦工作坊及環保體驗營等活動，將竹枝升級再造成其他物件，如竹盆栽、風鈴、竹筏等；部分會送到農莊、學校、營地等做圍欄、教學及活動等用途；餘下比較殘舊的竹枝則會切割加工成碎片，再捐贈到非牟利團體及園藝公司做覆蓋物，用於促進植物生長。

再者，可永續發展機構「思網絡」（SEE Network）也統籌不少回收舊

---

[9] 見香港潮屬社團總會：《香港潮人盂蘭勝會》一書。

竹的活動。年宵竹枝由清潔公司碧瑤清拆及暫存，再由思網絡處理回收竹枝及分發予登記機構。思網絡總監鄭敏華受訪時指出，至今已接到四十八個團體及組織，經網上登記領取「竹枝」及「護根覆蓋物」。

打碎舊竹養泥是今年項目的突破。打碎較殘舊竹枝成為護根覆蓋物，既防止水土流失，又能分解成腐殖質，為泥土提供養分，需時約半年。而分解過程中能夠令土壤回復原貌，及重新吸引小型動物居住令土壤肥沃。再者，由於香港現今地土地緊張，撥出土地綠化及防止熱島效應[10]更是難上加難。大部分學校均有園藝綠化地，可用上一定打碎舊竹的數目，在設計綠化地的同時，除了購買高質素的泥土，還可以減少成本上的負擔，又可以修復已破損的土地。

> 昔日許多潮州人在三角碼頭工作，該處的盂蘭勝會歷史悠久，舉行日期由農曆七月二十四至二十六日，期間上演三天潮劇神功戲。最初在海旁舉辦，後來搬上東邊街的英皇佐治五世公園，西區公園開闢後遷至該址舉行，現稱中山紀念公園。[11]

神功戲也免不了演出一些提綱戲、排場戲、爆肚戲之類的戲，尤其是神功戲就會很依賴提綱戲的演出。戲班演員根據寫在一張紙上的提綱來演出，裡面就已經蘊藏所有的情節及鋪排，根據這張紙就可以發揮演出整齣戲，提綱裡面是寫了很多排場的名字的。每一格裡面是一場戲，寫明劇中人物是誰，在何時出場。有時也會寫上布景、道具。整場幾個小時的大戲就照著這張紙來演。時至今日，神功戲的後臺仍然可以見到提綱掛在那裡。以前，提綱用完之後往往馬上扔掉，浪費了大量紙張；現在，則講究環保：提綱戲演完會將提綱收回戲箱，以備將來再用。

搬演神功戲，敲擊樂器是少不免使用的。一般來說，神功戲為了營造氣勢，聲浪及音響自然提高，為附近居民帶來不必要的滋擾及耳膜勞損。從永

10　城市發展，包括：土地用途改變、密集建築發展、熱力排放及人類活動等，都對城市的氣候構成重大影響。當市區的冷卻速率因城市化而漸漸低於郊區時，一個為人熟悉的現象——「熱島效應」便會出現。有很多因素能令市區與郊區之間的氣溫出現差別，當中包括：相對於郊區，市區的建築物有較大的熱容量，這會使到有較多的太陽輻射能量被吸收並儲存在市區當中；市區的高密度建築阻擋了天空視域，減少釋放到高空的熱能；在市區中，大量人為熱力從建築物、空調、交通工具和工業活動過程中排放出來；密集的市區發展會降低風速，並抑制對流散熱。

11　見香港潮屬社團總會：《香港潮人盂蘭勝會》一書。

續發展角度來說，建議研發一些更環保及低噪音的樂器，以解決問題。哥倫比亞有一支樂隊，使用的並非價格高昂的樂器，而是利用日常生活中廢棄的物品，自己DIY成特殊樂器，諸如咪高峰（microphone，即麥克風）、色士風（Saxophone，即薩克斯風）等，應有盡有。比較環保的樂器如下：

1. 班卓琴

班卓琴（banjo），又稱「斑鳩琴」或「五弦琴」，是美國的非洲裔奴隸由幾種非洲樂器發展而成。它上部形似吉他，下部形似鈴鼓。現在的班卓琴有四弦或六弦等。

2. 撥浪鼓

撥浪鼓是一種古老又傳統的民間樂器和玩具，出現於戰國時期。撥浪鼓的主體是一面小鼓，兩側綴有兩枚彈丸，鼓下有柄，轉動鼓柄彈丸擊鼓發出聲音。

3. 蛋定的沙錘

沙錘，也叫沙槌、砂槌、沙鈴或沙球，是一種打擊樂器，屬於體鳴樂器，起源於南美洲哥倫比亞，大概已有一千五百年以上歷史。可以嘗試在蛋蛋裡裝入不同的顆粒，然後搖動它們。仔細聽一聽，發出的聲音確實有不同。

4. 來自瓶蓋的響板

響板，是碰奏體鳴樂器。流傳自西班牙民間的打擊樂器。主要用於歌舞的伴奏，後亦用於歐洲藝術音樂中，以貝殼形的兩塊烏木碰擊發音。

5. 鼓和卡祖笛

鼓是一種打擊樂器，也是一種通訊工具，非洲某些部落用以傳達訊息，中國古代軍隊用以發號施令。鼓在非洲的傳統音樂以及現代音樂中，一直是滿重要的樂器。卡祖笛（Kazoo）是一個極為特殊的管樂器，它通過人聲哼唱發出的聲音，依靠自身的膜片和共鳴管的聲音放大，發出嘶啞的音色，類似薩克斯管。

三日的活動中，第一天上午請神。主辦機構成員將神靈由會址請到神棚，給善信上香參拜。之後豎起幢幡，代表招孤魂到來聽經、看戲、玩樂和飲食。場地一角擺放大士王畫像，用以鎮壓孤魂不要作亂。開壇和往後的儀式由佛社居士進行。第二天傍晚有「安五土」（又稱走五土）儀式，經棚前面放置了五張祭桌，代表東南西北中五個方位。

> 十三名佛社居士手持黃、青、白、紅、黑五色旗，按音樂節奏揮舞和穿梭跑動，用意是請五方神靈前來降煞、消災解難。第三天下午進行「施食」儀式，由佛社法師誦唸《瑜伽焰口》，尾段他向外撒出許多由麵粉做的小粒（又稱石榴果），坊眾爭相搶奪，認為吃了可保平安。儀式完結後，主辦機構的工作人員搬走場中所有與幽魂有關的東西，包括幡竿、燈籠和先人附薦等，拿去火化，寓意恭送遊魂野鬼離開。[12]

減廢減碳是在環保中的不二法門，在祭祀使用的祭品例如麵粉做的小粒，由於是非食用，勝會當局可以通過中央廚餘回收，送往O.PARK1做中央處理。食環署管轄的四十個街市和熟食中心，以及房委會管理下九個街市和商場，均將其廚餘回收予O.PARK1做中央處理，可以大大減少自然資源的浪費，達致物盡其用。O.PARK1是本港以至亞洲區域內甚具規模及重要意義的生物質能（Biomass Energy）[13]先進設施，類似環保可再生能源基建可見於義大利米蘭及韓國首爾等大城市，其廚餘均以中央處理為本；近年，亦見臺灣各城市開始致力於廚餘回收，減低碳足印。碳足即是一個有力的工具，可計算每一個地區所產生出來的碳是否可以將其碳分子消除，例如栽種樹木以實現吸收碳分子，減少製造碳分子的生產量等。

除了利用回收廚餘物轉化成製品外，在「施食」環節中的裝飾品也可以更環保。碌柚是四季常見的水果，取出果肉後的碌柚皮像蓮花一樣散開，在中央插上蠟燭就成了最簡易又環保的小燈籠。在碌柚皮上畫上或雕出理想的圖案，製造專屬的款式。柚子的種類繁多，當中以泰國金柚做材料最為理想。全因泰國金柚的大小適中，加上皮身不大厚，較容易除皮和切割。金柚價錢便宜之餘，尤其使用後可以變成腐化的物質，因為柚皮燈籠用料天然，泥土中的細菌分解碌柚皮變成營養素，供給泥土中的小生物使用。再者碌柚皮在擺放時也散出陣陣芳香，可以在炎炎夏日中變成天然的香料。

12　見香港潮屬社團總會：《香港潮人盂蘭勝會》一書，另參區志堅、黎漢傑：《香港盂蘭文化與當代社會》一書。

13　生物質能技術，指的是利用植物或動物的有機體發電、發熱及製造生物燃料的技術。由於生物質中蘊藏的能量，直接或間接源於植物光合作用中所吸收的太陽能，是自然產生，取之不盡，因此生物質能被視為一種可再生能源。通過熱處理過程如焚燒、氣化和高溫分解，又或通過細菌分解技術等，可以從生物質中提取能量。這些能量通常以熱能、氣體燃料或液體燃料的形式被提取。生物質如農作物、木柴、林業廢料以及甘蔗渣等，在焚化爐中或鍋爐中燃燒後，可以產生工業生產過程中需要的熱水或蒸汽，產生蒸汽推動渦輪機發電。

此外，施食的儀式更是可以在過程中教育環保的一個重要環節。所謂施食是指將飲食布施給他人的意思。這是一種慈悲的行為，是將剩餘的食物布施給其他人的一種方法，大家能夠做的是三思而後食，知足於有足夠的食物而感恩惜福。透過這行為可以避免浪費食物而不致變成「大嘥鬼」（Big Waster。是2013年香港環境保護署為宣傳「惜食香港」運動而設計的角色。眼闊肚窄、頭大身細的大嘥鬼非常浪費，是一個經常貪多但其實吃不完結果把食物浪費掉的人）。於2013年5月18日正式展開序幕的「惜食香港運動」包括多項活動及行動，包括捐贈食物，達致關顧基層和惜物減廢的雙贏成果。其他工作包括招募了一批惜食香港大使在社區宣揚惜食的訊息及貼士（tips，提醒），以及推出惜食約章。多個業界機構、非政府團體、政府部門都予以支持，這活動將來亦推廣至中國傳統節目，例如盂蘭節，藉此可以教導更多市民惜食與環保的重要性。

> 潮州人盂蘭勝會的最大特色是祭品豐富，神棚內有糕點食品、洋酒飾物，附薦棚旁邊放有白米和日常用品。祭幽儀式結束後，工作人員將白米分發給在外面輪候的市民，他們認為此舉既可幫助貧苦大眾，亦可為自己和先人積福，輪候者則認為這是平安米，大家各有目的，令盂蘭勝會成為一項兼具祭幽祈福和公益行善的民俗活動。[14]

為了滿足各位善信的要求，盛會通常都準備大量平安米務求令各位家宅平安，但遺憾的是每年也有大量的白米囤積，導致浪費食物及加重堆填區的負擔，事實上白米可以製造有用的物質貢獻社會。白米廠商經過多次嘗試，發現了廢物再利用的新方法，在發酵過程中，可以將白米轉化為酒類，通過溫度和濕度控制，製造出不同類型的酒類，例如可食用的燒酒和濃度比較高的工業酒精。

現今科技發達，我們不難製造塑膠米來替代真實平安米。塑膠米可以由合成樹脂及製造塑膠後的副產品混合而成，也就是塑膠米的主要成分。因為塑膠比真米輕，所以容易處理。那些塑膠米，用棍轆也轆不爛，彈性很強和耐用，這樣既可以物盡其用還可以滿足節日的需要。

近年也正在研發米做的環保吸管，也是另一種趨勢。世界趨勢正逐漸淘

---

[14] 見香港潮屬社團總會：《香港潮人盂蘭勝會》一書。

汰一次性塑膠吸管，以減少一次性塑膠對環境的影響。據報導，生產的米吸管，有米飯的香氣，但不會影響飲料的味道。米吸管開發者Kwang-Pil Kim（以下稱「金」）選擇用米製作吸管，他花了一年半的時間研究測試，並在2018年10月研發出此項產品。這款米吸管由70%米和30%木薯粉製成，比塑膠吸管更堅固，而且可以食用。米吸管最大的優點之一是它們是可生物降解的。一根普通的塑膠吸管需要二百年才能分解，而且會留下塑膠微粒，而一根米吸管最多需要一百天。金說：「當我在家把一根米吸管放進魚缸時，不到一個月就被魚啃光了。」金的一個夥伴在印尼進行的實驗中，一根米吸管在八天內就在海水中分解了。米吸管只是個開始，將來還開發了由米製成的一次性杯、叉、匙、刀和袋子，計畫最早於2019年4月在韓國和海外銷售這些產品。另外，隨著米吸管的面世，其他公司也開始積極投入研發，美國的Loliware公司也研發出用紅潮後出現的海藻做的可食用吸管[15]，它的外觀和一般塑膠吸管極為相似。

> 第三天晚上，主辦機構在場地設宴，大家聚首一堂。期間競投福物（洋酒飾物），價高者得，以彌補盂蘭勝會的開支。最後佛社居士進行一場「走散旗」儀式，在「金童」和「玉女」帶領下，持著令旗在臺上左穿右插，向神靈通報此場法事功德圓滿。到深夜，則火化神靈的坐騎和神袍。[16]

勝會內的飲宴多數以中國傳統菜式為主，因此傳統中式宴會是廚餘問題的禍根。港人平均每天筵開八千圍酒席，製造近千噸廚餘，無人問津。根據地球之友調查共五十二圍酒席得出以下結果：第一名，上湯水餃麵，剩餘比率38%；第二名，紫米露，剩餘比率35%；第3名，福建炒飯，剩餘比率33%；第四名，大青斑，剩餘比率24%；第五名，鮮果拼盤，剩餘比率23%；第六名，多子發財瑤柱，剩餘比率20%；第七名，脆皮雞，剩餘比率16%；第八名，翡翠鮮鮑，剩餘比率11%。所以有環保組織發起「惜飲惜食」行動，呼籲市民舉行宴會時每圍少點兩道菜式，料可減少全港15%廚餘。地球之友高級環境事務主任區詠芷表示，炒飯、湯麵及甜品等後段菜式

[15] 使用海藻作為材質，主要目的就是它具有能迅速繁殖又不消耗陸地資源的特性。更有國際研究發現，海藻的生長過程中能吸收大量二氧化碳，因此被視為用來對抗溫室效應、抑制全球暖化的利器。

[16] 見香港潮屬社團總會：《香港潮人盂蘭勝會》一書。

是廚餘重災區，因大部分客人已飲飽食醉，有些則未散席便離場。每道菜背後其實消耗不少食材，湯底以大量瘦肉、火腿和雞熬製而成，這些食材用完即棄，極之浪費。為有效減少廚餘，地球之友發起「惜飲惜食」行動，呼籲市民在舉行宴會的時候，每圍減少兩道菜式，「少一道熱葷其實唔多覺，而飯同麵嘅分量可以少一半」。此外，食肆可推行「中菜西食」，將餸菜（下飯的菜）分成個人分量，端到客人面前，「等佢哋自覺有責任食曬啲餸」（讓他們自覺有責任吃光的下飯菜分量）。市民出席宴會時盡可能自備食物盒，將吃不完的食物「打包」回家。再者，現時食材價格上漲，減少廚餘可達雙贏局面。地球之友呼籲所有盂蘭勝會響應「惜飲惜食」行動。有飲食業界人士透露，中式食肆或酒樓的廚房運作情況較特殊，難以進行廚餘回收。市民亦常稱在家分類廚餘會出現衛生問題。有環保團體就認為，社會普遍對廚餘回收有誤解，才會認為是麻煩的工作，只要市民明白廚餘回收的用意及認識一些小技術，就能輕鬆進行回收。

至於宴會後的廚餘特別多，但混入雜物的情況更嚴重，例如牙籤、紙巾，時有一些彩紙碎等都放入食物殘渣中，導致大部分中式食肆無法有效回收廚餘。「惜食堂」團隊致力向本地飲食界回收仍可食用之剩餘食物，分別送往位於柴灣及深水埗的中央廚房，通過嚴格的食物安檢程序，將食物烹煮製成營養均衡及充滿愛心的熱飯餐及食物包，最後由物流團隊免費派發給社會上有需要食物援助的人士。

三、小結

「永續發展」一詞最早是由聯合國環境規劃署（United Nations Environment Programme）、世界野生動物基金會（World Wildlife Fund）[17]及國際自然和自然資源保護聯盟（International Union for Conservation of Nature and Natural Resources）三個國際保育組織在1980年出版的《世界自然保育方案》報告中提出。在同年3月，聯合國大會也向全球發出呼籲，必須研究不同體系之間的基本關係，包括自然、社會、生態、經濟和天然資源使用體系，確保全球得以永續發展。

---

[17] 世界自然基金會於1961年成立，由一群致力為大自然、為地球上所有物種帶來改變的有志之士組成。時至今日，世界自然基金會是全球最大及最具公信力的環保團體，活躍網絡遍及全球一百個國家。本會現正推行超過一千三百個保育項目，小至本地保育項目，大至涵蓋全球的物種保護計畫。

目前國際上對永續發展有多個不同定義，其中最獲廣泛引用及官方採用的，是1987年聯合國環境與發展世界委員會（WCED）在《我們共同的未來》報告中所提出的定義，就是指既能滿足當代的需要，而同時又不損及後代滿足其本身需要的發展模式（Sustainable Development）。一方面滿足人類的需要，同時以保護環境為目標，還要確保世代間的公平，並使世界上的資源，包括水、空氣、土地、礦產等能重新分配給有需要的人士。

永續發展建構在經濟發展、環境保護以及社會公義三項元素之上，我們必須尋求新的經濟發展模式，並考慮我們的行為所帶來的後果，不應為了追求短期利益而忽略地球環境的承載力；應保護人類賴以生存的天然資源和環境，而非對環境資源予取予求。此外，在發展的過程中，必須兼顧社會公理正義及人人平等的精神。因此，要在看似互相衝突的經濟、環境及社會之間尋求持續多變的平衡，人類才能得以永續發展。

永續發展主要涵蓋生態環境與自然資源、社會和經濟的永續發展。換言之，以自然資源的永續使用和良好生態環境為基礎，以經濟的永續發展為前提，並以謀求社會的全面進步為目標。

（一）環境的永續發展

要追求環境永續發展，人類必須重視自然界的承載能力，努力保存資源及循環再用資源，同時減少污染環境，使我們子孫後代也能享受到純淨的天然資源，例如空氣、水、土壤、多樣化的生物資源和理想的生存環境。為了達到環境可永續發展，必須合理而適當地規劃環境的使用，例如於工程展開前先完成環境影響評估（Environmental Impact Assessment）[18]，並重視公害防治和自然資源的保育。

（二）經濟的永續發展

環境遭受嚴重破壞和污染是經濟高速增長的代價。在高經濟增長率之下，人民的物質生活固然提升，環境質量卻每況愈下，所以在追求經濟發展

[18] 環境影響評估是一項對工程項目等所可能造成的環境影響的評估制度，旨在減少項目開發導致的污染，維護人類健康與生態平衡。目前在許多國家已經執行，理論上屬於可行性研究的一部分，但因為環境問題是屬於關係到社會所有人群的問題，所以國家要單獨控制。

的同時，也要顧及現世代和未來世代人民的福祉。換言之，不能因為追求短期的利益，而忽略長期持續發展的目標。要達到永續經濟發展的目標，我們不僅要追求經濟發展，還要兼顧環境保護，並且要符合社會公平正義的原則。在追求經濟活動的最大效益之餘，還須努力維持產生這些效益的資本，包括自然資本及人力資本；具體的政策包括調整個人意識、產業結構、改革稅制以及改變消費模式等。

（三）社會的永續發展

社會的永續發展建基於公平，講求同一世代以至世代間的公平。一個可永續發展的社會追求公平公義，確保現世代和未來世代的民眾皆能公平享有潔淨的食物、空氣、食水、住屋、人權等的基本需求。促進永續發展是每一個地球村居民的責任，必須要推廣民主的決策機制，使受影響的民眾都能親身參與決策，最終達致和諧社會的發展。

人類對「環境與發展」議題的關注與瞭解大致起始於第二次世界大戰後，這一過程是建在資源危機和環境危機的基礎上。人類最初只是單純地適應環境，並向取之不完、用之不竭的自然無限地索取資源以滿足欲望〔稱為公地悲劇（Tragedy of the Common）〕，逐漸發展到利用自然、改造自然、征服自然，甚至幻想主宰自然〔稱為人類中心主義（Anthropocentrism）〕[19]。加上人口不斷上升，全球化石能源及其他資源因而過度使用，導致人類賴以維生的資源加速耗竭，生態環境不斷惡化，已經逐漸威脅人類的生存。直到受到大自然的報復之後（例如天氣反常、大量物種滅亡）人類才開始有所覺醒。例子：第二次世界大戰後，西方先進國家的工業快速發展，直到1960、七十年代發展達到高峰，愈來愈多的危害出現之後，人們才體會到全球環境問題對人類生存和發展已構成了現實的威脅，並引起人們對前途和命運的普遍擔憂與反思〔稱為環境中心主義（Environmentalism）〕[20]。故此，怎樣可

---

19 如康德（I. Kant）及諾頓（B. Norton）主張和理據：人類中心主義認為人類是地球上，以至宇宙間，最核心或者最重要的物種，評價現實的真實與否亦依靠人類的視角。其首要概念也可理解為人類至上。人類中心主義是環境倫理學和環境哲學的主要概念。

20 施韋澤（A. Schweitzer）、泰勒（P. Taylor）的主張和理據：一切生命都有道德地位，包括了動物、植物及微生物。生物與非生物的主從關係，生物是主，非生物是從；亦即生物是整個自然界的主體和核心，非生命物質是從屬於生命物質的客體，是作為生命物質存在的外在客觀環境條件。人與非人生物的非主從關係。

以達到環境中心主義與人類中心主義之平衡點〔即社會及經濟發展在自然承載能力（Carrying capacity）之內〕，永續發展的概念實在是現代社會發展的不二法門。

總括而言，如果我們以地球村的持份者去愛惜地球，在盂蘭勝會中的環節例如祭祀、神功戲、宴會、施食等表現環境保護和環境保育的意識。

第六章　傳統文化融入「研學旅遊」的學與教：朱子之路研習營

香港樹仁大學歷史系、香港朱子文化交流協會
區志堅

一、引言

很多學者已指出，現實的生活情景，有助學生從生活的四周環境內學習知識，印證上課所學。走進21世紀，學生不只在課堂內接受知識，也應在他們的日常生活這個熟習的環境中吸取知識，而教員將成為知識培養的「導引者」（facilitator）。院校多讓同學們參加一些戶外活動，讓同學能夠親身體驗到學習的技能及知識，戶外活動及在生活中學習，成推動知識培養的重要媒介。同時，因在校外或戶外學習中，學生能夠在較輕鬆及較自由的情景中學習，必然有助學生吸收知識[1]；更有學者認為在一些較長時間的校外舉辦的交流營，如一至兩個星期或以上的遊學教育，此可稱為「研學旅遊」學習項目[2]，這種學習活動是結合研究學習、專題研習及實踐學習的形式。研習交流營多因未必有家長陪伴，自然有助培養學生學習生存技能，及培養學生自信心，更主動學習，更與同校的不同學或他校的同學進行交流。在實踐中學習，也可以加強同校及他校同學的互相照顧，又可以加強各位同學的交流[3]。更有不少學者指出這種「研學旅遊」有助培養學生的多元化及綜合

1　李帆：〈當今中國大陸的新課程改革與中學歷史教科書的編撰〉，鮑紹霖、周佳榮、區志堅主編：《第二屆廿一世紀華人地區歷史教育論文集》（香港：中華書局，2012年），第12-19頁；郭琳媛：〈第3章　拓展課程智慧和視野：對教師在新課程改革經歷的闡釋〉，周祝瑛、錫東嶽、魯嬪文主編：《華人教育模式全球化視角》（新北：心理出版社股份有限公司，2018年），第43-49頁；T. Seidel & R.J. Shavelson, "Teaching Effectiveness Research in the Past Decade: The Role of Theory and Research Design in Disentangling Meta-analysis Result," *Review of Education Research*, 77(4), pp.454-499.

2　吳穎惠等：《研學旅行學校指導手冊》（北京：北京師範大學出版社，2018年），第3-12頁。

3　OECE (ed.), *Quality Time for Students: Learning In and Out of School* (Paris: OECE Publishing, 2011), pp.8-17.

學習技能，在研學旅遊中，學生運用觸覺、動覺、嗅覺、味覺等多元化感官學習的機會。然而，有時由於課堂設備不足，又或校內沒有專業人才，故學生參加「研學旅遊」，進行校外考察探究、設計製作，有校外專業人士協助學習，這樣有機會讓學生動手參與製作過程，通過輕鬆觀察、實踐、練習，學生得以瞭解及獲得課堂以外知識，把校外「研學旅遊」中知識與課室內教員教導的知識中相配合，並延伸學與教的成果；進一步因學生參與活動，在特別的情境中學習，在特別的生活中學習，更可以開拓學生思維，更能體會歷史文化及藉不同角色扮演（role play），瞭解不同群體的角色[4]。以上各項「研學旅遊」的學與教觀點，均能實踐於早前筆者參與的「朱子之路研習營」（以上簡稱）「朱子之路」）。[5]

香港朱子文化交流協會連同福建省政協港澳臺僑和外事委員會、港區省級政協委員聯誼會、福建省港區政協委員聯誼會、福建省澳區政協委員聯誼會、香港政協青年聯會共同舉辦「朱子之路」，此既是一個成功為同學們創造多元學習情境，也為同學提供一個較好的生活體驗學習方式，同學們參與是次「研學旅遊」，體驗了大儒朱熹為後人建立的禮儀教化和禮教秩序，更以最貼近朱子禮儀文化的表述方式，重遊朱子故居，從參訪文化古蹟中，尋找及體會朱子遺留給後人的禮教文化。朱熹提倡讀書應「熟讀精思，反覆體驗」，主張所學的知識融入日常生活，進行實踐所學[6]。另外，情境學習是從社會、實踐中學習，根據學習的需求，創立一個真實的狀態，再通過這個狀態更有效地學習知識。從學習的過程中感受社會溝通和交流，除了投入環境外，更與前人的感情相聯繫，以當代時人的感受與前人的思緒，藉參與本計畫安排特定考察的環境，得與古人對話，盡力營造感同身受的氛圍[7]。大儒朱熹是影響東亞地區的重要思想家，其思想體系及教化亦是組成中華傳統優秀文化的一部分。朱熹一生的志業承傳儒家思想，致力推動地方教育，影

4　有關情境學習，見黃永和：《情境學習與教學研究》（臺北：國立編譯館，2009年），第48-72頁。

5　參見朱向：〈讓「朱子之路」成為兩岸四地青年學生文化交流的品牌〉、〈第九屆朱子之路書院文化之旅開營儀式的講話〉，朱茂男、方彥壽主編：《追尋朱子的足跡》（福建：武夷山朱熹研究中心，2013年）第二輯，第60-61、166-167頁。

6　參見楊儒賓：〈朱子之路與朱子之道〉，朱茂男、方彥壽主編：《追尋朱子的足跡》（福建：武夷山朱熹研究中心，2013年）第一輯，第4頁；詹子林：〈理論與實踐相結合　循序漸進　熟讀精思——朱熹的幾種教學主張〉，《宜賓學院學報》，2010年第10卷第8期，第112-114頁。

7　蔣春洋：〈情景學習理論在高校通識選修課中的應用〉，《黑龍江教育學院學報》，2016年第35卷第10期，第54頁。

響至今[8]。在過去「朱子之路」舉辦之成功，為兩岸三地的同學帶來實地考察學習的機會，體驗朱子遺留下來的禮教文化。「朱子之路」是一條附有極大文化意義的道路，亦是一個重要的精神修煉之路。在這條路中，親身實感和參與朱子的精神世界。「朱子之路」邀請了兩岸三地的大專院校及中學生參加，得到很多同學的支持，主辦機構希望這項學與教的活動，能夠將朱子留下的禮教文化傳承下去，讓年輕一代對自己的傳統文化進行守護及保育，對自己的民族有一個歸屬感[9]。

「朱子之路」以實地考察各學生進行教育，「讓參觀發揮最大作用」[10]。不少研究教育者已指出實地考察教學校模式是教員或教學的導引導者，帶領學生走出課室，對歷史遺址進行實地探究，讓學生以觀察及親身體驗，探索概念，進行學習；實地考察讓學生有機會在現實世界學到新的知識和概念。讓學生能透過觀察、古今對比，驗證所學的知識，並充分利用這些知識，分析及研究在考察中遇見的現象和問題。學生在實地考察中要以他們的感覺及推理去闡釋環境，因此，實地考察有助他們發展其空間感覺[11]。

現時在香港高等學校均開辦有關中國文化知識的課程，例如香港理工大學中國文化學系開辦的中國文化文學碩士課程，學習範圍包括中國社會與文化、宗教與思想、文學與藝術、商業與文化旅遊等。課程教學的特點除了系統性的方法學訓練和強化基礎知識外，還強調中國文學、史學、哲學、宗教和藝術的融會性、整合性及應用性的展現[12]。朱熹思想為中國優秀傳統文化的寶藏，「朱子之路」便是一個途徑讓學生去瞭解朱子的思想，透過考察，讓學生能夠從生活中學習中國文化，不僅止於在思想上，更是從一些生活中的建築、藝術等去瞭解，這亦能夠配合高等院校有關的中國文化課程核心。2019年，香港朱子文化交流協會舉辦「朱子之路研習營」，更邀請了香港理工大學、香港城市大學、香港樹仁大學、香港中文大學、香港大學、香港教育大學、香港浸會大學，澳門的澳門大學、澳門科技大學、澳門理工學院，

8　楊儒賓：〈朱子怎樣創造「朱子的世界」——文化運動的觀點著眼〉，《追尋朱子的足跡》第一輯，第25-30頁。

9　古偉瀛：〈從朱子之書，行朱子之嶇，思朱子之道〉，《追尋朱子的足跡》第一輯，第134-135頁。

10　「讓參觀發揮最大作用」一語，出自朱莉婭・墨菲，見氏著，張錦譯：《歷史教學之巧》（北京：教育科學出版社，2009年），第147-150頁。

11　赤瀨川原平、藤森照信、南伸坊合編，嚴可婷等譯：《路上觀察學入門》（臺北：行人文化實驗室，2014）年，第35-132頁。

12　香港理工大學：〈中國文化文學碩士課程簡介〉，網站：https://www.polyu.edu.hk/cc/zh_hk/programme/master-of-arts-ma/aims-objectives，瀏覽日期：2019-03-20。

臺灣的文化大學、佛光大學、元培科技大學等高等院校的師生參加，也有邀請中學生參加，如香港福建中學，臺灣的苗栗中學、湖口高中等，這樣增加了不同院校學生及跨地域學生交流。此外，與不同的高等院校合作，既豐富了「朱子之路」文化意蘊，增加了學術成分，更協助傳播中國文化。

筆者有幸任是次「朱子之路研習營」的顧問及帶團老師，一起與同學們參加「朱子之路研習營」內，各類學與教的活動。本文主要把筆者參加是次計畫的感受發而文，使外界得知是次活動的內容及加強學與教的活動，並可以瞭解：中國傳統文化怎樣與現代社會聯繫？怎樣藉「研學旅遊」把傳統文化傳於當代？

二、主辦機構

朱熹為南宋理學家，其思想文化含有豐富的哲學、人文精神、道德修身理念，更注意實踐仁義德行，以教化為要務，後世奉朱子教學為朱子文化，對日後的中國發展及世界地區儒家文化及建立普世價值，影響深遠，為組成中華傳統文化的重要部分[13]。朱熹一生致力於學術與教育發展，及後移居武夷山，並且深居於此，福建的武夷山既成為朱子思想文化產地，也是弘揚閩學揚之地[14]。

現任福建省政協委員的朱向先生，為2019年「朱子之路研習營」籌委會主席，也是香港朱子文化交流協會會長[15]。朱向先生為大儒朱熹的後人，早於在2016年的福建省政協上發言，已建議將「朱子之路研習營」的活動打造成為傳承中華傳統文化交流的「品牌」，也成功建立一個讓港澳臺學生交流的平臺，再進一步完善朱子之路沿線的旅遊配套，冀望將其打造成以朱子文化遺存為主線，以供朝祭、修學、觀光等研學旅遊活動。此次建議得到福建省的主要領導及有關部門的高度重視及鼎力支持[16]。

---

13 陳榮捷：《朱熹》（臺北：東大圖書公司，1990年），第36-45頁；劉述先：《朱子哲學思想的發展與完成》（臺北：臺灣學生書局，1995年），第5-24頁；陳來：《朱子哲學研究》（上海：華東師範大學出版社，2000年），第43-62頁；參紀其昌等編：《閩學文化基礎知識簡明讀本》（三明市：三明市閩學研究會，2016年），第26-49頁。

14 楊儒賓：〈朱子怎樣創造「朱子的世界」——文化運動的觀點著眼〉，《追尋朱子的足跡》第一輯，第25-30頁。

15 尤溪縣人民政府辦公室編：《活動指南——朱子故里——尤溪》（三明：尤溪縣人民政府辦公室，2019年），第11-12頁。

16 朱向：〈讓「朱子之路」成為兩岸四地青年學生文化交流的品牌〉、〈第九屆朱子之路書院文化

2018年適逢朱熹誕辰888週年，這年8月20至26日，香港朱子文化交流協會舉辦了「八閩之旅・首屆港澳大學生走朱子之路研習營」，此次活動是由香港朱子文化交流協會連同福建省政協港澳臺僑和外事委員會、港區省級政協委員聯誼會、福建省港區政協委員聯誼會、福建省澳區政協委員聯誼會、香港政協青年聯會共同舉辦[17]。是次活動得到廣大好評，參加是次活動的同學，於回港後，更在所屬高等院校發表他們的感想，亦得到很多的迴響，很多同學表示希望能夠參加未來的「朱子之路」活動。這些好評為主辦單位帶來了極大的鼓舞，並希望日後能夠再次舉行[18]。

由於首屆活動得到熱烈的迴響，主辦單位在2019年舉辦了「第二屆港澳臺大學生走朱子之路研習營」，這次的主辦單位除了和2018年原有的機構合作外，還新增加了臺灣的中華傳統文教交流協會，讓臺灣的學生有機會參與此次活動。這次的文化之旅，促進了港澳臺的大學生之間聯繫，也使「朱子之路」能夠成為兩岸四地青年學生傳承和弘揚中華傳統文化的交流平臺。

筆者有幸受到朱向先生的邀請，參加2019年的「朱子之路」活動，由6月24至30日，共七天。首先在福州，然後在尤溪停留兩天，接著再去武夷山停留三天，最後一天返回福州。此次考察成果及行程十分豐盛。首天是集合各地學生，然後行前會，下午便去參觀三坊七巷歷史文化區，晚上由省政協領導與營員們一起進晚餐[19]。

第二天早上舉行了開營儀式，由各領導及各地學生代表發言，然後舉辦了兩場講座。午餐過後，便出發尤溪，在晚上觀看古琴雅樂演奏會。

第三天早上舉行祭拜朱子典禮，然後參觀朱子文化園。接著出發往三明市，參觀閩學文化廣場、三明書院。再有，兩岸四地的學生共同朗讀朱熹經典名句，其後便一起製作陶藝。當更最後的活動是晚餐。

第四天，早上抵達武夷山，考察朱子的故里五夫鎮、紫陽樓及興賢古街。然後晚上觀看《印象大紅袍》的戲劇。

之旅開營儀式的講話〉，《追尋朱子的足跡》第二輯，第60-61、166-167頁。

17 有關「八閩之旅・首屆港澳大學生走朱子之路研習營」的活動情況，見香港朱子文化交流協會編：《八閩之旅・首屆港澳大學生走朱子之路研習營——回顧與展望》（香港：香港朱子文化交流協會，2018年）一書。

18 見〈第九屆朱子之路書院文化之旅開營儀式的講話〉，第166-167頁。

19 香港朱子文化協會編：《八閩文化之旅・第二屆港澳臺大學生走朱子之路研習營服務手冊》（香港：香港朱子文化交流協會，2019年）一書。

第五天，早上考察武夷精舍、天遊峰，下午考察九曲溪及母樹大紅袍。

第六天，早上考察武夷茶文化，參觀香江名苑、慈心園，下午前往武夷職業學院與師生進行交流，並由香港樹仁大學歷史系區志堅博士主講「朱子學在今天社會的意義」講座，然後是研習營的結業儀式。其後舉辦交流聯歡會。

第七天，從武夷回到福州，午餐後便乘機返回。

三、參觀景點

「八閩文化之旅・第二屆港澳臺大學生走朱子之路研習營」為期七天，此次行程去了福州、尤溪及武夷山參觀不同的景點，是次考察的主題是福建文化及朱子文化。

（一）三坊七巷文化區

先在首日下午便參觀了三坊七巷歷史文化區。三坊七巷建於西晉末年，經歷過唐代的「安史之亂」後，南遷的人聚居於此，形成了一個文化人為主的地區，至今還保留著明清時期建築物。歷史上有名的人物，例如林則徐、嚴復、林覺民、沈葆楨等，均出生此地，使這個地方充滿了特殊的人文價值。參觀三坊七巷，學生觀看當地的明清建築物及其時商業活動[20]。在參觀嚴復博物館時，也見嚴復先生手稿，又見青少年時期的嚴復生活。

（二）舉行拜祭朱子典禮[21]

朱子的出生地在尤溪，此次活動會在尤溪南溪書院舉辦祭拜朱子典禮。同學在此活動，會穿上古服，在莊嚴肅穆的古樂聲中，遵行拱手古禮，禮祭朱子，師生齊聲誦讀《朱子家訓》。

---

[20] 見香港朱子文化交流協會編：《八閩文化之旅・首屆港澳大學生走朱子之路研習營——回歸與展望》，第29頁。

[21] 同上註。

（三）參觀朱子文化園、南溪書院[22]

朱子文化園位於尤溪縣城南，占地4.4萬平方米，總共投資3.6億元。由縣博物館、朱子文化苑、南溪書院、開山書院等組成。南溪書院是朱熹的誕生地，自南宋後，此地隨著朱熹的地位不斷上升而著名，後來成為後人敬仰的地方，亦是代表八閩文化之地。書院占地面積五千五百平方米，內有文公祠、韋齋祠、半畝方塘、活水亭、溯源處、毓秀亭、鎮山祠等。同學參觀了朱子故居，對朱子故居的文化底蘊有了一個更深入的認識。是次學者及參加的學生，均穿上富有古典文化的宋朝時人服飾，在南溪書院行朱子典禮。在傳統文化深厚的南溪書院行朱子典禮，兩旁樂生誦讀家禮及奏禮，師生得以感受威嚴、典雅並重，及禮樂文化的重要意義。

（四）三明學院

同學們往三明學院參訪交流，市領導蔡光信、三明學院校長劉健、副書記賴錦隆等出席該次交流活動。研習營參觀朱子文化園後，到三明學院與師生進行了座談交流和聯誼活動，讓同學能夠體會到朱子文化的魅力，增進對中華傳統文化的認識。是次特別的地方，是學生可以參觀三明學院藝術學部，與學院學生一起進行雕塑像、陶藝的製作工藝。此外，部分學生也參與復修古籍文獻的工作，使學生感受到處理及保存古籍，不是一件容易的事情，也體味復修古籍工作人員為保存文獻的苦心。

（五）考察開山書院

開山書院為尤溪縣清代官辦書院，乾隆二十九年（1764），地方官主持開學盛禮，師生的努力，把開山書院發展成為閩中最具影響的書院之一，此書院也是福建省第四批省級重點文物保護單位，奉為「尤溪縣迄今為止保留最為完好的古代書院，現書院內展陳豐富的書院文化內容」[23]。

22　尤溪縣人民政府辦公室編：《活動指南——朱子故里——尤溪》，第11-12頁。

23　同上註，第11頁。

（六）考察朱子故里

此次活動，學生會參觀朱子故里，包括五夫鎮、紫陽樓、興賢古街、興賢書院。朱子曾經在此地居住多年，參觀這個地方能讓學生走進晚年的朱子生活，沿著朱子的足跡去探索朱子留下文化。

（七）考察武夷精舍[24]

武夷精舍又名紫陽書院，為朱熹於宋淳熙十年（1183）所建，為其著書立說、倡道講學之所。朱子在此辦學八年，在此書院地完成了譽滿國際學術界，影響至今的《四書集注》，朱子也以此為教材，實踐教學理念。由此可見，朱子通過辦學、授課、著書及培養人才；而且，學生閱朱熹《四書集注》，可以初步瞭解朱子思想，瞭解儒家文化的要義。

（八）考察武夷茶文化

茶的文化起於中國，福建武夷山蘊含了許多茶文化的精義。武夷山生產近三百多種茶，是名茶之鄉，至今廣為流傳世界各地。同學們也參觀著名製茶要地，考察及生活體驗，能夠增加同學們認識茶文化，同學更可以親自體驗製茶，如何搖茶和炒茶，瞭解茶葉的製造過程。香港朱子文化交流協會更邀請專家教導品茶，同學也能體會泡茶、品茶之香，並瞭解泡茶不只是沖泡而已，還有控制時間、品茶方式等技藝，同學也能學習到如何泡出一壺好茶及品味茶香。透過視、聽、嗅、味、觸五感，感受當中的奧妙，這就是武夷茶著名的原因。

（九）武夷山職業學院

此活動是與武夷山職業學院師生作交流。先是在該學院有一個專題講座，由筆者主講「朱子學在今天社會的意義」，分享有關朱子教導與今天商

---

[24] 香港朱子文化交流協會編：《八閩文化之旅・首屆港澳大學生走朱子之路研習營——回歸與展望》，第15頁。

業社會文化的關係。其後，在該學院舉行此次研習營的結業式，兩岸四地的同學分享此次研習營的體驗，達到多元地域師生交流的目的，同學們更瞭解彼此對中國文化的看法，集思廣益。最後由省政協港澳臺僑和外事委負責人講話及頒發結業證書。晚餐後更舉辦與學院大學生的交流聯歡會，是次研習營也宣報完滿結束！

四、學生回饋

參加共七天的「朱子之路研習營」的同學，多能獲益良多，他們也有很大的感觸和體會，以下是節錄部分同學的感想文字。[25]

1. 香港樹仁大學的羅星權同學，以優美的詞語形容對武夷山的感想，以下是部分節錄：

> 武夷，妳的美，究竟是虛幻，還是現實？
> 妳的日，是明媚而平淡；
> 妳的夜，是嬌柔而平和；
> 妳的山，是壯麗而平凡；
> 妳的水，是隨和而剛強；
> 妳的雷，是善變而自我；
> 妳的笑容，是魅力而難忘；
> 妳的一切一切，是詩意而文雅，清秀而豔麗；
> 美在妳面前是多麼地渺小，多麼地可悲。
> 然而這都真是妳的美嗎？
> 還是妳調皮地藏起了。
> 獨留虛幻的美和現實的美給我迷失，錯過。

2. 香港教育大學的甄晴同學表示這次活動令她獲益良多，不但對朱子的歷史認識加深，還認識了來自兩岸三地的朋友，創造了美好的回憶，以下是部分節錄：

[25] 十分感謝各位同學答允，可以在本文轉載他們發表感想的文字。

參加走朱子之路，對我來說是一種緣分，是一種偶然，是一種幸運。巧合之下透過老師推薦參與是次考察，令我獲益良多。是次旅行團增進了我對朱子的認識，透過參觀不同的景點我瞭解到朱子的成長歷程。尤溪、三明、武夷山，不再單單是一個地方的名字，而是朱子文化的根源。這為期一個星期的旅程中，令我印象最深刻的就是攀登天遊峰與九曲泛舟的一天。所謂：「不登山，不知山高；不涉水，不曉水深；不賞奇景，怎知其妙。」一步步爬上石梯，一滴滴流過的汗水，成功登上天遊峰後，看見絕美的景色，令我對大自然的鬼斧神功產生了無比的敬畏。……由香港出發，第一次見到同團隊員，到達福州認識到來自兩岸三地的同學。與臺灣的朋一起吃夜宵，與澳門的朋友一起談天玩遊戲，與內地朋友一起聯歡，點滴滴也成為了我這次旅行中值得回味的事。旅遊的意義不只是看了多小美景，吃了多小特色食物，而是身邊同行的人，創造的回憶。在武夷山，我們嘗盡了「一攀、一漂、一睹、一泡」這美麗而神祕地方永遠在我心中留著重要的位置。

3. 澳門科技大學的黃偉豪同學，感受到當地的建築風味，對三坊七巷的建築感受特別深刻，亦認為地方文化教育對社區教化的重要，也明白了文化傳承的重要性。以下是節錄文字：

三坊七巷人傑地靈，建築風格別出心裁。聽曲水臺的立體聲環繞，巧妙至極。屋簷從四方向屋內鏤空，讓陽光和雨露流入其中。有的人說這叫「肥水不流外人田」。當時我在想水自天上而來，何分內外？後來我覺得內外是相對存在的，這是先人對自然資源的珍惜，要充分把上蒼的恩賜利用起來，也展現出包容萬物，承天接地內外渾然一體之美。我也再次體會到設計者的用心。讓我看到人與自然和諧統一的建築特色。充分體現可持續發展觀。

三坊七巷是一個人才輩出之地，朱子手植，榕樹頭講故事，身價能留千古樹，底須可作棟樑材，……地方文化教育結果的完美體現。成千古樹，或做棟樑材也絕非偶然。這次參觀也讓我明白文化傳承的重要性。先人前赴後繼地努力探索，我們要隨著時代發展不斷進步，虛心求學，不負先人，不忘初心。

4. 香港大學的栗竹君同學認為，文化與地方教化甚為重要，而且希望朱子之路研習營，這個活動能夠一直舉辦下去，使中華傳統文化，能夠傳播得更遠。以下是節錄文字：

都說講書院離不開朱子，講朱子離不開書院。朱子在他辦的書院裡不講如何考試，而是講生命的學問，朱子文化不僅僅是在博物館中的歷史，更是一種源頭活水，是中華民族世世代代人生指導，處世哲學。通過小組展示，以及實地考察，讓我更加深入瞭解朱子與書院的因緣際會。書院說到底，是一種德性教育，就是先教做人，知識其次。朱子辦的書院在人性人格培養上的成就，至今無法超越。

中國上下五千年歷史源遠流長，生生不息，而西方工業文明三百年已走到盡頭，人性貪欲所帶來的種種禍端始終不得其解，如任其發展，社會遲早要完。怎麼辦？惟有從中華道法，自然東方文明中尋找答案。

……

有關大學教育的根本，《大學》中講，大學之道，在明明德，在親民，在止於至善。格物致知，明德至善，修身正心理念依然是值得現今大學借鑑。不懂做人之禮，不知廉恥，知識再多也難得究竟。傳承朱子書院文化，復興書院就是首要之一。先由大學開始，帶動示範，教化學生，再普及社會。因為大學是希望和火種，大學生群體首先懂禮知義，其次再掌握技藝。如今社會流行的「精緻的利己主義者」讓人詬病，更讓人悲哀，自私自利不懂禮義、感恩、知止，最終傷害的恰恰不是別人，而是自己原本純真簡單的幸福感。

真心希望「朱子之路」這個流動書院走得長長久久，愈來愈好，充分發揮朱子文化的影響力和紐帶作用，讓「朱子之路」在兩岸四地愈走愈遠。

5. 臺灣元培醫事科技大學的林安九同學認為，九曲溪令他印象最為深刻，一下是節錄文字：

九曲溪發源於武夷山黃崗山南麓，全長62.8公里，進入風景區的一段除了受到流水侵蝕的作用之外，還受多組岩層斷裂方向控制，形成深切河道。船行駛在9.5公里彎彎曲曲的河流上，我們一邊欣賞河景，一邊聽艄公妙語如珠的解說。九曲溪是中國最美的溪流，就像一條九曲山水畫廊，每一曲都優美動人，每一曲都詩情畫意。九十分鐘的遊程，我盡情地享受了這兒的青山碧水，帶走一幅幅刻畫在我腦海的山水畫，心靈愉悅而滿足。在這趟旅行中，要感謝八閩文化之旅的各位領導、老師、港澳臺大學生，帶給我們這麼美好的一趟旅程，藉由朱子之路讓我對中國南宋理學家朱熹有更多更深的瞭解。我們還到了朱熹的出生地尤溪縣。朱子輯定《大學》、《中庸》、《論語》、《孟子》四書為教本，也成為後代科舉應試的科目，真讓我大開眼界，讓人意猶未盡～。謝謝八閩文化之旅讓我認識到港澳臺大學生，這八天的相處會好好地烙印在我的大學生活裡的一部分。

6. 文化大學的許嘉甜同學認為，大紅袍的戲劇令她感觸最深，震撼了她，以下是部分節錄：

三坊七巷、南溪書院、朱子祭祀典禮、五夫鎮、紫陽樓、興賢古街、興賢書院、朱子巷，我們沿著朱子的足跡尋訪這耐人尋味的歷史文化，而讓人震撼的是《印象大紅袍》高潮迭起演出，長達七十分鐘的戲劇讓人瞭解到大紅袍的故事。透過燈光、音效、視覺震撼與三百六十度的舞臺旋轉，一幕幕皆深深烙印在我心裡。

7. 文化大學的廖明勳同學認為，九曲溪和《印象大紅袍》的戲劇均感到驚歎，令他嘖嘖稱奇，以下是節錄文字：

來到了九曲溪，踏上竹筏的那一剎那，彷彿回到了宮廷劇中一般地迷人。船夫們一邊划著船一邊充當成導遊，為我們講解每一曲上的故事，有懸棺、公主峰、大王峰、大紅袍等精彩的故事，到現在都還印象深刻，武夷山的文化傳承就靠這些愛好工作、愛好講故事的船夫們代代相傳。

武夷的文化不外乎朱子的故鄉、書院、好山好水以及大紅袍。但還有個更令人震撼的表演《印象大紅袍》，還記得我們欣賞的是第3888場的演出，難以想像這樣大成本的製作既然能演出這麼多場次，而我竟然是這麼多場次後才第一次來欣賞，一度懷疑我對世界的藝術活動是否脫軌太久了！透過實景的打燈以及許多演員的配合演出還有三百六十度旋轉的觀眾席，打造出這相當華麗的演出舞臺，帶給觀眾前所未有的藝術體驗。大紅袍乃是這場演出的重點，透過大紅袍的歷史傳說以及現代的戲劇手法，讓整齣戲像是在現實世界看見傳說，不管是劇情的進展或是音樂與舞者演員的配合都恰到好處，最後竟然還有意想不到的實體大紅袍茶水供觀眾享用，不得不說這類的演出已經算是非常大成本的了！也確確實實地讓觀眾享受在這氛圍之中，更親近地與當地文化有了更深沉的接觸，一邊演出一邊推銷自己，這真是非常高明的手法呀！

在臺灣，這類型的演出非常少見或根本沒有，因為政府或是大財團不會願意花這種錢推銷自己、推銷臺灣，更不可能維持三四千場的演出，可能是因為臺灣本身的文化底蘊就不夠深厚，在面對這種類型的演出則更是難上加難，光要有個主題來支撐著整個城市就非常困難了，更別提之後製作演出的過程了！所以若是想欣賞這類的演出，個人推薦還是要出來世界各地走走，透過欣賞藝術演出瞭解當地的文化是最快也最有效的，一邊觀賞一邊發現文化的傳承。

8. 福建中學的姚曉嵐同學認為，《印象大紅袍》的表演印象最深刻，以下是節錄文字：

《印象大紅袍》的表演確是匠心獨運，百多人同時配合著演出，還加上燈光煙霧的配合，才能營造出這無與倫比的演出。利用武夷山特色——竹伐，演出利用竹伐的情節，使整個觀眾席也旋轉起來，這令我不禁大吃一驚。導演心思之細密教人五體投地。燈光、煙霧、演員之間的配合也是齒輪一般，每一個都在奮力地運作，誰出了錯都會對表演造成極大的影響。他們之間絕妙的配合，排練的艱苦，所流的血汗淚和時間，都讓我肅然起敬。最讓我震撼的場面是一大群人從一個農田的布景中躍起來，開始一遍又一遍翻起茶葉的過程，表演者錯落有致地翻起，形成一個美不勝收的表演。這個演出讓我瞭解到武夷山的歷史，武夷岩茶泡製的過程，從採茶，令我對武夷山的文化有了初步的瞭解。

9. 香港中文大學的李淑文同學認為，古琴演奏會感觸很深，這是一個沉澱心靈的表演項目，以下是節錄文字：

初到尤溪的那個晚上，主辦單位給我們安排了古琴演奏會，那天下著大雨，表演者敬業地為我們獻上唯美的舞琴演奏，他們知書達禮，每個人在表演前都會向朱子鞠躬。其中印象最深的就是小朋友對朱子家訓琅琅上口，又在雨中翩翩起舞，我見猶憐；太極表演中，表演者在雨中氣定身閒地隨著琴聲舞弄乾坤，氣勢十足；旗袍秀極其展示東方的服裝美，尤有韻味。琴聲悠揚，繞樑不散，隨著雨滴一滴一滴打進我們的心裡，為我們一洗浮躁，讓我們得以靜下心來，繼續謹聽朱子教誨。據說尤溪出了很多省狀元，就連為我們演出的孩子也會朗誦朱子聖言。所謂一方水土養一方人，尤溪人傑地靈，相信與他們深厚的文化底蘊脫不了關係。希望這些孩子健康安樂，以他們的力量把快樂和朱子文化傳遞給更多的人。

10. 澳門大學的吳穎詩同學認為，這次朱子之路研習營，在生活中體驗到朱子文化，以下是節錄文字：

能像這樣深入實地體驗朱子文化，體現中華文化的博大精深，再聽著導遊深入的講解，印象更為深刻，更讓人感動。這是一個很好的機會讓我和三地的同學交流朱子文化，讓我們更進一步瞭解朱子文化的重要性，朱子文化對我們生活中的影響，例如朱子家訓是我們做人處事的方法——孝順父母、禮貌待人、互相幫助等等，而且這些都是中華文化的精髓，希望能繼續傳承下去。

五、小結

筆者深感榮幸任是次「朱子之路研習營」的顧問及帶團老師，一起與同學們參加「朱子之路研習營」各類學與教的活動，特別感受到籌辦單位——香港朱子文化交流協會連同福建省政協港澳臺僑和外事委員會、港區省級政協委員聯誼會、福建省港區政協委員聯誼會、福建省澳區政協委員聯誼會等聯會付出了很大的人力及物力，協助舉辦「朱子之路研習營」，並統籌相關活動，使整個「研學旅遊」取得美好成果，特別是其中兩項教與學的課題，如穿起古代祭祀禮服，並朗讀《朱子家禮》，親臨其景，體會先賢尊敬禮儀的美意，與古代先賢展開思想上的對話，感受古禮的威儀，及先賢建立禮制秩序的意義，同時在朱學發源地學習《朱子家禮》及在仿古代書室上課，感受到先賢學習環境、學術氛圍。此外，也在武夷山的武夷學院，邀請了專家教導品嚐國際著名的「大紅袍」，在武夷山勝地喝名茶，感受到地靈人傑，名茶與名人相配合的美意。朱子之路研習營由2018年開始，為兩岸三地的學生，帶來了一個很好的戶外教與學活動。同學們能成功地參加是次「研學旅遊」，探訪朱子故里，尋找朱子昔日的遺跡，啟蒙了學生領受朱子教化。一直以來，「朱子之路研習營」學與教之活動，得到很多人士的熱烈支持和鼓勵，亦能肯定這是一項值得繼續推動的文教活動，秉持著朱子教化的精神，將中華文化永續地傳承給下一代。

第七章　生活中的學與教：香港山西商會暑期山西博物院實習

香港山西商會

一、引言

根據學者Pamela Myers Kiser指出，服務學習是指學校或學術機構藉學生或學員參加由校外人文服務機構（human services agency）舉辦的活動，為學生提供日常工作機會，從中獲得重要的、豐富的，以至專業知識的一種體驗教育。這樣的體驗教育，除了可讓學生在真實的組織中獲得真實工作的知識、技能及態度之外，也可用來提供許多學術科目所需的實踐訓練（practicum），正如Edward K.Y. Chan（2010）同樣提出，服務學習不單是給高等院校學生在課程以外，從事志願服務工作或為社會服務工作，更可配合課程需要，透過教員指導及評核，在不同的學術範疇成為帶學分的科目，有效地傳授學科知識，並把學科知識應用到公眾服務，對社會發展達致創新的效果[1]。因此，Charn Mayot進而認為服務學習可讓課堂跟社區相互接通，提供學生機會認識弱勢社群、參加社區及社會工作、服務社會上貧窮的、有社會問題的家庭或人士，從而擴闊學生視野、促進多元化學習，建立良好的人生價值[2]。與此同時，John H. Powers亦都指出透過安排學生去海外機構服務學習，從事相類的社區及社會服務，且是可以加深學生對海外世界的認識、提升學生的全球公民身分認同（global citizenship）[3]。扼要來說，服務

[1] Edward K.Y. Chan, "Foreword," (in) Jun Xing and Coral Hok Ka Ma (ed), *Service Learning In Asia Curricular Models and Practices* (Hong Kong: Hong Kong University Press, 2010), p.vii.

[2] Charn Mayot, "Bridging Classrooms to Communities in Service-learning Programs," (in) *Service Learning In Asia Curricular Models and Practices*, pp.17-50.

[3] John H. Powers, "The Community based Instruction Program at Hong Kong Baptist University", *Service Learning In Asia Curricular Models and Practices*, pp73-83.

學習對於高等院校教育發展就是能夠：

1. 加強學生社會參與，擴闊學生社會視野及責任感、
2. 落實全人教育，提升學生志願精神及工作能力，
3. 發揮學科專長，增進知識應用及轉移、
4. 促進學界與社區聯繫和合作，有助課程設計切合社會發展需要、
5. 推動海外連線及交流，增強學生全球公民意識[4]。

香港山西商會（下稱「商會」）成立於2013年，由晉、港兩地商界人士發起並在港註冊。商會以「立足香港，面向全球；服務山西，弘揚晉商文化；促進交流，創造商機」為宗旨，成立以來一直得到山西省委省政府及香港各界人士的支持。過去六年，商會開展了多元化文化與公益事務，包括：2017年獲香港特區政府認可的回歸祖國二十週年大型慶祝活動「香港山西節」，以「穿時越空・晉港一家」為主題，利用虛擬實境（VR）技術將山西文化帶到香港；2017年至今已舉辦三屆的「香港關公節」，以「忠義仁勇臨香江・晉善晉美耀中華」為主題，從關公故里運城訂製一尊二十尺高關公銅像來港展出，弘揚關公忠義仁勇精神，向社會傳遞正義和正氣資訊；2018年開始響應國家號召，對山西蒲縣和石樓縣貧困學生進行助學幫扶，使更多貧困孩子有更好的讀書機會。另外，2014年促成霍英東基金會捐贈在山西農村建設三十間農村衛生所、2016年協助籌建「五臺山真容寺國際禪修中心」等，積極推廣山西歷史和文化，得到社會各界認同。而當中已連續五年於暑假期間，舉辦名為「晉港青年匯・山西機遇行」的青年內地實習計畫（下稱「計畫」），是商會的重點青年項目。此計畫是香港民政事務局和青年發展委員會撥款資助，獲山西省委省政府和各級單位大力支持，旨在為香港青年提供山西生活體驗與工作實習的機會。過去五年，商會已帶領逾百位香港青年到山西，除了按照學生的專業和興趣安排實習工作，還會組織多元化的活動，例如參觀人文歷史景點、安排兩地學生交流、探訪孤兒院等，讓學生從多角度深入瞭解山西五千年的深厚文化底蘊和魅力的同時，激發他們在不同文化對比中探索自身未來的發展路向。本文主要表述香港山西商會於2019年舉辦暑期山西博物院實習，為學生提供山西博物院實習學與教的計畫，此計畫怎樣為參加活動的學生提供在生活中學與教的知識及學習經驗。

4　參見張少強、區志堅：〈揉合「服務學習」的高等院校教育：挑戰、實踐與反思〉（宣讀論文），The Macau Polytechnic Institute, 'The 11 The Higher Education International Conference on Teaching and Learning Quality Assurance in International Contexts' 19-21 Nov.,2019

二、簡介香港山西商會暑期山西博物院實習活動

以2019年的計畫為例，商會在6月15日、6月29至30日分別為香港實習生安排了師友計畫、出發前講座及突破訓練營等配套活動，好讓他們在前往山西前做足前期心理準備。二十位香港青年隨後於7月12日至8月19日到山西，分別於山西博物院、山西音樂廣播、山西商務國旅、山西十二棟文化傳媒有限公司及太原理工大學建築設計研究院五所文旅相關的實習單位，進行五星期的實習，親身體驗山西職場文化。實習期間，為了加強香港實習生對實習工作的投入度，他們需要定期繳交工作報告、彙報工作情況及填寫評核問卷，實習單位導師亦會根據他們的工作表現向商會提交各人的評估報告。

實習結束後，商會聯同相關單位分別於8月18日及9月21日在山西和香港舉辦了兩場總結分享會，出席的每位實習生都分享了他們的感想，並一致認同此次實習經歷對他們往後的發展帶來正面的啟發和影響。同時，商會為每位實習生頒發證書和實習機構工作證明。

山西省是華夏文化的發源地，擁有五千年深厚歷史，所謂：「百年中國看上海，千年中國看西安，五千年中國看山西。」山西亦是明清時期中國的金融中心，晉商所創立的票號開創了中國的銀行業發展。是次實習計畫的主題是「文化體驗」，實習生被分派到不同公司：山西博物院十位、山西音樂廣播三位、山西商務國旅三位、山西十二棟文化傳媒有限公司二位及太原理工大學建築設計研究院二位，他們在各自的崗位體驗文化差別，積累工作經驗。下面以山西博物院的實習體驗為例，說明實習生如何從生活中學習文化知識。

山西博物院位於太原市汾河西畔，總投資近四億元人民幣，是目前國內屈指可數的大型現代化、綜合性博物館之一，是山西省建國以來投資規模最大的文化基礎設施。作為山西省最大的文物收藏、保護、研究和展示中心，山西博物院薈萃了全省文物精華，珍貴藏品約四十萬件。其中新石器時代陶寺遺址文物、商代方國文物、兩周時期晉及三晉文物、北朝文物、石刻造像、山西地方陶瓷、金元戲曲文物、明清晉商文物等頗具特色。

到山西博物院的實習生，四位被分配到公眾服務部，負責對公眾講解博物館內藏品，為有特殊服務需求的參觀者提供支援；二位被分配到文創部，學習設計國內及國際博物院文創產業，熟悉山西博物院館藏及延伸文創設計

產品並嘗試自行設計；二位被分配到發展部，策畫山西博物院成立一百週年展覽、山西青銅博物館開館展覽及安第斯文明展；二位被分配到教育部，為在博物院實習的山西本地小學生「小小講解員」做培訓、拍照記錄他們的講解過程並為他們做點評。

三、公眾服務部

在實習第一週，公眾服務部指導老師為實習生介紹部門的兩大職責：（1）講解，向公眾介紹博物館的構成及陳設。（2）內勤，向公眾說明租借輪椅和嬰兒車的辦理流程。指導老師也帶領實習生參觀民俗博物館和新落成的山西青銅博物館，並詳細地介紹中國古建築風格，讓實習生瞭解其結構特色和專業名詞（如斗拱和歇山頂）。

山西博物院基本陳列以「晉魂」為主題，由文明搖籃、夏商蹤跡、晉國霸業、民族熔爐、佛風遺韻、戲曲故鄉、明清晉商七個歷史文化專題和土木華章、山川精英、翰墨丹青、方圓世界、瓷苑藝葩五個藝術專題構成。由於部分展品搬至新落成的山西青銅博物館，因此夏商蹤跡和晉國霸業展兩個廳暫停開放。實習生主要負責向公眾講解文明搖籃、民族熔爐、佛風遺韻、明清晉商這幾個展館。

指導老師帶領實習生熟悉展館

為了訓練實習生投入講解工作，指導老師一開始給予實習生的講稿只有一些基本概念，實習生需要自己蒐集講解期間提到的歷史詞語、文物資料和背景知識，並編寫講稿。實習生也要去展廳裡「踩點」，熟悉文物擺放位置和講解路線，思考以何種方式講解可以讓公眾更好地瞭解這段歷史。

經過兩週的準備，實習生將僅有框架的講稿內容豐富昇華。在正式講解之前，指導老師對實習生進行考核，糾正錯誤並提出意見。通過考核後，實習生開始對公眾講解。

來自香港樹仁大學二年級的實習生衛玉銘表示：

> 第一次講解非常緊張，面對大眾演說對內向的人是一大挑戰。但由開始直到結束，聽我講解的那家庭一直用心吸收一字一句。儘管我錯誤頻出，他們不會中途離去，甚至與我問答交流，大大增加我的信心。在講解完畢時，我更受到他們的鼓勵。有了第一次講解的經驗，第二次的講解考核也順利進行，在面對老師的評估時發揮更加穩定，相信在餘下的日子裡我的講解工作會更得心應手。

在講解過程中，公眾提問環節是一大挑戰。實習生們都表示要做一個好的講解，必須要有豐富的知識儲備。衛玉銘說：

> 我講解的展廳是民族熔爐，講述文物背後兩漢至魏晉南北朝時期的民族融合。儘管我只給遊客講解過兩次，但對於遊客常問的問題，我有了清晰的瞭解。我在講解西漢北方疆域圖時，有一個遊客問我車師國在什麼地方，若不是我頗瞭解漢匈戰爭，還真答不上來。

來自香港嶺南大學一年的實習生曾卓琳表示：

> 我負責的展廳是佛風遺韻，陳列了不同時期的佛教造像和畫像，一開始講解時我總怕自己講錯，也怕回答不上公眾的問題，但是經過多次的嘗試後，發現其實只要講解順暢，把自己知道的都有條理地說出來就可以了，即便真的有不懂大方承認即可，事後再查找資料。講解工作訓練了我的表達技巧，也使我對佛教在中國的傳播過程有了更深的理解。

四、文創部

到山西博物院文創部實習前，實習生對文創產品的理解停留於景點明信片。實習第一天，導師帶領實習生參觀博物院裡的文創空間，學習文創部門的運作和瞭解文創產品的製訂過程。實習生對文創的理解大大加深，觀念從一開始的設計只是將文物的圖案複製成一項產品銷售，慢慢轉變成將文物的外形與特徵凝練昇華，設計、研發成一項具有文物原本的特色，卻也不失趣味性的文創產品。實習生也負責拍攝產品，並學習內地常用的微信公眾號和微博等宣傳方式。

實習期間，實習生亦參觀了文創銷售部門，從中瞭解不同產品的設計理念，例如以博物院鎮院之寶鳥尊為理念來源的一系列文創產品，在製作時須保持文物的外形，不能過於卡通化，故相關的文創產品多以原物按比例縮小或印象為主。

實習生見識到文創產品和科技的結合。文創部與雲觀博平臺合作，推出了AR明信片，這一系列的產品為消費者帶來與眾不同的感受，只要利用手機掃描名信片，文物的資訊，除了以照片和視頻的方法呈現外，還會以3D立體模型方式展示出來。科技令文物活起來，讓身在遠方的人利用高科技更全面的瞭解文物資訊。

另外，除了重點文物和高科技文創產物外，博物院亦推出了一套DIY文創產品，公眾可以購買不同文物造型的印章，在自己的筆記本上蓋上自己設計的印章，建立自己專屬的回憶，打造獨一無二的博物院體驗。

在參觀博物院的過程中，實習生也見識到眾多的新科技在博物院工作中的應用，例如在大堂有一面多媒體文物互動展示牆，同時以照片、影片和3D模型，將文物全面地展示出來。

除此之外，博物院已有屬於自己的APP。這些APP提供不同的路線選擇，帶領遊客參觀博物院。掃描文物展板上的二維碼便會出現文物的文字、圖片和錄音介紹，有效減少講解員的工作量。

實習生在實習中不僅僅按照導師要求完成任務，同時也對比反思香港和內地博物館發展的不同模式，吸取優勢，為香港博物館建設提出建議。

來自香港理工大學專上學院一年級的李啟楠表示：

我對文創固有的印象，是我在香港接觸到的文創產品大都是在一些嘉年華會的小攤檔中的手工作品，這些手工作品大都是小作坊生產，小量生產做個人銷售，未能有效地使用互聯網帶來的優勢，這正是內地與香港文創產業的差別。以內地博物院文創為例，一些博物院會為文創部門在流量較多的平臺如微信，專門開設一個文創公眾號。這些文創公眾號會定期發放一些產品的介紹，吸引不少的潛在顧客，如故宮文創部門在七夕推介男生送故宮文創口紅給女生。在銷售方面，以往的文創產品需要顧客親自到店購買，但隨著互聯網電商平臺的發展，很多的文創產品都能網購，如故宮文創有天貓旗艦店，山西博物院有微店，不能到店的潛在顧客都可以購買。

回顧香港的博物館文創情況，香港的博物館不熱衷於宣傳自己的文創產品，對外的宣傳只有單一的社交媒體發放自己網頁上的內容，缺乏一些文創產品銷售的情報。和內地的博物館相比，香港的較少使用互聯網做宣傳，沒有設立微信公眾號，亦沒有參與一些宣傳節目如《國家寶藏》，給人一種對內不對外的感覺。

對於香港博物館文創發展落後的情況，我並不意外。畢竟香港的博物館內容上不及內地一些較大的博物院，強推文創產業並沒有一個良好的基礎。我認為香港的博物館能令香港市民瞭解博物館想傳遞的資訊便可，但在宣傳上必須多利用互聯網手段。現時內地的一些博物館甚至已提供網上全景展覽，令遊客足不出戶便看到博物館內的展覽內容，這是仍要收取門票費的香港博物館遠遠不及的。

五、發展部

發展部兩位實習生分別負責策展活動和博物院宣傳工作。

實習前兩週，負責策展的實習生專注於安第斯文明展。安第斯文明是指以今祕魯境內的庫斯科盆地和祕魯玻利維亞交界的喀喀湖為中心，包括今祕魯大部、玻利維亞、厄瓜多爾、阿根廷和智利部分地區在內的南美印第安人古文明。

實習生一開始核對安第斯文明展覽的文物清單，把尺寸和名稱不對的文物篩選出來交給其他部門核實，再通過其他部門提供的展覽大綱，草擬文物說明書。每個步驟必須循序漸進，殫精竭慮，也要與不同部門緊密合作，才能高效完成工作目標。來自香港樹仁大學二年級的實習生吳俊宏說：

> 從不斷地接收資訊，瞭解安第斯文明的興亡盛衰，我一步步揭開安第斯文明的謎案。

從第三週起，除了安第斯文明展，負責策展的實習生接到了新任務——上海博物館與山西博物館合作的董其昌書畫展。聽著指導老師與其他成員為了策展的效果出謀獻策，實習生發現舉辦一個展覽並不是想像中那麼簡單。

> 董其昌書畫展要考慮如何展示書畫的效果，用什麼材料固定書畫也需要仔細考量。如果用紅木會顯得古色古香，但卻有可能遮到書畫的文字了；如果用白玉，雖然可以看到書畫上的文字，但卻有些格格不入。另一個問題，就是展示文物的說明牌，如果只標上書畫名稱、作者朝代、紙張質地等基本資料，不能表現書畫的內涵和作畫技巧；但如果說明牌的資料太多，篇幅太長，則惹人厭煩。所以折中的辦法就是在旁增設一部文物觸摸展示屏，讓有興趣的遊客自行查看詳細的資料。

通過策展工作，實習生得到了不少啟發。

> 策展看似簡單，實則需要注入很多心血。一是空間的分布設計與觀眾的體驗息息相關。當展示場地與理想有距離時，應有足夠的知識儲備，通過內容的調整及借鑑優秀展覽的設計手法，做出相應的改善。歷史和民俗類的展覽尤其需要通過空間營造出切合主題的環境，讓公眾能融入其中，如同穿越時空，對話歷史。二是展覽的主題是依靠內容的合理編排來突顯的。簡明扼要、條理清晰的內容更易被接受和理解，而不是複雜繁重，惹人厭煩的文字。展品的選擇除了與主題的關聯外，更要挖掘與人、與生活的關係，讓公眾產生共鳴和探知的欲望。
>
> 通過整理文物資料，我發現每一件文物背後均代表了一個故事，一個時代。它是歷史發展的一面鏡子，可以讓我們直觀，了然地看到世界發展的歷程。文物本身不會說話，但通過一代代文博人的努力，

將沉睡了上千年的文物喚醒，呈現出文物本體的內涵，讓「文物活起來」，並融入我們的生活之中。也許今天看到的文物早已失去了原有的光澤，但散發出來的，卻更具有神祕、深刻而富於特殊的紀念價值，也是先祖們的精神和意志的傳承。

負責博物院宣傳的實習生主要協助準備山西青銅博物館和山西博物院安第斯文明展館的宣傳資料及山西博物院一百週年慶的講稿。

來自香港浸會大學四年級的實習生盧穎琳表示，在蒐集資料的過程中困難重重：

整個安第斯文明包含超過十種文化，以中文為主的研究網頁數量極少，所以我看的大都是英文及日文的網站。另外，合適圖片也極難找得到，找到的又可能因圖元低不能使用。日本之前舉辦了類似的安第斯文明展，於是我把日本網頁的介紹進行了翻譯。

除了蒐集展覽的資料，在山西青銅博物館開館當天，實習生負責接待直播媒體，協調直播過程中出現的各種問題。在彩排時，實習生要記下直播路線及重點講解的文物，並把此過程轉為文字資料做紀錄。

六、教育部

教育部實習生在整個實習期間，主要參與的工作是2019暑期「小小講解員」活動，山西當地小學三年級到六年級的學生被分派到一個展覽廳當講解員向觀眾進行講解。實習生陪著小講解員經歷展廳考核、準備會議、拓展訓練、正式講解以及結業典禮。

來自香港樹仁大學二年級的李玉愛說：

在過程中我與他們共同成長，見證了他們第一次正式講解感到的緊張、邁出第一步為觀眾講解後的興奮、結業時一篇篇工作感想中流露出的不捨，以及對於博物院的使命感和責任感。雖然老師說我是他們的「老師姐姐」，但我卻覺得自己跟他們擁有相同的身分。對於他們而言，他們學習到的是展廳內的歷史文化知識和向陌生人進行講解的勇氣；對於我而言，我學習到的卻是重新認識博物館的定位和意義，它不僅是一個「寄存』歷史的地方，還是一個令大家「喜歡上」歷史的地方，不是說要像修讀歷史學的那種學術性的「喜歡」，而是產生興趣想瞭解更多歷史的那種自覺性的「喜歡」。對於很多人來說，歷史是一門學科，講的是沉悶的、過去的、與我無關的故事，刻板印象使很多人對歷史失去興趣。這是很可惜的！我認為這方面是香港的博物館值得學習的，讓香港歷史博物館成為一個令香港人「喜歡上」歷史的角色，讓大眾認識到歷史有趣的一面。

來自香港樹仁大學二年級的余泳琪表示：

在小小講解員的活動中，我感受最深的無疑是小講解員努力將山西博物院的歷史知識帶給每一位遊客，一心一意為遊客服務的精神。無論他們對著怎樣的聽眾，都有耐心地一一講解。透過與老師和小講解員的交流，小講解員對教育的熱情和喜愛讓我深深觸動，也讓我對「教育」有了新的認知和想法。我不禁反思自己當初為何抗拒教育行業，可能只是我沒有真正瞭解和享受教育帶給人的樂趣。或許，我並不討厭教育，只是未真正去嘗試……

實習生還參與了青銅器拓印的製作。拓印就是把一張堅韌的宣紙浸濕，然後輕輕地鋪在石碑上，然後用刷子敲打，使宣紙進入坑紋中；待紙乾燥後用刷子蘸墨，均勻地輕拍在宣紙上，讓墨印上，一張拓片就完成了。實習生吳俊宏說：

現在複印技術先進，想要複製一張拓本簡直易如反掌。但是在古代，在沒有機器的幫助下，一些人願意用這種繁複冗長的工序，一步一步地進行拓印，他們的目的就是想通過這種工藝，將歷史上眾多的名帖、青銅器、石碑等藝術瑰寶可以流傳於世，這精神是非常可敬的。

除了上述各部門不同的活動，實習生也近距離參觀了文物修復的過程。北魏墓的壁畫，經歷了千年的時光，終於重見天日，部分圖案色彩仍然是鮮豔奪目，栩栩如生；但是經歷了歲月的摧殘，壁畫也有些地方掉落。技術人員的修復能夠最大程度上還原壁畫的本來面貌。吳俊宏說：

> 文物修復界對文物修復有很多看法，有些人覺得文物修復就是破壞了文物的結構；有些人覺得文物修復是能還原文物的本來面貌，能夠讓人們更加瞭解文物背後的歷史故事。無論哪個說法都可以看到文博人對文物的喜愛和尊重，更能體現中華民族對歷史文物的珍重和愛護。

實習生也對工匠埋頭苦幹的精神肅然起敬，來自香港樹仁大學二年級的林凱業說：

> 看到工作人員仔細耐心地把每一片零碎殘缺的碎片拼湊在一起時，我不得不感歎他們對工作的熱誠和認真。要是換作我，我一定沒有耐性和能力把這些工序好好完成。本著對文物的尊重，他們努力把破損的文物還原，並展現在公眾面前，讓大眾瞭解更多文物背後的歷史。然而，卻沒有多少人知道這群人的存在和他們所付出的努力，但他們卻毫不在乎，依舊默默低頭工作，令我不由自主的產生一股對他們的敬意。

大會亦為實習生籌辦配套活動：參觀平遙古城、煤炭博物館、山西博物館、洪桐大槐樹、晉祠、喬家大院、醋博園等文化景點，深入瞭解山西五千年文明。

參與是次實習計畫的二十位實習生中有二位是第二次參與，在離別山西之際，他們寫下了以下這段文字：

> 有很多人問我，是什麼東西吸引我再次參加山西實習計畫，為什麼不去其他地方看看？我覺得除了真的能學到知識以外，更因為出於內心的一份執著。我希望能夠完成整個山西博物院的講解工作，而不是僅僅一個展廳；我也想再發掘一下太原迷人的地方，而不只是每天往返於酒店和博物院之間。
>
> 很慶幸，這次的實習能令我得嘗所願。我相信在這兩次旅程中所學到的能讓我受用終生，所經歷的一生難忘！

七、小結

從學生回應參加香港山西商會暑期山西博物院實習計畫中，已悉學生成功在生活中學習歷史文化知識，更見文化已不只是在課堂中學習，更要建立在校外生活環境，加入情境教學，生活體驗，配合課堂授課模式，更容易使學生吸收和應用知識。

第八章　中華文化知識走入校園：文聯會舉辦「故事學習」學與教

香港中華文化發展聯合會

一、引言

推動中華文化在香港的傳承與繁榮，一直都是香港中華文化發展聯合會（文聯會）的成立宗旨。本會積極搭建各類平臺，增加大眾尤其學生與文化互動的機會，當中尤以「故事學習」有關的活動廣受教育界歡迎，數年來累計吸引逾三千名來自近四百間中、小學的學生參加，好評如潮。就此，本文將以這些活動為例子，分享本會在舉辦相關活動上的推廣經驗和看法。

二、舉辦的活動

本會舉辦的活動，期望是面向公眾，而不同年齡層、身分的公眾，分別也有不同的興趣與需要。故此本會根據目標受眾的特徵而設計活動，務求更有效地推廣中華文化（見【附錄一：文聯會過往及現正舉辦活動情況】）。

由【附錄一】清單可見，本會的活動形式多元，以展覽、教育活動、媒體及文化交流考察團等等推廣中華文化；活動的對象亦嘗試從小學生、中學生、教師到藝術愛好者等社會大眾。一個活動的策畫到成功舉辦，實有賴社會上不同的團隊、機構等的支持，資助或協助本會舉辦相關的文化活動。

三、以「故事」學習「中華文化」

中華文化源遠流長，博大精深。學者、專家談「中華文化」及「學習中華文化」的書籍、篇章等不勝枚舉。為什麼要學中華文化呢？本文頗認同臺北故宮博物院前院長周功鑫教授，在一篇訪問中的說法：「對於華人的孩子來說，學習中華文化，就是認識自己的根源。」而在學習中華文化的方法與態度上面，本文認為盧鳴東博士在〈如何與中學生談中華文化〉一文的說法，值得參考：「文化的泉源來自人們生活，要理解文化本身的內容，揭示它們的現世價值，必須要靈活地融入今日社會中，通過在生活上多方面的考察和分析，認識我國文化優秀所在，同時承認箇中不足之處，提出修正和補充。」

（一）活動主題定立

文化來自生活，內容豐富多姿，選哪方面分享、與什麼人分享等問題，都是本會在舉辦活動前需要思考的。「在今日我們日常生活中經常出現的一些耳熟能詳的名稱，涉及名物制度、風俗習慣等內容，實際上有更早的源頭，可以引發起學生的興趣，讓他們追溯傳統，就其所見所聞，對照古今，品評得失。」貼近生活、經常接觸的東西，的確能帶來親切感，容易引起大家的興趣或共鳴。本會原先設置是有關語言、文字的主題，但似乎太廣泛。最後，本會把主題重點放在「故事」上面。

在中華傳統文化中，無論是諸子百家，還是民間傳說，均穿綴著一個個生動的故事如「愚公移山」、「囊螢映雪」等。這些故事穿越時空，歷久彌新，影響了一代代人的觀念和生活。故此，「講故事」其實是「文以載道」，引領歷史文化之「道」，善於從豐富的歷史資料寶庫中尋找經驗養分，提升個人智慧和能力，實踐文化的演進與傳承。而故事，不論小朋友大朋友都愛聽。但說什麼故事呢？什麼內容較吸引？如何「說」呢？什麼方法會較生動有趣？

本會在2014至2015學年開始，得到語文教育及研究常務委員會（語常會）支持及語文基金撥款，舉辦「普通話電臺比賽」系列活動；以及優質教育基金撥款資助，舉辦「歷史文化學堂」。兩者都與電臺合作，由中、小學生，透過大氣電波，向全港的大小朋友說故事。

故事那麼多，選什麼好呢？小學生在中國語文科的課堂上，常常會接觸故事，特別是「成語」故事。「成語、典故特別豐富，並已融入日常話語中，幾乎取之不盡，用之不竭。這正是漢文的魅力所在，也是幾千年文明的積澱。」在初期舉辦的「普通話電臺比賽」上，本會便選定了「成語」、

「中外寓言童話」為內容；而在「歷史文化學堂」上，則以中外古今人物、歷史、文化故事為主要內容。

「每一句成語背後，往往隱含很多歷史故事、古代名人、風俗等知識。中國大部分成語源自神話傳說及寓言故事，神話傳說體現了人民大眾對自然界，以及社會生活的一種天真的解釋和美好的嚮往；寓言故事則透過假託的人或物來說明某個道理和教訓，往往帶有勸戒或諷喻的意思。」本會期望學生能通過接觸「成語」、「中外寓言童話」、「人物歷史文化」故事等，認識中外古今的人、事、物，處事為人的態度與智慧，對後人的警惕與貢獻等；更好的是學生能將從故事中得到的體會，應用在現今生活當中。

（二）活動形式新穎

擬定好說故事的主題，便要思考說故事的方法。為了刺激學生參與動機，本會以其甚少接觸的大氣電波作為說故事的平臺，讓他們感受課堂以外的新事物。當學生在參與電臺錄音時，均表現得興奮與投入，可見電臺活動頗具吸引力。

「普通話電臺比賽」已舉辦了五個學年，分別以「成語故事」、「中外寓言童話」及「唐宋詩詞」為主題，活動設有初賽及決賽兩部分。參與比賽的學生以小組形式，自選一個故事，或創作對白，或改編內容，以聲音演繹出角色的性格特點、故事內容的起、承、轉、合等。而由2014至2015年度至今，「歷史文化學堂」（不設比賽）已踏入第五屆，以古今中外的「人物」、「歷史」、「文化」故事出發，運用廣播劇形式向大眾「講」故事。

本會明白到理論與實踐對學習的重要性，因此在學生正式「說故事」之前，會為他們及老師提供切合比賽活動的工作坊。工作坊內容主要有兩方面，一是認識歷史故事，一是學習演繹故事的技巧。以下為曾舉辦的工作坊主題：

「小嘴巴說大道理——普通話電臺講故事比賽」工作坊：

- 以聲音塑造故事
- 普通話講故事
- 講故事技巧與竅門

「歷史文化學堂」工作坊：

- 中國社會變遷和近代武俠小說
- 兩次世界大戰期間的香港
- 從明信片看辛亥革命的意義
- 公眾史、人民史、婦女史：個人治史經驗的反思

本會期望學生在正式講故事前，不論是對歷史文化的認識，或是演繹技巧的學習，都能有一定程度的「輸入」，故此先舉辦工作坊，讓老師、學生都有所接觸。同時，本會亦期望學生可透過：蒐集歷史文化故事資料、細讀內容、改編／創作故事、演繹故事，加深對中外寓言童話、中國文學、人物歷史故事等方面的瞭解，深化學生對中華文化的認知，提升學生對中華文化學習的興趣；而更進一步的是培養出學生「借古鑑今、古為今用」的思辨能力及創意思維，活學知識。

（三）活動成效

由活動主題的擬定，到運用新穎的形式推廣，上文提及的兩項活動，均獲得不錯的反應。本文圍繞主題，淺談活動於「以故事學習中華文化」方面的成效。

1. 小嘴巴說大道理——普通話電臺講故事比賽

首先，以「小嘴巴說大道理——普通話電臺講故事比賽」（2016至2017學年）（中外寓言童話）初小組冠軍作品，英華小學的《爭吵和謙讓》為例（見【附錄二：普通話電臺講故事比賽——初小組冠軍：英華小學《爭吵和謙讓》】），其在「故事內容」的評審項目中幾乎取得滿分（見【附錄三：比賽評分準則】）。

〈孔融讓梨〉的故事，從小就耳熟能詳，創作《爭吵和謙讓》這個故事的小朋友，亦把「兄弟相處」，放到日常的小事當中。不過，故事又並不像〈孔融讓梨〉般兄弟互讓。自私的猴子兄弟只想著自己，面對樹上又大又多的桃子樹，大家都想爭第一，先爬上樹，摘最大顆的桃子來吃。於是，猴弟弟抱著猴哥哥的腿，不讓他先爬上樹；猴哥哥又爭不開弟弟的糾纏，但不又想弟弟得逞。就這樣，兩人你拉我扯，誰也不讓誰，結果兩人都快餓扁了。

自私的行為不但沒讓自己得益，反讓大家都沒得到益處。後來，幸得大象伯伯提醒他們要互相謙讓。兄弟兩人最終能為對方著想，彼此互讓，摘得水果，還大方地與對方分享最大最甜的果實。

這組小朋友創作的故事簡短而清晰，不是「大條道理」地說著「兄友弟恭」的觀念，而是從日常小事出發，從反面帶出手足之間互相幫助、禮讓的重要。此故事內容貼近小朋友的生活，容易引起共鳴，同時又能帶出正面的價值觀。以初小的學生來說，確是一個不錯的創作，這亦是作品脫穎而出的原因。

透過故事創作，把一些傳統美德、正面的價值觀融入生活當中，從小做起。本會更期望的，是學生在比賽之外，能把故事帶出的態度實踐出來。根據本會活動問卷及報告，參與比賽的師生均表示，此活動有助提升對中華歷史文化的興趣，並達至以下的「學習成效」：

（1） 提高學習、閱讀興趣及增潤知識：從比賽的問卷調查得知，所有受訪者均表示活動能有效增潤普通話知識及提高學習普通話興趣之外，還可提高閱讀興趣，認識中華歷史文化，體現出本計畫的宗旨；

（2） 活動形式新穎有趣，有效拓寬師生的視野和知識領域，學習書本以外的知識；

（3） 促進學生發揮專長及潛能：參賽者的作品能於公共空間播放，有助加強其自信及普通話應用能力；

（4） 訓練團隊精神：大部分參與隊伍之人數多於三人，不少隊伍更是跨年級組成，他們在比賽中須互相配合，可訓練團隊精神及營造學習氣氛。

2. 歷史文化學堂

其次，「歷史文化學堂」方面，活動以廣播劇形式進行。雖不設比賽，但仍能吸引一眾學生參與其中。以第三屆「歷史文化學堂：文化的碰撞——當東方遇上西方（漢朝至明朝）」廣播劇，玫瑰崗學校（中學部）的〈歷史人物愛鬥大〉為例（見【附件四：歷史文化學堂——玫瑰崗學校（中學部）〈歷史人物愛鬥大〉】），談談活動的成效。

劇本最主要是介紹兩位西方傳教士——阿羅本和利瑪竇在華傳教的故事。學生能跳出冗長沉悶的資料，以兩位人物來華的共同任務——傳教為重點，把兩位身處不同時期的歷史人物串聯成一個故事。劇本更打破平時用中國歷史看事情的角度，以新的視角——西方教廷，看西方傳教士對在華傳教事業的貢獻。

此組學生表示，參加此活動是因歷史及通識科老師的推介而有興趣參與；在歷史範疇中選了「宗教」主題，則由於曾參加本會在活動之先所舉辦的工作坊，從中認識到歷史的不同方面，而同學來自有宗教背景的辦學團體，故對此方面特別感興趣。

同學能從日常感興趣的方面著手瞭解，是好的開始。學生亦表示在蒐集及整理資料時，會特別謹慎，怕因資料不正確而誤導聽眾。另外，同學亦深入瞭解兩位歷史人物的時代、年齡、階級等，思考如何透過語調、聲效等表現人物的特點，讓聽眾能透過廣播劇認識當時發生的事情。

同時，此組同學選這兩位人物——利瑪竇和阿羅本，亦別有用意。前者資料豐富，大眾對其亦有所認識；後者則較少在歷史書中被提及。然而，學生認為後者對在華傳教的工作有不少功勞，值得後人認識。故此，特別選取這些人物，串聯成一個故事，用生動、新潮的用語表達，吸引聽眾，不致讓這些人物在歷史洪流之中被沖去。

學生能從工作坊及生活中找尋題材、搜查資料、謹慎選材、用心瞭解人物故事、發揮創意書寫劇本，最後把作品透過聲音演繹出來。這正是本會喜見的活動過程及成效。另外，綜合本會的活動報告，成效亦有以下數點：

（1） 主題能夠吸引師生，認識近代中國及中國歷史文化的底蘊；
（2） 四節的系列講座開放予中學中史科、世史科、中文科、通識教育科等科目的教師參加，是一個良好的課外進修平臺；
（3） 運用新穎的形式：電臺廣播劇，有別於傳統而單向的授課形式，寓教於樂；
（4） 節目反映不俗，收到聽眾的良好反響。

以上兩項活動，均為學生提供了多元化的學習環境，將故事、廣播劇與語言（廣東話／普通話）結合，學習中華歷史文化。兩項活動的參與者回應均屬正面，大部分教師、家長及學生都同意活動有助認識中華文化，同時亦有效提升語言運用。本會亦期望參加者透過本會舉辦的「講故事」，在劇本中表達觀點、觸發自己及聽眾思考，感染民眾，拉近距離，引起共鳴，這亦是本會認為講故事之魅力和價值。

四、小結

中華文化底蘊豐厚，要學習亦非朝夕可成之事。上文提及的兩項活動：「普通話電臺比賽」和「歷史文化學堂」，亦是本會當時的新嘗試。從大小朋友都喜歡的「故事」著手，運用新穎的方式，向學校的師生推廣中華文化，從而使其探索和提高自身文化的觸覺，欣賞本身所屬文化的優點和價值。未來，本會亦希望這兩項活動會持續進行，不斷拓寬活動的主題、改善活動推行的策略和方式，務求吸引更多的學校師生、家長參與，把中華文化中的美德及正面的價值觀，延續下去。

附錄一：文聯會過往及現正舉辦活動情況

年份	活動名稱	對象	分類
2011	吉祥唐卡——希熱布大師藏畫展	公衆	藝術
	季刊《八合薈萃》	公衆	媒體
2012	文創產業在臺灣交流考察團	青年	交流
	歷史文化學堂（12/13學年）	學生	教育
	季刊《八合薈萃》	公衆	媒體
2013	臺灣文化創意產業深度行	青年	交流
	墨子行動	學生	教育
	季刊《八合薈萃》	公衆	媒體
2014	歷史文化學堂——近代中國200年（14/15學年）	學生	教育
	全港小學生普通話電臺廣播劇比賽（14/15學年）	學生	教育
	華夏風情一分鐘	學生	媒體
	製造創意——南臺灣文化創意產業交流團	青年	交流
	季刊《八合薈萃》	公衆	媒體
2015	陶聚香城	公衆	藝術
	小嘴巴說大道理——普通話電臺講故事比賽（15/16學年）	學生	教育
	「小嘴巴大奇遇」青少年廣播實踐計劃書	學生	媒體
	海派名家書畫展	公衆	藝術
	dbc「小嘴巴大世界」電臺節目	青年	媒體
	廣西省南寧、北海教育考察團	教職員	交流
	季刊《八合薈萃》	公衆	媒體
	《美麗中國發現之旅》問答比賽・四川站	學生	教育
2016	歷史文化學堂：文化的碰撞——當東方遇上西方（漢朝至明朝）（16/18學年）	學生	教育
	小嘴巴說大道理——普通話電臺講故事比賽（16/17學年）	學生	教育
	臺灣生態保育交流	青年	交流
	黃山早春三月三地畫家寫生遊	藝術家、會員	藝術
	早春黃山行——水墨・攝影聯展	公衆	藝術
	dbc「小嘴巴大世界」電臺節目	青年	媒體
	新城電臺「小嘴巴大世界」電臺節目	青年	媒體
	月刊《八合薈萃》（與《今日校園》合作）	公衆	媒體
	西安文化教育交流團	教職員	交流

年份	活動名稱	對象	分類
2017	「一帶一路」歷史文化活動計劃書	學生	教育
	小嘴巴說大道理——普通話電臺唐宋詩詞比賽（17/18學年）	學生	教育
	新城電臺「小嘴巴大世界」電臺節目	青年	媒體
	雙月刊《文路》	公衆	媒體
	重慶交流團	教職員	交流
2018	歷史文化學堂——穿梭古今香港・縱橫千年蛻變（18/19學年）	學生	教育
	小嘴巴說大道理——普通話電臺唐宋詩詞比賽（18/19學年）	學生	教育
	香港教師節歌曲和微電影	公衆	教育、媒體
	新城電臺「小嘴巴大世界」電臺節目	青年	媒體
	雙月刊《文路》	公衆	媒體
	河南文化教育考察團	教職員	交流
2019	歷史文化學堂——走進嶺南文化（19/20學年）	學生	教育
	小嘴巴・說大道理——普通話電臺四大名著廣播劇比賽（19/20學年）	學生	教育
	百年五四	公衆	教育、藝術
	新城電臺「小嘴巴大世界」電臺節目	青年	媒體
	雙月刊《文路》	公衆	媒體

附錄二：普通話電臺講故事比賽——初小組冠軍：英華小學「爭吵和謙讓」

在山上有一棵桃樹，樹旁邊住著兩隻小猴，一隻叫爭爭，一隻叫吵吵。秋天，滿樹的水蜜桃飄起了誘人的果香，兩隻小猴看著樹上那又大又紅的桃子，饞得直流口水。於是，爭爭想第一個爬到樹上摘桃吃。

吵吵：「哎哎，不許你摘。我長得比你矮，需要更多的營養，當然我先吃。」

爭爭：「你？你憑什麼先吃？你瞧你，連吃桃子的牙齒都還沒長出來呢！雖然你長得比我矮，但你沒聽過『孔融讓梨』的故事嗎？去去去！」

吵吵：「『孔融讓梨』？沒聽過，我還沒上學呢！再說，我是弟弟，媽媽說，哥哥要照顧弟弟，還要讓著弟弟。」

爭爭：「說得沒錯！哥哥當然要照顧弟弟，但是你也要等哥哥吃飽了，才有力氣照顧弟弟。所以嘛！你得讓我上樹摘個桃子來試試，看看這桃子甜不甜，然後再摘個給你吃。」

說完，爭爭伸手一推，把吵吵推了個四腳朝天。正當爭爭想往樹上爬時，吵吵死死地抱住了爭爭的大腿。

爭爭：「放開我，我要先上去。」

吵吵：「不給，我就是不給！」

爭爭：「放開我！」

吵吵：「你要是先上去，我就叫媽媽了。」

兩隻猴子你拉我扯，我爭你吵鬧了兩天，誰也沒吃上桃子，都餓得躺在山坡上爬不起來了。

爭爭：「唉，我不行了。我肚子都快餓扁了，吵吵，你去摘點水果給我吃。」

吵吵：「哥哥，我也餓得一點力氣都沒有。我們會不會餓死在這個林裡？救命呀！」

這時，有隻大象路過，聽見兄弟倆的求救聲，便走了過來。

大象：「你們倆怎麼了？」

吵吵：「大象伯伯，我餓到快不行了，我想——」

爭爭：「我也餓得動不了了。」

大象：「這樹上那麼多桃子，你們怎麼會餓成這樣？」

爭爭：「我原本是想摘樹上的桃子吃的，可是弟弟抱著我的腳不讓我上去。」

吵吵：「大象伯伯，我也想去摘桃子，可是哥哥他一腳把我踹開。我現在餓成這樣，都是哥哥害的。」

爭爭：「是你不對！」

吵吵：「你才不對！」

聽了兄弟倆的話，大象這才恍然大悟。

大象：「哦！原來是這樣。這個問題好辦！我能讓你們同時都有桃子吃，你們想吃桃子嗎？」

爭爭、吵吵：「想！」

大象：「如果你們想吃桃子，那你們就必須聽我的，行嗎？」

吵吵：「大象伯伯，我聽你的。你快說，什麼辦法？」

大象：「你們要想一起吃上桃子，都必須互相謙讓，凡事多為他人著想，一個一個輪流上樹摘，不就都能吃上桃子了嗎？」

於是爭爭和吵吵彼此謙讓，輪流上樹摘桃子，他們還把自己摘來最大的桃子讓給對方吃。這下，桃子比之前更甜了。

吵吵：「哥哥，這桃子真甜呀！」

爭爭：「嗯，你嚐嚐我這個，也很甜。」

吵吵：「嘩，好吃好吃，哥哥，這個桃子大，給你。」

爭爭：「我也有，這個大的給你。」

附錄三：比賽評分準則

項目	要求
1.故事內容（30%）	・劇情發展合情理而具創意 ・結構精密、情節和角色鋪排具層次 ・主題鮮明，具寓意
2.語言面貌（30%）	・字詞的普通話發音 ・能否正確應用普通話語法 ・語流（如變調、重音）
3.演繹（30%）	・能按故事需要演繹角色 ・聲線運用能配合角色 ・掌握對白的節奏、能和對手交流
4.整體性（10%）	・具感染力 ・有統一風格

附錄四：歷史文化學堂——玫瑰崗學校（中學部）〈歷史人物愛鬥大〉

旁白：在歷史上，不少歷史人物都覺得自己留下了豐功偉績，應該被留名千古。人往往都是那麼自我中心。今日又有一件關於「歷史人物愛鬥大」的事發生。

天使長：「最近，有位人物在天庭犯規，我已將他除名，現在聖人榜上出現了一個空缺的位置，眾天使有什麼提議？」

天使：「一直以來，聖人榜上面好像沒有什麼傳教士被封聖呢！我們一致認為有兩個人選非常合適，分別是阿羅本和利瑪竇。」

天使長：「好，叫他們兩個來見我。」

阿羅本和利瑪竇：「Good Morning.」

天使長：「我現在決定在你們之中封一個為聖人，你們告訴我，你們有什麼資格可被封聖。」

阿羅本：「我阿羅本有封聖的條件，請天使長與我一同返回唐朝，看看我做過什麼。」

旁白：在西元635年，有一位傳教士叫阿羅本，由波斯攀山涉水去到大唐的京城長安。

「啟稟皇上，有一位來自西域的傳教士想進見皇上。」

「傳。」

「參見皇上。」

「平身。」

「報上名來。」

「在下阿羅本，聽聞大唐皇帝是位賢君，而唐朝文化相容並蓄，能接納各個民族與宗教，所以遠道而來，希望把我在家鄉波斯的宗教在中國傳播開去。」

「是什麼教？」

「啟稟皇上，是基督教。基督教是信奉耶穌基督為神的神論宗教，我們基督徒以聖經為最高的經典。」

旁白：接下來這幾年，唐太宗對阿羅本禮待有加。有一晚……

皇上：「阿羅本，今晚來朕的寢宮一趟，朕想好好瞭解一下你們基督教。」

阿羅本：「是，皇上。」

旁白：在這一晚，唐太宗與阿羅本討論了各自對宗教的理解。

皇上：「朕下旨，由今日起批准阿羅本在我大唐境內傳教，並在城外興建基督教教堂。」

阿羅本：「謝主隆恩。」

旁白：為什麼這個洋人在一夜之間可以遊說皇帝？

旁白：我猜他的遊說技巧了得。

旁白：在阿羅本傳教期間，基督教在大唐被稱為「景教」。

阿羅本：「天使長你看，我是開創先河，去到中國傳教的教士。」

天使長：「對呀，看來你都很有功勞。」

狀元：「咦，你不就是阿羅本？」

阿羅本：「你怎會認識我？」

狀元：「我是今屆的狀元，自從景教傳入中國後，我就開始信景教。如果不是你把景教傳入，我想我的精神都找不到合適的寄託。你看，這本不就是你翻譯的聖經，信主得救。」

阿羅本：「你真識貨！」

旁白：阿羅本在封聖上，帶天使長看他傳教的功績，例如翻譯聖經，對景教的傳入在中國的過程有很大的貢獻，開啟了中西文化的交流之門。

利瑪竇：「天使長，我認為我更值得封聖呀！雖然阿羅本傳教有功，但唐朝之後就沒落了。直到明朝，才有我利瑪竇將天主教傳入中國。」

天使長：「真有此事？」

利瑪竇：「那就請天使長和我回到明朝看看我做過的功績了。」

旁白：利瑪竇在西元1583年，來到中國定居。傳道期間，將不少西方科技帶入中國。

利瑪竇：「徐光啟學者，這些就是西方的科技。你鑑賞一下。」

徐光啟：「咦，利瑪竇，這是什麼器皿來的？我徐光啟寒窗苦讀多年，都沒有見過呀！」

利瑪竇：「這些都是我由西方帶入來的文明，就好像這個伽利略比例規，它可以計算不同圖形的面積和比例。」

徐光啟：「嗯，很厲害呀！那麼其他呢？」

利瑪竇：「還有望遠鏡、眼鏡、西洋鐘錶，更有世界地圖。你看，很多西方的先進發明，你都沒有見過呀！」

徐光啟：「嘩，想不到西方的科學如此有趣，一定也能吸引其他人的興趣。」

利瑪竇：「對了，之前交給你予皇上的傳教申請怎樣了？」

徐光啟：「皇上已下旨批准了，還封我為護教士，幫助你在中國的傳教。」

利瑪竇：「那就實在太好了！就讓我們把宗教與科技在中國發展下去。」

徐光啟：「好！」

旁白：於是，利瑪竇就與徐光啟等人合力翻譯不同的書籍，在中西文化上做出交流，令中國人對西方人的印象改觀。

天使長：「嗯，傳教的同時又可以幫到別人發展，做得好！」

羅明堅神父：「咦，利瑪竇，你何時回來了？」

利瑪竇：「羅明堅神父，我們的傳教事務如何呢？」

羅明堅神父：「自從有了中文的聖經，中國教徒愈來愈有興趣去學習，我們還在中國建了幾間教堂。加上我們換上了中國的服飾，令我們傳教也方便多了。中國人對我們也非常友善，就連我們的書《天主實錄》也有很多人喜歡，相信一定會有更多人加入天主教。」

天使長：「Nice，利瑪竇做得好呀！」

旁白：期後，利瑪竇向明朝的皇上進貢自鳴鐘、聖經、《坤輿萬國全圖》大西洋琴等方物，當時的皇帝明神宗信任利瑪竇，所以讓利瑪竇在中國將天主教廣傳。利瑪竇更深得中國人民信任，被尊稱為「泰西儒士」。

天使：「不過，在清朝康熙帝禁止天主教在華傳教一事上面，利瑪竇的傳教手法，也要負上部分的責任。」

天使長：「雖然你們在中國傳道的事上各有千秋，但是中國人都好像不太接受呢！看來，天主教在華發展仍要繼續努力。」

天使：「天使長，那你認為哪個才能封聖呢？」

利瑪竇：「事關重大，我想可以功績來決定。」

阿羅本：「不用問，一定是我多點。」

利瑪竇：「你的景教也沒落了很久啦！」

阿羅本：「但你的傳教手法有問題呢！」

天使長：「好啦！不用再爭辯。我心目中已有人選了。」

阿羅本、利瑪竇：「是誰呢？」

天使：「等一等天使長，選聖人的程序有點錯誤呀！」

天使長：「怎麼了？」

天使：「下面梵蒂岡已選了人啦！」

天使長：「哦？哪是誰呢？」

天使：「就是我們的旁白德蘭修女。」

阿羅本、利瑪竇：「什麼？」

德蘭修女：「感謝大家一直對我德蘭修女的支持，在我當選聖人之後，會努力向世人傳達天主的愛，致力維護世界和平，令世人感受到天堂的溫暖，多謝！」

阿羅本、利瑪竇：「唉，這些機會都不屬於我們的啦！」

天使長：「既然聖人已選，那下次再選時再找你們吧！」

阿羅本、利瑪竇：「那下次是幾時呀？」

天使長：「下次就是下次囉！」

阿羅本、利瑪竇：「啊？」

第九章　七夕文化：節日與知識傳播

香港泓澄仙觀
葉映均

一、引言

今天世界各地海內外華人及社團均注意到引用新科技及媒體傳播把中華傳統文化宣揚及至年輕新一代[1]。香港特區政府在教育上，推行在中學的通識教育課程，其中之一的「現代中國」教學單元[2]，在中國歷史課程內，均開列專題。引領學生在思考上對中華傳統文化與現代生活的關係引起共鳴而取得效益，探究中國傳統文化如何能夠在時代的不斷變遷中，得以保留及薪火相傳，在探討傳統習俗及文化與現代人生活的連鎖意義中，怎樣與日新科技及普世價值取得聯繫。本人乃香港道教聯合會副主席及香港泓澄仙觀主席，曾與師生們為「現代中國」課程進行探討，尤以七夕文化為主題的教學研究更為深入。

七夕節文化於2006年已獲中國國務院認可為首批非物質文化遺產，源遠流傳千年的七夕節至近年更被喻為「中國情人節」。在今天我們探究亞洲文化價值時，七夕文化更值得研究及推廣其主旨：引用七夕文化為學與教課題，可使青年學生增進瞭解中國傳統文化與現代社會產生良好的道德觀及學養互動關係[3]；在媒體推廣七夕文化傳播中的情況，是否十分落後？為守護

1　近年學者尤其注意傳統宗教文化結合新媒體，如電影、動漫畫、臉書、Line、音樂等，使傳統文化知識傳往民間，特別向年輕人傳播知識。見林瑋嬪：〈導論媒介宗教〉，氏主編：《媒介宗教：音樂、影像、物與新媒體》（臺北：臺灣大學出版中心，2018年），第1-25頁；參見葉映均：〈七夕銀河會、雙星渡鵲橋〉，《穗港七夕文化節慶》（香港：香港泓澄仙觀，2019年），第1-2頁。

2　《通識教育科課程及評估指引（中四至中六）》（香港：香港特別行政區政府教育局，2007年），第29-30頁。

3　區志堅、侯勵英：〈文化保育、持續發展與旅遊業的發展與局限——以香港屏山文物徑及河上鄉村為例〉，陳蒨、祖運輝、區志堅編：《古蹟保育與文化傳承》（香港：中華書局，2014年），第44-62頁。

中華文化，我們可引用新科技及先進媒體，藉此教學引領學生多元化去思考及保育式微多年之七夕節文化。此次教案研究不只進行專題演講及實地考察，也為學生設立相關課題小組，以便進行學與教的活動。學習並不局限於課室或場地，引用輕鬆的學習模仿形式，引入生活及體察中，瞭解宜古宜今的七夕節。這個傳統節日包含關愛、珍惜擁有的意義，務求把傳統文化瑰寶流傳下去，及至時下年輕人。這個節日帶給我們的意義豐富深遠，希望藉著這篇文章，喚起人們的注意。七夕是一個喜慶的節日，帶給人們和諧和關愛的觀念。若能夠將這個觀念帶給普羅大眾，每當歡度七夕這個佳節時，必能為人們帶來更多快樂與裨益。

二、泓澄仙觀簡介

（一）創立時間及其宗旨

葉映均（道號「文均」）為香港泓澄仙觀的創辦人，是香港繼承正一派天師道的重要人物。葉文均道長供奉主位尊神——教祖張道陵法祖天師的南來傳法脈，師承第六十四代張怡香胤師。泓澄仙觀原名泓澄天師壇，自2001年成立，註冊為第八十八個非牟利慈善機構，道觀面積四千餘平方呎，乃香港道教聯合會會屬道堂之一。仙觀一直遵守祖天師降鸞乩訓，以「忠、廉、施、克、道」為綱紀，以忠孝、廉潔、普施、克己、弘道為哲理教義宗旨。遵循祖天師及諸聖的乩示，實踐修己渡人，致力慈善公益，敬老扶青，以民為本，勤修學道，交流外訪，傳播天師立德的精神。

泓澄仙觀歷年均積極參與海內外道教活動，免費招待地區內長者及善信齋宴。每年農曆五月均舉行「教祖張道陵天師寶誕」賀誕系列活動，在社區免費為市民派發福米福麵、健康檢測、道學講座及綜合文藝晚會及承辦東區譚公誕廟會巡遊大型活動等。推廣中華傳統文化，秉承仙師訓導。

（二）泓澄仙觀與七夕活動緣起

本文作者獲乩示而結緣，得由梅窩桃源洞劉李玩璋住持承傳，在2006年農曆七月初七，泓澄仙觀葉文均道長帶領眾多弟子，在七聖仙娘廟為七姐寶誕晚上子時朝賀祈福誦經，此一活動持續多年，直至如今。泓澄仙觀供奉有七公主仙娘，每年均設賀誕及活動。

至2015年，泓澄仙觀在東區舉辦「七夕情繫社區・愛・繽紛晚會」，結果收到大量好評，於是每年的農曆七月，都會舉辦七夕的活動。泓澄仙觀所舉辦的活動，當中所傳遞的信息是對社會的關愛，實行樂善好施的精神。泓澄仙觀一直秉承著修己立德、敬老扶貧的精神，從其活動中亦不難看出對社區的關愛。透過舉辦不同的活動，傳播其精神及文化的傳承，是對社會上有正面的影響。可見這些活動所帶出的資訊，和現今的通識課程中的對傳統文化的繼承、對社區活動的參與以及對自身的道德發展都能夠相配合，為青少年帶來了一定的正面發展。

延續至2019年，泓澄仙觀更與廣州市道教協會聯合主辦「穗港七夕文化活動」，獲得廣州市民族宗教事務局、駐港中聯辦及香港特區政府官員和地區多方團體及道堂宮觀的積極支持及贊助。廣州市道教協會在三元宮做開幕典禮、設道教文化講座及戲曲表演活動。泓澄仙觀在香港北角區球場內舉行七夕節慶晚會聯歡做閉幕禮，布置華麗燈飾、鵲橋、七仙女臺及多個文化攤位，極具色彩，道教信眾及市民均十分歡欣，並懷舊過往溫馨的七姐誕等等。泓澄仙觀被認為是香港獨特為七夕文化節慶活動做出貢獻及具有代表性的機構。

（三）泓澄仙觀與七夕節慶文化

泓澄仙觀其宣教重點也投放在七夕文化傳承之上。事實上，七夕節或稱「七姐誕」，過去在香港1960至1980年非常盛行。紡織工業興起，勞工階級非常重視此節日；及至金融業蓬勃發展，時代變遷，而漸漸式微。慶幸仙師訓語指導，泓澄仙觀為中華傳承七夕文化做出推廣，並且得到大眾關懷，致力保留。七夕佳節對現今社會而言，不只是中國的情人節，更具有歷史文化的內涵。追源溯本，七夕與中華文化，尤其是道教神仙系統內天上織女與牛郎的故事，實乃是玉帝的女兒七公主與銀河裡的天郎星君之仙侶姻緣，而天郎星被貶落凡間，織女下凡訪覓，二人相遇，結為夫婦，成為神話中男耕女織的牛郎織女可歌可泣的愛情故事主人翁。「七夕－乞巧節」在於傳送人間溫暖、和諧、惜愛及姻緣，七姐秧比喻早種鴛鴦，姻緣和合，男望功名，女望乞巧，乃成功標誌。而節日暢旺更加推動當代及時下的社會經濟，帶來正面的效益。

三、七夕神話與節日的起源

每年農曆七月初七，為七夕－乞巧節，又稱「七姐誕」。相傳為天上七公主，也是民間傳說董永〈牛郎與織女〉的愛情故事。研究民俗學的學者馬冰雁、湯菊紅認為「在四大民間傳說中，牛郎織女是唯一一個與傳統歲時節日緊密聯繫在一起的傳說」[4]。七夕源自古人對星神及星宿崇拜，古人以星象創造神靈，星象的織女星、牽牛星分處銀河兩岸，乃皇母娘娘責罰被分隔。

至西漢，天人感應說流行，七夕看成為牛郎及織女相見的故事，《史記・天官書》有記：「織女，天女孫也。」在東漢末《古詩十九首》有載：「迢迢牽牛星，皎皎河漢女。纖纖擢素手，札札弄機杼。終日不成章，泣涕零如雨。河漢清且淺，相去復幾許？」織女進一步人格化。據東晉葛洪的《西京雜記》中論及；「漢彩女常以七月七日穿七孔針於開襟樓，人俱習之。」民間開始有敬七姐的習俗。

天帝以每年七月初七這一天給予牛郎及織女相會，由喜鵲在銀河中架橋鋪路，成為廣泛流傳美麗動人的愛情故事，演變成為民間的情侶思念對方，把七月七日晚上在鵲橋相會，視為「良辰吉日」。南朝之時作家宗懍的《荊楚歲時記》中記載：「七月七日為牽牛織女聚會之夜。是夕，人家婦女結彩縷，穿七孔針，或以金銀鍮石為針，陳瓜果於庭中以乞巧，有喜子網於瓜上，則以為符應。」民間開始出現乞巧的習俗，此也為七夕節的起源。

四、七夕的歷史演變

有關乞巧的習俗從西晉士族開始南傳至鄂（湖北）、豫（河南）南部，及皖（安徽）、贛（江西）等地的長江南北岸，贛江上下游[5]。後來到唐朝之時，七夕極受民間歡迎，唐代詩人林杰的〈乞巧〉中指出：

> 七夕今宵看碧霄，牽牛織女渡河橋。
> 家家乞巧望秋月，穿盡紅絲幾萬條。

---

4 馬冰雁、湯菊紅：〈七夕溯源初探〉，《孝感學院學報》，2008年第6期，第126頁。

5 趙逵夫：〈從廣東七夕節的傳播源流看其文化特徵〉，《文化遺產》，2011年第3期，第91頁。

當時乞巧和紡織已為七夕節的習俗，婦女均以乞巧為節慶的要務，更有賞月的活動。唐末受黃巢起義的影響，居民南遷至廣東一帶，並於當時傳入來自中原的七夕節。宋代七夕節正式傳到廣東，據南宋詩人劉克莊《後村集》卷二十中〈即事十首其五〉詩曰：「瓜果踸拳祝，睺羅撲賣聲。粵人重巧夕，燈火到天明。」這詩指出兩大重點，首先廣東人極重視七夕晚會；其次，為晚會的繁盛，有些人以瓜果做貢品並長跪抱拳祝禱，這說明拜七姐是一種普遍的行為。

明末清初有關七夕的習俗開始完備，但據《花縣志》記載：「七日，士族曝書帙、衣服。其夕，女兒陳花果於空階祀天孫。置蜘蛛盒中，次早觀其結網疏密，又用彩縷背手穿針觀過否，謂之乞巧。」[6]這論及乞巧、曝書、擺七夕等習俗逐漸變得豐富。清末文獻的記載也有表述七夕晚會的詳細內容[7]，當中提及當時的七夕晚會於七月六日舉行，婦女會於家中庭院中設鵲橋，陳列瓜果，焚燒檀木、楠木，更會燃點巨燭。在庭院中設錦屏繡椅，並使幼年女姓列坐，任人入道觀不被禁止。事實上，這可說是最初的相親，當時七夕的相親應撮合不少神仙眷侶，為當時婚姻制度下帶來尋姻緣的機會，更重要的是為七夕添上愛情的文化。時至今天，七夕依然是中國的情人節。擺七夕也為其中重點，擺「七夕會」相互比設貢品的精細，有聚米粘成為小器皿的，又有以胡麻粘成龍眼、荔枝等，各家於七夕晚會上各示巧藝，某程度上是對家庭女性的技藝認可，更是對家中未成年少女的技藝肯定。

至於香港的七夕節，大概源於晚清由廣州傳入。有學者研究，香港早於1895年《香港華字日報‧乞巧吃驚》已有記載。廣東地區沿珠江三角洲地區人民南下香港，帶往香江七夕節日文化及織布技術，由是成為「深受閨中女子歡迎的七姐誕」。中環「士丹頓街某眷，初六晚筵陳瓜果，燈色炓煌」。在五十年代，更多女性從事家中紡織。及至六十年代，又有不少婦女往紡織工廠工作。而紡織業又是香港四大工業，廠商也舉辦七夕活動晚會，為男女工人賀節，藉此男女有機會相識，早結佳偶。而婦女也希望藉不同製作手藝表現自己手巧，也希望藉手藝為夫家寵愛，故也在七夕誕向七姐禱告。諸多客觀條件配合，「不但使擺七夕變得洋洋大觀，而且不少人還將方桌陳設於樓外，任人觀賞」。1926年，先施公司舉行了天臺乞巧會[8]。1927年七夕，

6　未見原文，只好轉引自曾應楓：〈廣州乞巧風俗改革探析〉，《探求》，2017年第1期，第103頁。
7　胡樸安：《中國風俗》（北京：九州出版社，2007年），第281頁。
8　〈先施天臺舉行乞巧大會〉，《香港華字日報》，1929-08-08。

皇后酒店闢天臺，舉行乞巧大會。北角七姐妹的名園遊樂場也於1929年8月舉行乞巧大會[9]。乃至戰後，不少工會也組成七姐會，主要在七夕舉辦活動團結工友，爭取工人權益；尤在西區、東區、香港仔、筲箕灣、中環、深水埗、紅磡等地，多為街坊少女及女工友組辦七姐會及拜仙會。港九洋務工會、港九車衣公會也在每年七夕舉行舞會、歌詠、時裝粵劇、手工展覽晚會、籌款晚會等。可見七夕節誕及拜七姐成為一時風尚，象徵女性的高尚地位。

九十年代後，七夕文化顯著式微。2011年，香港的香港歷史博物館已在長期展覽項目《香港故事》中，增加了「七姐誕」展區，展示藏品七姐盆、七姐衣、祀奉七姐的物品。今天在香港鰂魚涌的泓澄仙觀、梅窩桃源洞的七姐廟、西貢十四鄉的七聖古廟、坪洲的仙姊廟也是專門敬拜七姐的道觀。在香港北角的泓澄仙觀也有供奉七姐，故緣起於梅窩桃源洞朝拜七聖仙娘，至今泓澄仙觀除每年賀誕外，更舉辦盛大的七夕文化活動，牽起市民關注此節日，藉以保存及流傳下去[10]。

五、七夕的傳統文化

在香港、廣州每年都會舉辦有關七夕節日的活動，包括傳統活動以及配合社會潮流的新穎活動，為參加者帶來不同的體驗，同時亦能使七夕的文化得以傳播，以及讓更多人知道有關七夕的故事。泓澄仙觀對七夕的文化傳承影響甚大，能稱得上是文化的傳承者，功勞十分之大。

（一）香港七夕文化

除了小部分的廟觀有上香敬賀七姐誕外，設有大型對外宣傳七夕文化活動的，只見有香港泓澄仙觀舉辦。

泓澄仙觀自2015年開始便舉辦了有關七夕的活動，活動內容豐富多彩。香港七夕活動內有紮作師傅製作七姐盆、又有「擺七夕」的儀式。「擺七夕」就是陳列供奉七姐的貢品。而七姐盆是用七樣褶紙紮成的一個大圓盆，上面滿載七樣東西，分別是紙紮的鏡子、剪刀、梳子、雪花膏、鞋、爽身

---

9 〈七夕砌品之暢銷〉，《香港工商日報》，1929-08-08，第14頁。

10 周樹佳：《香港諸神》（香港：中華書局，2009年），第80頁。

粉、脂胭，也用印紙製成七姐衣。七姐盆為恭迎七姐下凡[11]。保育及肯定源遠流長的七夕文化具有深重意義及地位，亟需保護，得免失傳。

（二）七夕在廣州的歷史[12]

廣州每年在七夕節都會舉辦「廣州乞巧文化節」，節日來到前姑娘們會預先準備好彩紙、通草、線繩等，編製成各種小玩藝，還將穀種和綠豆放入小盒裡用水浸泡，待芽長到二寸多，便用來拜神，成為「拜仙禾」和「拜神菜」。

第一屆的「廣州乞巧文化節」於2005年在天河區舉辦，至今成為每年獨特的節日。從初六晚至初七晚，姑娘們穿上新衣，戴上新首飾，焚香點燭，對空跪拜，成為「迎仙」，自三更至五更，要連拜七次。其後還會將親手製作的小手工藝品互相送贈，以示友情。

乞巧文化節除了保留原有的開幕式、擺七娘、拜七娘、七夕遊園等傳統文化活動，還增加新的活動，包括對聯徵集、原創歌曲等活動，成功引起了社會的關注，並得到熱烈反應。因此，七夕這個節日的文化，在廣州每年堅持舉辦活動之下，得以保留。

（三）泓澄仙觀對七夕的傳承工作

泓澄仙觀對於七夕的傳承工作是值得大眾支援的，早於仙觀成立初年，仙觀對七夕節已有關注。仙觀同仁志願傳承七夕文化節，最終決定仿效以往的乞巧大會，並將一些傳統習俗演化成攤位遊戲，並於農歷七月初七日內舉行。由於籌辦大型的晚會需要大量的資源和各方協助，終於2015年蒙獲東區區議會經濟及文化委員會贊助下，舉行七夕節慶習俗晚會。時至2019年更以「穗港七文化節活動」舉行，參與的民眾十分雀躍。除了有大型七仙女臺、七姐盤及鵲橋展示，晚會中更有歌曲分享和手工藝攤位展示，並免費派發多項七夕宣傳用品及祈福禮品給居民，藉此達至聯繫社區及宣傳傳統文化[13]。

---

[11] 儲冬愛：《鵲橋七夕：廣東乞巧節》（廣州：廣東教育出版社，2010），頁154。

[12] 葉映均：〈廣州七夕歷史〉，《穗港七夕文化節慶》，2019年特刊，第20頁。

[13] 泓澄仙觀：《泓澄仙觀十五週年紀念》2015年特刊，第100頁。

六、七夕的普世價值觀

普世價值，是指具有永恆的、普世性的價值，是對普遍人都適用的價值，是大多數人追求的價值，同時亦符合人類進步的規律、價值的體現，與全球人共同肯定的價值。

七夕結成良緣，同時亦追求對愛情的自由平等，這些都與現今世界重視自由平等的價值觀念。不但如此，在七夕的傳統文化中，還會有帶給人們關愛的理念，特別是只可以於每年農曆七月七日晚上，雙方愛情的堅貞，也是世人雙方共守的承諾，擴展個人對家庭成員的親愛及負責任的表現，此又是中華民族重諾及承擔責任的美德。在泓澄仙觀的積極推動下，舉辦的七夕活動每每都是對社區的關懷，對長者的愛護，這都是能夠體驗到七夕所蘊含的普世價值觀。所以，致力保育七夕傳統文化，不僅是對傳統文化的傳承，當中所帶出的訊息亦是能與當今世界推崇的普世價值不謀而合。

七、七夕文化：走入校園

由於有關七夕的文化漸漸被現今的人遺忘，希望能夠透過學校的教育推廣，將此中國傳統節日文化傳播於學校，進而傳播於社會。學校可以舉行關於七夕的小型活動，維持一周，使全校師生都能夠更加此活動，命名為「七夕周」，也有一學校的教員，命名為「比較中西情人節專題研習教學活動」。由於七夕的正日是處於暑假時段，而筆者於農曆七月初進行七夕文化節慶，即為西曆八月，故在西曆五月，筆者已往中學演講及與教員協作，設計工作紙及相關教學指引，然後由中學師、生自行設計關於「七夕周」的活動詳情。

教員把學生分配成五組，每組由五位同學組成，分別負責不同的活動。

（一）提供資訊——七夕的由來

五位同學負責一個簡短的專題報告，題目為「七夕的由來」，介紹七夕的由來，將七夕的故事分享給師生，從而令學生能夠對七夕有一定的瞭解。在舉行活動的區域，貼上有關七夕的來源以及牛郎織女的故事，再貼上其歷史演變，以及泓澄仙觀對七夕文化的大力推崇。

（二）小型活動

進行角色扮演（role play），三位同學分別扮演牛郎、織女、玉帝，另兩位同學扮演天兵角色，用小型話劇的形式，帶出七夕的故事。以話劇的形式，經同學重組及編寫故事劇本，更可以融會文獻知識，並活用知識，成功地使學生更有趣地學習七夕文化；同學亦能代入角色，瞭解當中的故事，使學生更能與文獻產生對話及互動。同學亦可以加入現時的自由戀愛觀念，改編故事，讓牛郎織女不會只限制於七夕才能相見，打破傳統宿命，令二人能夠有一個美滿的結局，一生幸福長久。再設計一些填充題，答案能夠在活動區域內的資訊取得，使同學對七夕的印象能夠更深刻。

（三）七夕中國情人節

負責這組活動的同學，可以印刷有關香港、廣州的七夕活動的相片，例如拜神供奉的用品等，這些圖片供同學欣賞，達到圖文並茂的效果；也可以製作絲巾、粉彩、錢包、情侶恤衫及小飾物等，讓同學自發性創作。

（四）七夕亞洲全面化：學生推動研究工作

這組同學亦是做一個簡短的報告，以簡報形式進行彙報，題目為「為何七夕並不流行」，同學可圍繞著這個主題開展討論：

1. 七夕是以舊曆計算，現時大多數人都使用新曆，所以七夕的確實日子每年都不同，難以記得。
2. 年輕人追求西方物質生活，同時對西方的浪漫主義有著新鮮感。
3. 為何七夕會被認為是中國情人節，在大眾的渲染下，年輕人認為七夕只是單一對愛情的追求，忽視了其他的文化，例如對自然的崇拜、古時婦女乞求的願望等等。。
4. 日本和南韓每年均會舉辦七夕的大型盛會，而中國或者其他亞洲地區並沒有。

（五）七夕文化與中華民俗@影視教學（Virtual Reality, Augmented Reality）

影視教學（Virtual Reality，Augmented Reality），透過現今先進的電子科技，對學生進行教學活動。這次的七夕文化活動，可透過影視將其活動記錄下來，成為日後的文獻紀錄。

把五位同學列入拍攝七夕文化節組，以相機拍照記錄七夕文化週的活動，並且剪接成短片，再加上後期的一些小製作，在日後課堂上可以播放。這種方法一來可以將七夕文化記錄下來，作為保存，還可以將短片作為宣傳之用，例如在開放日播放，宣傳學校活動之餘，讓七夕文化節可以藉此機會傳播出去，實是一個文化傳承的好方法。

同時，又以三位同學在參觀七夕文化節及參與校內七夕文化週活動，進行錄音及錄像，因為錄像既可以記錄當天的活動，更可以進行民俗影視教學，以視像科技及錄音，記錄群眾的語言、聲音及活動圖像及七夕文化的氣氛，學生又可以從情感教學的角度，記錄群體生活的面貌。從視民俗影視研究的學者已指出，影視記錄民俗的過程本身也記錄了拍攝者和被拍攝者之間互動。民俗記錄突出了「一人、一事、一時、一地」，以畫面講述民俗傳統在特定時空的傳承進程的一個故事，也使記錄者能夠感受傳統、體驗生活。中學生以有限資源，憑藉簡單器材，如以行動電話（手機）的錄像設備，進行影視拍攝及錄像，參與及感受七夕文化活動，藉著身歷其境，及進行蒐集資料，印證筆者講述，成功地引導同學們思考傳統文化在當代社會的價值，及從生活實踐中學習保存傳統文化的工作[14]。

此外，也有學者指出情感教學能夠讓學生置身其境，通過親身的情感體驗，產生對七夕文化的感受，教學活動需要一個寬鬆的學習氣氛，不能只是機械式或過於枯燥的教學模式，要能夠讓學生愉快地學習，讓學生在生活上印證所學[15]，故七夕文化與民俗影視教學，不只是保存文獻，更使學生能夠學習影視記錄技巧、保存資料的知識。

---

[14] 張舉文主編：《民俗影視記錄手冊》（北京：商務印書館，2018年），第2-4頁。

[15] 劉兵：《淺談高中語文教學中的情感教育》（吉林：東北師範大學碩士論文，2007年，未刊稿），第3-16頁。

八、小結

七夕是中華源遠流長的傳統文化節日，至近代才式微沉寂，我們需要加強推廣這個節日。這個節日為社會帶來了正面的效益，包括加強經濟、增加社會和諧安定、令伴侶不會容易分開及節日本身的歷史價值。藉此文章推廣現世，文化保留，薪火相傳，使這個節日不被時代所磨滅而消失。本文所述七夕文化教案，希望透過歷史文化教育，把七夕文化的知識傳播給年輕人，達到一個文化知識持續延伸的作用[16]。今天人們對七夕大都只是聯想到牛郎、織女，卻對其背後的故事內容未知其詳。時下年輕人只認識西方的情人節，對中國情人節——七夕只有一知半解，忽略了這個中國傳統文化節日背後所帶來的意義，令到七夕在現今社會上不被重視。所以，希望藉以上對七夕的來源介紹，以及泓澄仙觀對七夕傳播的重要性，加上教學設計，使七夕文化能夠得到深化普及傳承價值觀，使美麗的牛郎織女在人民的心中永遠存著珍惜和親愛。

[16] 把節慶作為教材，見區志堅、黎漢傑：《盂蘭節與當代中國》（香港：香港潮屬社團總會，2017年）一書。

第十章　原居民蘊藏中國文化的意義：把「被忽略」的新界歷史文化成為專題研習

新界鄉議局、珠海學院亞洲研究中心
廖書蘭

一、引言

我們審視香港的教育制度，不難看出香港並不重視本地傳統文化、歷史，其中新界在香港教科書的角色更被忽略。但新界卻占了香港總面積的88.5%，在地理上它是香港重要的組成部分。而「新界」的名稱由來實記錄下香港被英殖民的回憶，當中更出現不少新界的特殊管理制度，影響至今。同時，新界在接受英國管治之際，亦依舊保留著中華文化歷久傳承的文化習俗，實為關注香港構成的重要部分。然而，凡此種種均未有完整地於香港的教育制度中教授，是香港教育制度的一大缺失，特撰此文回顧香港教育制度，並提出新界史的教案，希望令教育界同工多加關注被制度所忽視的新界史。

二、香港歷史教育忽略了新界的歷史

筆者詳細瞭解香港高中中國歷史、歷史、通識科的課程及評估指引，我們發現只有零碎的片段是與新界有關，這反映出香港教育的失誤。首先在《中國歷史課程及評估指引（中四至中六）》的乙部自19世紀中葉至20世紀末中指引老師要教授改革開放的部分，其中要關注內地與港澳臺三地的關係，並要求學生認識1976年後，中國政局日穩，為早日完成統一大業，先後與英國及葡萄牙談判，並於1997及1999年分別恢復在香港和澳門行使主權的歷史[1]。但只是從極少的回歸片段中觀新界的價值，實不足顯現新界在香港殖民、回歸、發展的重要性。然而，少量香港史的課程卻放於世界歷史科，卻按《歷史課程及評估指引（中四至中六）》所示，學生是從現代化的角度入手瞭解香港的現代化與蛻變，主要要求學生追溯及解釋香港作為國際城市的發展。他們須描述不同時期經濟發展的特點及都市化與人口轉變的現象；明白中、外文化的共存與相互影響等，未有聚焦新界在香港史的地位和作用[2]。反而，在近年才正式推行的通識教育中有嘗試關注香港的傳統文化，令新界這文化瑰寶間接得到瞭解，從《通識教育科課程及評估指引（中四至六）》[3]可見單元二現代中國的課題中，強調學生要認識傳統文化和現代生活的關係，不少老師在教授時集中於探研香港的非物質文化遺產，當然這亦涉及新界的習俗，但並不全面，或應說是未能把新界的主要面貌呈現。

三、新界史專題研習：港英殖民地政府時期的新界歷史

有見課程有可補缺的空間，筆者特提出以專題研習的方法，圍繞殖民歷史，優化現時教育制度，以下分享曾採用的教案。

論及新界，絕不能不提香港殖民的歷程，當然數百年的歷史絕非一個專題研習可處理，筆者曾邀請新界鄉議局大埔區中學的三位學生進行有關新界名稱由來與殖民關係。就此題目筆者所著的書《被忽略的主角——新界鄉議局發展及其中華民族文化承傳》中第一章有詳細論述，現取當中精要之處作為此題目的參考答案。

1840年及1862年，中國分別在第一次鴉片戰爭和第二次鴉片戰爭中戰敗。根據不平等的《南京條約》和《北京條約》，滿清政府被迫把香港和九龍半島（今界限街以南）連同鄰近的昂船洲一併割讓給英國。自此，香港這個彈丸之地，成為英國在亞洲的其中一個殖民地；並一直受世人關注。由於殖民地面積太小，因此早在英國占領香港之初，英國官商對此就感到不滿並一直希望擴張領土。1864年，英國人未經滿清政府同意下，竟然擅自擴界，

---

1 課程發展議會與香港考試、評核局：《中國歷史課程及評估指引（中四至中六）》（香港：課程發展議會與香港考試、評核局，2007年），第27-29頁。

2 同上註，第14-15頁。

3 同上註，第19頁。

侵占了界限街以北的深水涉。1874年，英國殖民地政府祕密擬定「拓土」計畫，送交英國政府。該計畫後來成為了1898年《展拓香港界址專條》的最初藍圖，1884年駐港英軍司令又重提拓界，要求奪取整個九龍半島（今新界的大部分），英國國防部以「暫時沒此必要」回絕[4]。

1894年中國在甲午戰爭中敗給日本，翌年被迫簽訂喪權辱國的《馬關條約》，而列強也紛紛向清政府苛索，以謀取利益。當時，港督羅便臣（WilliamRobinson）趁機向中國施壓，以「保護香港的需要」為藉口，擴大英國在香港的界址。1898年3月德國強行租借山東的膠州灣，列強也紛紛強借中國沿海的良港。英國駐華公使竇納樂（Claudem.MacDonald）於1898年4月2日正式通知清政府總理各國事務衙門大臣李鴻章，英國擬定租界範圍，陸地比前擴大十多倍，水面比前擴大四至五倍，清朝官員獲通知後，甚為震驚。經多番爭論，終於1898年6月9日竇納樂與李鴻章在北京簽署了《展拓香港界址專條》，決定於7月1日起將深圳河以南至界限街以北的地區，以及附近大小二百三十五個島嶼，包括大嶼山及大鵬灣等水域，總面積達975.23平方公里的領域，租借給英國。這塊領土就這樣被英國強行租借，租期九十九年。1898年以前，中國疆域之內根本沒有「新界」之名，它只是作為一個地方縣治的部分而存在。它有時屬於番禺縣、博羅縣、寶安縣，有時又屬於東莞縣甚至新安縣，1899年3月18日，兩廣總督譚鍾麟派王善存到香港，與香港政府輔政司駱克一起共同勘界，經過一番實地勘察之後日即1899年3月19日，王善存與駱克共同簽署了一份《香港英新租界合同》，內載從此這塊土地有了「新」的管理者，也是香港歷史上一個「新」時期的開始。這塊英國新取得的土地，自此取名為「新界」（New Territories），即「新的領土」之意。分隔租借地（新界）和割讓地（九龍）的界限線，被稱為界限街（Boundary Street）。因應城市發展的需要，界限街以北至獅子山以南的土地，早已歸入九龍，稱為「新九龍」。新九龍於1937年劃分，為九龍界限街以北共一百五十七平方公里之地，分九龍城（包括牛池灣、九龍塘、深水涉、荔枝角、長沙灣）等。1899年4月16日英國正式接管新界[5]。

---

4 廖書蘭：《被忽略的主角——新界鄉議局發展及其中華民族文化承傳》（香港：商務印書館，2018年），第22-23頁。

5 同上註，第26-27頁。

學生於新界名稱由來與殖民關係專題研習中評分表

評量類目	占總體表現	A	B	C	D
整體內容、論述內容	50%	報告內已見學生清楚瞭解新界名稱由來與殖民關係，報告可援引中外學者論述英殖民香港的過程，並以各類資料支持有關論點	報告內已見學生大致能了新界名稱由來與殖民關係，直接採用中外學者、的觀點	資料不全面，有不少的關係和轉折未有加以分析	資料流於片面，沒有主動找資料，與一般網絡上的資料相近，甚多錯誤的地方。
口頭報告與技巧	35%	說話流暢，具眼神交流，也能配合儀表及聲線，聲量具吸引力，吸引聽衆注意，能引發聽衆思考	說話流暢，聲量適中，身體語言表現得宜，有表情交流	說話頗流暢，要改善溝通技巧	聽衆未能投入，未能聽到報告的全部內容
報告吸引力與設計	15%	設計有效傳達主題訊息，富有創意，廣引以往的照片、圖片作分析，借圖片、影片，瞭解甲午戰爭等重要歷史片段	設計已傳達主要訊息，能吸引讀者，能找到部分古時圖片、條約圖照作為輔助分析	設計與殖民時期前後的新界不太具關繫，亦未能加入條約圖照作為輔助分析	設計與內容無關。

四、實地考察：新界宗族建築

在探研新界之際，我們絕對要先瞭解維繫新界各地的重要觀念——宗族，而每個宗族基本上一定會建一宗祠作為維繫社群、處理宗族事務的場所，而新界五大氏族均有其傳奇故事，故老師可選一至兩個姓氏進行實地考察，甚至可聯絡當地原居民進行訪問，多元地讓學生吸收知識。筆者亦曾邀請新界鄉議局大埔區中學的三位學生參與有關考察。

老師在帶領同學進行考察前，應先讓他們先瞭解何謂宗祠及其社會功能。宗祠是供奉和祭祀本族祖先的傳統式建築，又稱家廟、祖堂。家族式祠堂供奉著祖先的牌位，是舉行家族祭祖等的場所，又具有從事家族宣傳執行族規家法、議事宴飲的功能。另外，有些家族祠堂也用於舉辦家族內子孫的婚、喪、壽、喜等事。新界地方的宗祠亦當作書塾，成為村中子弟接受教育的地方。歷史較為悠久的宗族多建有祠堂，因此祠堂也可以說是村族的身分象徵。祠堂的建築有的是單獨一間的形式，有的是兩進式的，有的是三進式的。祠堂的建築結構愈複雜，內部的空間就愈大，也就愈顯示出宗族的財力和人力的豐厚。祠堂中最重要的部分是祭壇，用來供奉宗族歷代祖先的神主牌位。祠堂裝飾物的多寡亦和村族的發展狀況成正比。因此有相當規模的祠堂都會以瓷畫、木雕、石獸等裝點內外，務求能展現該宗族崇高的社會地位[6]。

同工在帶領學生到新界進行五大氏族宗祠及特色建築考察時，可注意以下各宗祠的簡介和特色：

（一）新界鄧氏

鄧族祖先江西吉安因在五族中最早居住新界，是新界五大族之首。先祖鄧漢黻四世孫鄧符協於北宋初年入元朗錦田，至今新界鄧族子孫後代人數多達十萬人。鄧族五大房中有兩房仍居今日新界，其餘各房已遷返內地。其中元禎房聚居元朗屏山，而元亮房則繼續聚居錦田。其後，元亮一房更分支到元朗的廈村、輞井、屯門的紫田村、粉嶺的龍躍頭、萊洞及大埔的大埔頭一帶，為新界鄧族主要一支[7]。鄧族自宋時遷入新界後，人口日增，建有宗祠、書室，並於鄰近地區建立墟市。當中屏山、錦田、廈村、元朗墟和大埔舊墟等墟市，皆鄧族於清代時建立。現時錦田廣瑜鄧公祠、屏山鄧氏宗祠、廈村鄧氏宗祠、龍躍頭松嶺鄧公祠、大埔頭敬羅家塾均為香港法定古蹟。[8]

（二）上水侯氏

侯氏落戶上水河上鄉，是上水侯族最早落戶之地，故村內保有不少歷史古蹟，包括居石侯公祠、洪聖古廟等。當中，居石侯公祠是河上鄉最重要的歷史建築物，於清朝乾隆二十七年（1762年）落成，是為紀念十七世祖侯

6　同上註，第161-162頁。

7　參閱區志堅：〈大學與中學協作計畫：以屏山文物徑的考察為例〉，載周佳榮、鮑紹霖、區志堅編：《第二屆華人地區歷史教育論文集》（香港：中華書局，2012年），第183-204頁。

8　參閱蕭國健：《新界五大家族》（香港：現代教育研究社，1990年）。

居石公而建。居石侯公祠現為河上鄉侯氏的家祠，供奉歷代祖先，亦是村民聚集聯誼的地方。居石侯公祠是三進兩院式建築，祠堂正面以紅粉石疊砌門框，祠堂內橫樑和斗拱的吉祥圖案雕刻亦極為精緻，反映出祠堂的氣派和工匠的傑出工藝。祠堂現存最具歷史價值的物件，是懸於祠堂正門刻有清乾隆二十七年的牌匾。公祠曾做學校用途，於二次大戰時停辦，戰後於祠堂附近另立「河溪學校」，為上水區最早期的政府津貼小學。居石侯公祠於1987年被列為法定古蹟[9]。

（三）上水廖氏

上水廖氏，原籍福建汀州。元朝末年，廖祖仲傑公由閩遷粵，初落戶於屯門，後再移居福田，三徙至雙魚河境內，元至正十年（1350年）定居上水。廖氏主要定居於上水雙魚河流域上水圍的十二條村內，人丁興旺。廖氏歷代對興學扶貧不遺餘力，現時上水的鳳溪公立學校，便是源自上水廖氏的私塾鳳溪書室。上水多歷史建築，上水廖萬石堂建於清乾隆十六年（1751年），屬廖氏家族所有，是香港現存最完整的古蹟之一。廖萬石堂之所以得名，可追溯至宋代。相傳廖氏遠祖廖剛，父子五人皆為高官，每人官祿兩千石，合共「萬石」，後人為紀念先祖，故將祠堂命名為「廖萬石堂」。廖萬石堂屬三進兩院建築，屋頂以瓦鋪蓋，由雕刻精緻的樑架及斗拱承托，下面則以石柱和木柱支撐。祠堂內的布置裝飾華麗，極為考究，灰塑、木刻、壁畫、泥塑等比目皆是，題材多為傳統吉祥圖案。上水廖氏另一歷史建築物，是位於上水莆上村的應龍廖公家塾，被評為二級歷史建築物。家塾建於1838年，以紀念廖族四世祖廖應龍。至1910年，家塾改為「卜卜齋」，肩負教育重任。1965年，家塾被改建成幼稚園，及後幼稚園在八十年代撤出，家塾一直空置荒廢。2001年，家塾進行復修工程，及後更獲聯合國教科文組織亞太區文物古蹟保護獎榮譽獎[10]。

9　參閱蕭國健：《香港新界家族發展》（香港：顯朝書室，1990年）；譚思敏：《香港新界侯族的建構》（香港：中華書局，2012年）；區志堅、侯勵英：〈文化保育、持續發展與旅遊業的發展與局限——以香港屏山文物徑及河上鄉村為例〉，陳蒨、祖運輝、區志堅編：《古蹟保育與文化傳承》（香港：中華書局，2014年），第44-62頁。

10　鄭澄、梁浩宜、蔡俊傑：〈香港新界上水廖氏春祭考察報告〉，《香港歷史的教與學》，2014年第75期，第20-22頁。

（四）新田文氏

文氏獲賜大夫銜，新田文氏，原籍江西省永新北鄉錢市。南宋期間，其祖天瑞公避亂南遷至廣東惠州。及後，其堂兄文天祥抗元兵敗，捨生取義為國犧牲。文天祥就義後，天瑞公南逃至今日深圳，定居三門東清後坑。元末明初，文氏子孫開始遷入新界。明永樂年間，文氏族人遷至元朗新田一帶定居，開枝散葉。文氏另一支則在大埔泮湧附近建村。蕃田村是新田文氏族人主要的聚居地，附近建有不少文氏祠堂。麟峰文公祠是其中一間開放予公眾參觀的文氏祠堂。祠堂確實的興建年代已不可考，約建於17世紀末，至今已有三百年的歷史。麟峰文公祠是為了紀念文氏八世祖文麟峰而建，每逢祭祖或節慶，鄉親父老皆會在祠堂聚會，顯得非常熱鬧。除麟峰文公祠外，大夫第是新田文氏家族祖先留下來的另一古蹟。大夫第是文氏先祖文頌鑾於清同治四年（1865年）興建，距今已有一百三十多年歷史。文頌鑾是文氏的二十一世祖，於光緒十二年（1886年）高中進士，獲欽點為營用守府。據說其為人樂善好施，深得鄉黨讚譽，故獲清朝皇帝御賜大夫名銜。大夫第被譽為香港現存最華麗的中國傳統建築，府第外四周有圍牆、柱礎、池塘、花崗石踏板等遺跡，內部則是傳統兩進式三間兩廊的格局，府內屋樑、窗花等裝飾兼具中西藝術特色[11]。

（五）粉嶺彭氏

粉嶺彭氏，原籍江西宜春廬陵。北宋末年，金人南侵，彭族先祖遷居廣東東莞。南宋年間，再自東莞南下香港新界，並於明萬曆年間，復徙居於粉壁嶺一帶，立圍定居。而粉嶺之名的由來，與區內的大嶺山有關。據說山上有一石壁，雪白如粉，故被附近村民稱為「粉壁嶺」，後來粉嶺便成為附近一帶的名稱。彭氏在粉嶺最初建立了粉嶺圍，隨後向四周擴展，成為今日的南圍、北圍等村落。據說粉嶺圍附近一帶以前十分荒蕪，經常有山賊和海盜四出打劫，所以鄉民特建造炮樓抵擋盜匪的襲擊。依考據，古炮樓建於清康熙初年。炮樓外貌呈方形，圍牆高約二丈，以花崗石做牆基，覆以堅硬的青

---

[11] 王賡武：《香港史新編（增訂版）》（香港：三聯書店，2017年），第235頁。

磚，圍牆上設有炮孔。1941年，日軍侵占香港，村民為怕禍害加身，故將古炮埋在地基下，直至1986年才於地基下挖出三臺古炮。彭氏宗祠最精美彭氏宗祠位於粉嶺北便村，始建於明萬曆初年。清道光年間，國學士彭步進見宗祠日久失修，便與村中宗族兄弟籌集經費重建，於道光二十六年（1846年）聘風水師擇吉遷建現址。彭氏宗祠屬兩進式建築物，供奉粉嶺鄉始祖以下十六世八十八位祖先的神主牌位。彭氏宗祠規模在新界五大族圍村中規模雖較小，但其建築藝術卻相當精美，有斗拱木刻、花崗石樑柱、陶塑人物、精緻壁畫，現已被列為受保護古蹟。粉嶺彭氏對教學非常重視，現今位於粉嶺圍的思德書室已有超過二百年歷史。後來，彭氏更轉型採納現代教學模式，發展成今日的粉嶺公立學校，至今已有七十年歷史[12]。

五、成果及結論

新界鄉議局大埔區中學的三位學生作為筆者此教案的試驗對象，他們在專題研習和考察後，紛紛強調此兩舉，使他們重新認識他們的居住地新界，並開始主動發掘新界的有趣事蹟、文化習俗等，可見此教案有一定參考價值。期望此教案能開展教育界對新界史的重視，為教育制度補缺。

---

12 參閱嚴瑞源：《新界宗族文化之旅》（香港：萬里機構，2005年）一書。

第十一章　戶外考察與歷史教育：以香港的孫中山史蹟徑為例

非物質文化遺產諮詢委員會、文化力量
陳財喜

一、引言

現時香港的通識教育課程及歷史教育課程，多鼓勵教師、學生戶外考察，走出課室，使學生能夠得到真實的生活體驗，從體驗中引發思考，引領課堂及書本教才的知識，走向自學、全方位學習的模式，更希望多向師生互動的教學校式。依香港特別行政區課程發展議會在2005年發布的《學會學習：學習領域個人、社會及人文教育諮詢文件》（簡稱「《諮詢文件》」）中，指出個人、社會及人文學科學習的核心部分，應為學生建立對「中國歷史和文化的理解、香港過去百年（歷史）的發展、影響個人身分及自我價值因素之認識」，個人身分認同及自我價值觀的確立是課程的重心，要達到此要點，學生須配合對中國歷史和文化的理解，認識香港過去的歷史[1]。

現今通識課程裡的「今日香港」，有以保育香港本土文化為討論議題。再配合2014年《中國歷史科課程及評估指引（中四至中六）》中，表述歷史學習，不應局限於學校課堂之內，而應拓寬學習的空間，以獲取適用的資源研習歷史[2]。在通識課程中加入本土歷史的專題研習，以參觀歷史古蹟等活動，既能有助保育香港的本土文化，還能加深學生的歷史知識，幫助學生對歷史文化有較深刻的瞭解。筆者曾參與發展中西區中山史蹟徑藝術設計委員會委員，並以義務身分帶領香港一地旅遊從業員和中小學師生現參觀新設計

1　課程發展議會：《學會學習：學習領域個人、社會及人文教育諮詢文件》（香港：香港教育統籌局，2005年），第2-7頁。

2　《中國歷史科課程及評估指引（中四至中六）》（香港：香港特別行政區政府教育局，2007年），第46頁。

的中山史蹟徑的經驗，得見新設計的中山史蹟徑展藝座標，與中學中國歷史科及通識科教學設計的關係，社區資源怎樣可以成為教育課題[3]。

二、孫中山史蹟徑做專題研習

（一）孫中山先生的生平

中華民國國父孫中山先生（1866-1925）在中國歷史上的地位舉足輕重，革命的領導者，民國的創建人之一。孫中山出生於廣東省香山縣，十三歲時隨母到檀香山探親，首次見識西方社會文化，眼界大開，慨歎國人風氣保守，思想老舊。1883年，孫先生從檀香山返國時首次途經香港，這次雖屬過境性質，但香港給他留下了深刻的印象，為他日後赴港求學奠下了契機。其後孫中山先生再次到香港，先後就讀於拔萃書室、中央書院及香港西醫書院。1883至1885年中法戰爭萌發了他的革命思想。

1892年，孫中山先生畢業後曾於澳門及廣州行醫。1894年，他在檀香山創立了興中會；次年在香港設立興中會總會，旋即策動了首次起義——乙未廣州之役。是次起義並沒有成功，孫中山赴日本，開始了十六年的海外流亡生活。1896年10月，孫先生曾經被清廷誘捕，幸得老師康德黎等人營救而獲釋，是為倫敦蒙難事件，這次事件使他的聲名遠播，被歐美各國公認為中國革命領袖的先鋒。

1905年8月20日，孫中山先生在東京成立同盟會後，繼續以香港為起義的策源地及海外籌餉的樞紐，並以「驅除韃虜、恢復中華、創立民國、平均地權」為誓詞，從此至民國成立前，孫先生領導的革命起義，便有多次直接透過同盟會香港分會及南方支部統籌策畫。

1911年10月10日武昌起義之後，孫中山先生在美國、英國等進行外交遊說工作，爭取國際社會對革命的認同及支持。1911年12月25日，抵達上海，是闊別十六年後首次回到國土。1912年1月1日，孫中山在南京就任中國民國臨時大總統。2月12日，清朝皇帝溥儀退位，中國二千多年的帝制從此結束。翌日，孫中山先生辭任臨時大總統，由袁世凱取代。

孫中山先生一生為民主共和的理念不斷努力，從創立民國到北伐統一，為中國奠定了基礎，他的遺訓「革命尚未成功，同志仍需努力」，成為流傳

[3] 有關中西區考察成為中學歷史知識的評估教材，見區志堅：〈從綜合人文學科知識的角度看中環城市的布置〉，《浸大歷史系研究生學刊》（香港：香港浸會大學歷史系，2007年），第13-25頁。

至今的名言。

（二）孫中山先生與香港的革命關係

孫中山先生的革命思想源於香港，其革命事業亦與香港關係密切。孫中山先生曾就讀於香港拔萃書院和中央書院，讀書的期間，對少年孫中山的思想成長最重要的時刻。孫中山先生曾提及「我之此等思想發源地即為香港，至於如何得之，則我於三十年前在香港讀書，暇時輒閒步市街，見其秩序整齊，建築閎美，工作進步不斷，腦海中留有甚深之印象[4]」。可見孫中山對整個香港的社會發展留下了深刻的印象。1887至1892年間，孫中山就讀香港西醫書院，當時，香港在政治、經濟、社會都面臨著變化，華人開始爭取到較高的政治地位和經濟影響力。孫中山發起每次起義時，都是利用香港作為革命基地及策畫中心[5]。而每次的經費，大部分都是籌募所得來。除了革命起義的經費，在港的各機關部門的日常開支，例如設立機關總部、招待所，辦報等宣傳革命工作，都是靠愛國港人在經濟上的支援，才能使革命得以延續。

1895年，孫中山先生與楊衢雲、謝纘泰所創辦的「輔仁文社」合作，目的是推翻清廷，並設總機關於中環士丹頓街13號，以「乾亨行」店鋪之名，掩人耳目[6]，其後亦以此作為興中會總會。總會成立之後，中山先生利用其人際網絡，迅速展開革命活動，吸納會員，起初主要以香港為主。新加入的會員，多數是商人、知識分子，總會的經費也是經這些出名的商人所籌募而來，例如黃詠商、李紀堂等富有階層。

1. 首次起義——乙未廣州之役（1895年）

香港興中會總會成立之後，楊衢雲擔任會長，隨即與孫中山策畫起義。在3月16日擬發動二千人攻占廣州的計畫，並且以「青天白日旗」作為起義標誌[7]。孫中山進入廣州部署，以鼓吹農業改革之名，暗中從事革命活動。在3月至10月期間，得到何啟在幕後支持，在報刊上支持革命的理論。10

4　孫中山：〈我於何時及如何而得革命思想及新思想〉，《孫中山全集》，第7卷（北京：中華書局，1981年），第115-116頁。

5　霍啟昌：《港澳檔案中的辛亥革命》（香港：商務圖書館，2011年），第5頁。

6　李金強：《一生難忘：孫中山在香港的求學與革命》（香港：孫中山紀念館，2008年），第109頁。

7　同上註，第113頁。

月，當準備軍火時，因事洩失敗，主要人員陸皓東等人被清廷捕殺，孫中山、陳少白等人逃往日本，首次起義宣告失敗。

2. 重組革命

在首次起義失敗後，香港的革命基地可說是被瓦解。然而孫中山先生並沒有放棄，在海外仍然積極推動革命，並由陳少白、謝纘泰和尤列等人繼續活動，最終在港重建革命力量，為之後的革命鋪路[8]。

3. 再次起義

在經歷了首次起義失敗後，孫中山先生並沒有放棄革命活動。隨後發起了兩次起義，由孫中山、楊衢雲及謝纘泰等人帶領，兩次起義分別是庚子惠州之役（1900）和壬寅廣州之役（1903），可惜兩次均告失敗。

4. 流亡日本

孫中山先生在首次起義之後，被下令禁止入港，只能在幕後策畫活動。直至三次起義失敗之後，在日本東京創設「中國同盟會」，作為推動革命的基地，繼續以革命目標出發[9]。

5. 起義成功，建立民國

孫中山先生領導的同盟會，勢力壯大，先後發起十次光復起義，最終武昌起義成功，建立中華民國。同盟會的核心人員先後集結於香港，並在香港設立同盟會分會，結集革命力量，以香港作為基地。

雖然孫中山先生在首次起義後被逐離港，但他並沒有放棄革命活動，一直以香港作為革命活動的主要基地，羅致黨員，策畫起義活動，可見香港在孫中山先生中所占的地位不少。

（三）孫中山史蹟徑的由來[10]

孫中山先生在港的活動都集中在中西區。中西區區議會把他在中西區活

---

8 同上註，第110頁。

9 同上註，第125頁。

10 孫中山史蹟徑推廣工作小組：《孫中山史蹟徑》（香港：中西區區議會，2011年），第5頁。

動過的地點串聯起來，設立「孫中山史蹟徑」，讓市民能夠重臨這些地點，回顧孫中山當時的史蹟。

1996年11月，中西區區議會轄下中山史蹟徑籌備小組，設立「中山史蹟徑」，由東邊街的拔萃書室舊址為起點，並以德己立街的和記棧舊址為終點站。

2006年，孫中山先生博物館和中山史蹟徑，分別被正名為孫中山紀念館和孫中山史蹟徑。在旅遊事務署的支持下，區議會重新裝修中山史蹟徑的設備。

2010年5月，《孫中山史蹟徑》小冊子2011年修訂版收納了中山紀念公園及百子里紀念公園的資料，推廣工作小組在陳捷貴議員的帶領下，希望將孫中山史蹟徑能夠廣泛全港，期望市民對中山先生在中西區的革命事蹟有更全年的認識。

（四）孫中山史蹟徑路線圖[11]

史蹟徑以香港大學為起點，沿般咸道至德己立街為終點，全長共3.3公里，全程需時一百二十分鐘，途中景點有十五個，將孫中山先生生前在香港活動過的地點串聯起來，包括他在香港讀書、做禮拜、居住及與革命黨人聚會的地方，以突出他與香港的密切關係。目的使公眾緬懷孫中山的足跡之餘，能對他的革命思想及愛國情操有更多認識，從而亦加深對中國近代史的瞭解。孫中山史蹟徑的平面設計榮獲於2018年「DFA亞洲最具影響力設計獎」優異獎。除了歷史知識之外，史蹟徑更加入了藝術家的創作意念。以「古今、藝術」為主調，並且透過本地的九位藝術家，以獨特的視覺語言重新設計史蹟徑的紀念牌，呈現香港豐富的歷史和文化特色。教員既可以運用昔日設計中山史蹟徑為學生，分成兩至三位同學一組進行景點，及其背後有關孫中山先生、排滿革命歷史故事的研究。進一步，學生也可以參觀於2018年在孫中山史蹟徑的路線，放上以「古今、藝術」有關孫先生的史事，這些藝術展品能擴闊學生的想像空間，配合學生蒐集的香港與排滿革命史事的資料，又可以增加學生探討孫先生事蹟的興趣。

以下為介紹於2018年由藝術設計師設計「古今、藝術」孫中山史蹟徑的

---

[11] 同上註，第18-33頁。

圖像內容：

1. 香港大學——般咸道

孫中山先生在1887至1892年曾就讀於香港西醫書院，在1912年併入香港大學為醫學院。孫中山先生在1923年訪問香港大學時，曾說過「香港與香港大學是我的知識誕生地」在「大學堂」（現陸佑堂）發表演講。孫中山曾提及革命思想源自香港。

作者以1923年孫中山先生在香港大學發表的演說為題材，透過互動方式，讓公眾瞭解當年孫中山對社會、革命的思想。

2. 拔萃書室——東邊街

孫中山先生在港就讀的首間學校，在1883年在此書室就讀，次年轉讀中央書院。

作者以書院的門口作為作品，希望透此能夠傳達當時孫中山在此讀書的情景。

3. 中國同盟會招待所——普慶坊

孫中山先生1905年在東京成立同盟會，年底成立同盟會香港分會，以接應革命黨人。

作者設計就同盟會歷史所引發的感受與聯想，轉化為不同意象，重新整合成一本立體書，參觀者自行聯繫書本內容以及同盟會部分事件，加深對同盟會的認識。

4. 美國公里會福音堂——必列者士街2號

孫中山先生1883年在此接受洗禮，並取名「日新」，後來「逸仙」一名便是源於此。他1884至1886年間在中央書院就讀時，曾居住於此。

作者在外牆加一扇窗，寓意能夠看見過去，而這扇窗透視著孫中山在港求學時的經歷、受洗及居住過的事蹟。

5. 中央書院——歌賦街44號

中央書院在1862年創立，被稱為「大書館」，是香港第一所提供西式現代教育的官立中學。孫中山先生在1884年入讀高中部，並於1886年畢業。

作品是一個紅色的門廊，作者希望透過這個門廊，通過它連接到西方文化、教育、歷史及知識的領域。

6.「四大寇」聚所楊耀記——歌賦街8號

「四大寇」即是孫中山、陳少白、楊鶴齡和尤列，四人經常在楊耀記店鋪內暢談反清革命，因而被稱為「四大寇」。

作品是一張高達五米高的長凳，並以四種不同顏色，分別是紅、橙、黑、白，表示四人曾經於此商討國事，策畫活動。

7. 楊衢雲被暗殺地點——結志街52號

1895年，楊衢雲加入香港興中會總會，成為會長；先後參與廣州及惠州起義，均告失敗。1901年1月10日，在結志街52號二樓寓所，被館內廣州清吏買兇暗殺。

作品以墓碑形式，但中間以人形設計，並且有不同大小的圓洞，雖然身軀消逝、面容遺忘，但思想的光芒深深影響著後繼者，無名英雄的宗旨開通民智、盡心愛國，就是這樣承傳下去。

8. 輔仁文社——百子里

輔仁文社是由楊衢雲、謝纘泰等人所成立，以開啟民智為宗旨，但社員經常討論時局和政治改革的問題。孫中山先生與個別社員接觸頻密，兩人都成為香港興中會的核心成員，楊衢雲更是首任會長。

作品以「輔仁文社，以文會友，以友輔仁」十二字組成，代表當年文社各人身體力行，積極推動改革。

9. 皇仁書院——鴨巴甸街與荷里活道交界

皇仁書院前身是中央書院，1889年改名為維多利亞書院，1894年改名為皇仁書院。近代史上亦有不少重要人物，例如何啟、何東等人。

作品是以孫中山先生年少的身影、皇仁書院的校刊《黃龍報》與對面街的中央書院原址做了個時空對照，以表示孫中山先生在革命上的堅持，像榕樹氣根一樣，若干年後著地成長。

10. 雅麗氏利濟醫院及香港西醫書院——荷里活道77至81號

孫中山先生於1886年入讀廣州博濟醫院，1887年轉到剛成立的香港西醫書院學習，1892年以優異成績畢業。1912年，香港西醫學院併入香港大學成為醫學院。

作品類似拔萃書院，都是以門為作品，呈現當時的讀書環境。

11. 道濟會堂——荷里活道75號

道濟會堂臨近於香港西醫書院，因此孫中山先生在居住書院的期間，經常參加道濟會堂舉辦的聚會，從而擴展了人際網絡。

作品是柱子，上面刻著的文字，帶出當年孫中山先生的革命思想與基督教的濟世精神兩者的核心價值。

12. 香港興中會總會——士丹頓街13號

興中會是孫中山所創立的革命組織，志在推翻清廷。1895年2月，設總會於士丹頓街，並且以「乾亨行」商鋪做掩飾，並籌備及策畫第一次起義——乙未廣州起義。

作品是一面大門，正面是「乾亨行」，背面則是「興中會」，亦即表達出當時孫中山等人以「乾亨行」的招牌做掩飾，實是在背後建立革命組織興中會。

13. 喜讌樓西菜館——擺花街2號

喜讌樓是八十年代最出名的西菜館，是孫中山先生在習醫期間與友人談論國事的地點。

以浮雕重塑出杏讌樓當年座落於擺花街和砵甸乍街交界處之繁華景象，因有關杏讌樓之資料已難以考究，此為藝術家之構想。

14.《中國日報》報館——士丹利街24號

《中國日報》創刊於1900年1月，是孫中山先生命陳少白來港籌辦革命機關報。該報館不單出版革命刊物，亦為興中會與各地革命當任提供聚會議事的地方。惠州起義的大本營便是在該館的三樓。

《中國日報》是陳少白於1900年在香港創立的革命報刊。作品以傳統活字印刷的字粒，融合現代社交媒體的視覺元素，重現《中國日報》中一些常見的內容。

15. 和記棧鮮果店

此店四樓曾用作革命的機關地，策畫廣州壬寅之役，此役由謝纘泰統籌，獲李紀堂資助。

和記棧今日已不復存在。作品是以微縮模型，呈現昔日歷史在光影之間留下的痕跡。

三、專題研習評估

小組形式的專題研習會為是次教學的重點，根據〈學會學習：學習領域個人、社會及人文教育諮詢文件〉指出：「跨學科的專題研習讓學生在不同的學習經歷中，將知識、技能、態度與價值觀聯繫起來和應用。」專題研習目的是令學生可從中培養對持續自學的興趣，並以積極的態度改進自己的學習，專題研習適用於任何一個學習階段，包括中學或小學。目前已有不少學校將專題研習歸入課程內，並分配特定時間進行[12]。專題研習不但能推動學生自主學習，亦促進學生把知識、技能、態度和價值觀結合起來，進而培養學生的基本能力，例如批判性思考、創造力、溝通能力、解決問題、運用資訊科技等。進行專題研習過程中，學生應處於主導地位，自行尋找答案，並解答問題，做出個人的獨有見解，而老師輔導學生提出問題的答案。同時，專題研習更能為教師提供有關學生學習情況及相關訊息，成為學生學習成果參考，還能因應學生的表現給予恰當建議，通過研習，進而訓練學生蒐集資料的途徑、篩選資料的策略和表達的方式等難以從課本中學習的技巧及經驗。

是次計畫為各中學師生，設計運用量表和評分類目，方便進行較為客觀的評估[13]。依〈學會學習：學習領域個人、社會及人文教育諮詢文件〉，專題研習尤重培養學生的自學能力，即「學會學習」，包括協作能力、溝通

[12] 詳見〈學會學習：學習領域個人、社會及人文教育諮詢文件〉（香港：香港特別行政區政府教育局，2000年），第17頁。

[13] 評分表參考謝錫金、祁永華、譚寶芝、岑紹基、關秀娥：《專題研習與評量》（香港：香港大學出版社，2003年）一書。

能力、創造力、批判思考，把專題研習的成果，作為檢視學生運用知識的能力。以下引述政府頒布「學會學習」的評核內容：

表1 評核學生在專題研習的整體表現

等級	內容
表現較優（A）	同學認真投入學習活動，並在指定時間內完成工作；同學能主動發表意見，提出各種啓發的問題，能與各組員保持融洽及相處，主動與各同學聯絡，充分掌握課題，提出有效的建議，對學習有深刻的體會，提出及找到新的意義及學習方法，使同學學習新的知識，帶動小組同學進行討論。
表現良好（B）	同學雖可以在指定時間內完成專題習作，也願意發表意見，及提出可行的問題，能完成責任，也與組員保持良好的關係，也會協助別人，已掌握課題，但對學習只是有一定的認識，沒有給其他同學提出啓發性的意見，也未能帶動小組成員討論。
表現屬於良可者的同學（C）	未能認真參與有關學習活動及按時呈交工作，也較少參加討論及提出問題，較少主動協助他人，對課題沒有充分理解，未能對學習感到興趣，沒有花心思設計有關報告。
表現屬於較差的同學（D）	未能認真參與有關學習活動及按時呈交工作，成果與原來擬定的題有明顯分別，沒有花心思設計有關報告，出現抄襲情況。
表現欠佳的同學（E）	全沒有依時交報告，全沒有投入；希望老師盡可能不給予此分數，要多鼓勵同學完成此計畫。

表2 評分細目：學生在專題研習中的整體表現（可以是個別學生或小組同學的評量）

評量類目	占總體表現	A	B	C	D	E
整體內容、論述的內容	35%	報告內已見清楚及鮮明的立場，同學能自動找資料、運用多元化方法及多種思維方法探究問題，報告具有質素的表現，有創新的意念	立場已清楚，能運用多元化的演繹及分析方法；已運用合適的資料，已解決大部 分的問題	有立場，已解決主要的問題，但偶有錯誤，未能主動找資料，只向老師或講師提問，有時未有回應基本的探究問題	資料不全面，立場不清楚，很多問題不能解決，有時未能回應基本的要求	資料太簡單，沒有主動找資料，未能運用資料，甚多錯誤的地方，甚至在網上下載資料，全不選擇有關材料
書面報告中的書寫能力	25%	能運用自己的文字表達，文從字順，內容無誤，清楚交代中心思想	已運用自己的文字表述，內容沒有明顯錯誤，偶有錯別字及文句不通的地方	應先整理及理解有關報告，從參考資料中直接引用文字，部分用詞、造句表達方式均不適合，意思不清楚	只知抄襲，宜多加整理材料，也有語病	多抄襲資料，讀者不能理解，甚多錯誤

評量類目	占總體表現	A	B	C	D	E
口頭報告	25%	說話流暢，具眼神交流，也能配合儀表及聲線，聲量具吸引力，吸引聽衆注意，能引發聽衆思考	說話流暢，聲量適中，身體語言表現得宜，有表情交流	說話流暢，可以進一步改善聲量、表達技巧及身體語言	說話頗流暢，要改善溝通技巧	聽衆未能投入，未能聽到報告的全部內容
視覺效果	15%	設計有效傳達主題訊息，富有創意，圖畫生動，有動畫設計更佳，配上特別聲音，吸引讀者，可見同學的心思及努力	設計已傳達主要訊息，能吸引讀者，圖畫構想呈現同學學習的態度	設計與主題有關，頗有趣，呈現同學的能力	設計與主題有關，但未能吸引讀者，已見同學的學習投入情況	設計與內容無涉，可以在設計上多花心思

表3　評核標準[14]

	發展知識	技能訓練	心智發展	評核標準	建議學習活動
(一)歸納學習重點	1. 注意孫中山在港策畫革命的由來 2. 注意孫中山史蹟徑展示藝術與歷史故事 3. 注意孫中山年少時在港的活動 4. 孫中山如何透過香港作革命的基地				
(二)確定題目	1. 對孫中山史蹟徑建築及孫中山在港的事蹟產生興趣； 2. 聯繫已學知識，初步確立問題	根據題目從不同途徑，如書本、互聯網、博物館等地找資料	關心香港一地文物，從孫中山史蹟徑發展看中國歷史與本地文化的互動關係	1. 教師觀察； 2. 課堂提問等	1. 介紹孫中山史在港的事蹟發展 2. 使用互聯網搜尋關於孫中山史蹟徑的發展。與現代社會的互動關係，會否出現排斥的問題

14　參考區志堅：〈以本地文化為歷史教育的資源——香港中上環古蹟的考察〉，澳門理工學院主編：《兩岸四地歷史文化教育研討會論文集》（澳門：澳門理工學院，2014年），第78-82頁。此文內有為學生成設計的學業水準測試評估表。

	發展知識	技能訓練	心智發展	評核標準	建議學習活動
(三)搜集資料	1. 全面認識孫中山史蹟徑，以瞭解孫中山在港的事蹟； 2. 闡明探究題目的意義，加插有趣及少人提及的事情	1. 考察中拍照，在找找舊報紙，瞭解當時的情況 2. 撰寫書目	1. 按各人所長及興趣，進行分組 2. 確定進度，並召開定期會議，檢討表現進度及質素 3. 考察活動分工合作	1. 研究報告 2. 考察活動紙 3. 書目、資料摘要、訪問紀錄等	1. 考察：訪問、觀察、蒐集資料、拍照； 2. 完成報告
(四)資料分析	1. 組織及綜合資料能力，清楚展示孫中山史蹟徑的建築藝術及本地歷史文化 2. 初步提出有關孫中山史蹟徑及歷史文化的問題及自行找到答案	可以使用概念分析		1. 概念圖 2. 觀察及記錄 3. 師生及講師多與學生的討論表現及成果	師生討論會：同學彼此協助解決困難
(五)口頭報告	1. 能用自己的文字總結成果，並把重點列出，集作中呈現各同學十分熟悉孫中山與香港的歷史文化 2. 能提出個人意見，有論據支持，也有創見	1. 改善文辭，表情及發音 2. 建立個人自信心	1. 合作完成報告 2. 接受他人意見，自信地發表個人意見及見解	1. 口頭報告（同學組成互評） 2. 教師及校外人士觀察，進行錄像	1. 口頭彙報 2. 檢討表現
(六)呈交研究報告	1. 接受他人意見，引發充分的論證 2. 提列出關於孫中山史蹟徑可以進一步研究的問題 3. 評價及欣賞建築藝術；孫中山在港的活動，以及其革命思想的影響	1. 報告基本結構 2. 能運用自己文字書寫，文從字順 3. 設計、編排吸引讀者或聽衆	1. 學生能夠自行按講師／老師的意見，進行修改，表現出自行改善的能力 2. 小組成員能互相合作，各組員均展示合作精神，依從他人有益／有建設的意見，進行改善	1. 書面報告 2. 在報告上呈現學生能自行反省 3. 同學間互相評價	分析及指導報告，寫作技巧，呈現個人的體會及感受

在專題研習中，教師應該引領著學生，注意一下問題：

1. 是次研究的目的及動機；
2. 進行資料蒐集的方法；
3. 同學在研究過程中面對的困難，能否自行解決；
4. 研究總結應有多方面的意見。

教師應該多引導學生在學習過程中有什麼得益，並且需要訓練學生發掘問題、驗證及解決問題的方法，反思能力，構思教學的期望，並確立推動計畫的方法及步驟。

此次專題研習可讓同學就孫中山先生自行擬定題目，同學需要以小組形式進行實地考察，每組需要前往孫中山史蹟徑至少一次，以確保同學能夠親身體會到學習中的體驗。在此研習中，同學由分工合作開始，再選出組長帶領整組的活動，能增加同學之間的感情，若出現紛爭時的處理方法，亦是同學能夠在這次研習中學習得到。而教師應該整個過程中督促同學的進度，並且指出同學的問題，再使學生能夠自行去找出答案，令學生能夠有獨立的解決問題能力。除了從歷史層面探究，同學也可從報章、刊物方面進行瞭解。不同報章由於對像、立場不同，以至在報導孫中山先生的不同事蹟。此次研習能夠綜合中國歷史、通識科及增加對本地的知識，藉此計畫能夠使師生本地文化、歷史知識產生互動，使教學成果向正面發展，達到綜合及實踐人文知識能力的評估，培訓學生思考、語文等能力。

四、小結

香港通識課程的架構相當良好，能讓同學全方位發展，助他們成為一名具分析力、多元思考的未來棟樑。在現行的課程下，可以優化香港本土歷史文化認識，若能善用獨立孫中山史蹟徑專題研習的機會，讓學生進行研究，令他們能確切瞭解本土歷史文化。此類型的專題可使學生逐步關心社會，認識中國歷史。

第十二章　教育與專題研習：七十年代以來香港保釣行動的教學設計

香港公共管治學會
陳德明、林浩琛

一、引言

近日因保釣行動委員會成員郭紹傑被捕令沉寂多年的保釣運動，重新受到注視[1]。事實上，自1971年起至今，已發起了多次保釣運動，其中最具代表性的可說是七十年代和九十年代的釣運。而香港現時研究保釣運動多從過程或團體入手，鮮有從刊物、報章、歷史意義中研究。現時，在中學的教育中更無提及此愛國運動，此課題對於學生是極為陌生，卻是極具價值。近年香港政府致力強調增加學生對於國家的認同感，卻往往流於口號式，反之教育局應考慮增加愛國運動的介紹，增加同學對國家的歸屬感，故全文將以保釣運動為教學設計的主題。

二、七十年代與九十年代保釣運動的重要性

本文以七十年代與九十年代保釣運動作為研究方向的原因有五點。首先，1971年至1972年保釣運動為香港的第一次保衛釣魚臺運動，亦為香港最大規模的保釣運動。此外，這次的保釣運動與世界保釣運動接軌，當時北美、臺灣留學生同時地進行了多次保釣運動。而第一次的保釣運動對當時的學生更有一種喚醒作用，鼓動他們對社會國家和民族的關心。當時香港大學學生會組織回國觀光團，由學生會會長馮紹波率領，其後在香港舉行多場彙報會，學生原本恐共、反共的態度有所轉變[2]，開始信賴以及依靠中共政

1　〈靖國神社示威被拘　郭紹傑嚴敏華據指可被判終身監禁〉，《明報》，2018-12-15。
2　雷競璿：〈香港的第一次保釣運動〉，關永圻、黃子程主編：《我們走過的路：「戰後香港的政

府收回釣魚臺。然而，九十年代釣運令到社會大眾重新關注，特別是陳毓祥先生離世後，由臺北縣議員金介壽和香港立法局議員曾健成領導的新一輪保釣行動，於基隆租用了上千艘漁船出發駛往釣魚臺列嶼。參與者在10月7日成功登陸釣魚臺，並一同在島上同時揮舞五星紅旗及青天白日滿地紅旗的旗幟，以表示釣魚臺是所有中國人的領土[3]，引起兩地民眾的關注。

三、香港的通識教育課程的局限

現時通識教育課程中有關今日香港的部分強調對國家的歸屬感和身分認同，希望同學能對本地和國家象徵、國家歷史事件、文化、山川河嶽，以至本地、國家和世界的重大事件有所關注[4]。惟在期望同學對身分認同與歸屬感的體現前，須瞭解影響歸屬感及身分認同的因素，包括：國家歷史發展、在政治、經濟、社會和文化等，但現時的教育制度、課程中缺少愛國事件的教育，學生未能憑空泛的口號去理解甚麼是愛國。然而，保釣運動是香港一個重要，而未具太大爭議的愛國、保衛國土社會運動，故是補充空缺的極佳選擇。

四、保釣與專題研習評估

小組形式的專題研習會為是次教學的重點，根據〈學會學習：學習領域個人、社會及人文教育諮詢文件〉指出：「跨學科的專題研習讓學生在不同的學習經歷中，將知識、技能、態度與價值觀聯繫起來和應用。」專題研習目的是令學生可從中培養對持續自學的興趣，並以積極的態度改進自己的學習，專題研習適用於任何一個學習階段，包括中學或小學。目前已有不少學校將專題研習歸入課程內，並分配特定時間進行[5]。專題研習不但能推動學生自主學習，亦促進學生把知識、技能、態度和價值觀結合起來，進而培養

治運動」講座系列》（香港：天地圖書出版社，2015年），第202頁。

3 〈揭祕中國保釣烈士第一人慘烈犧牲真相〉，《鳳凰網》，網站：http://news.ifeng.com/history/gaoqing/detail_2012_08/17/16888905_0.shtml#p=1，瀏覽日期：2020-08-31。

4 〈通識教育科課程及評估指引（中四至中六）〉（香港：香港特別行政區政府教育局，2007年），第24頁。

5 詳見〈學會學習：學習領域個人、社會及人文教育諮詢文件〉（香港：香港特別行政區政府教育局，2000年），第17頁。

學生的基本能力，例如批判性思考、創造力、溝通能力、解決問題、運用資訊科技等。進行專題研習過程中，學生應處於主導地位，自行尋找答案，並解答問題，做出個人的獨有見解，而老師輔導學生提出問題的答案。同時，專題研習更能為教師提供有關學生學習情況及相關訊息，成為學生學習成果參考，還能因應學生的表現給予恰當建議，通過研習，進而訓練學生蒐集資料的途徑、篩選資料的策略和表達的方式等難以從課本中學習的技巧及經驗。

是次計畫為各中學師生，設計運用量表和評分類目，方便進行較為客觀的評估[6]。依〈學會學習：學習領域個人、社會及人文教育諮詢文件〉，專題研習尤重培養學生的自學能力，即「學會學習」，包括協作能力、溝通能力、創造力、批判思考，把專題研習的成果，作為檢視學生運用知識的能力。

表1　整體評分的類目：評核學生在專題研習的整體表現

等級	內容
表現較優（A）	同學認真投入學習活動，並在指定時間內完成工作；同學能主動發表意見，提出各種啓發的問題，能與各組員保持融洽及相處，主動與各同學聯絡，充分掌握課題，提出有效的建議，對學習有深刻的體會，提出及找到新的意義及學習方法，使同學學習新的知識，帶動小組同學進行討論。
表現良好（B）	同學雖可以在指定時間內完成專題習作，也願意發表意見，及提出可行的問題，能完成責任，也與組員保持良好的關係，也會協助別人，已掌握課題，但對學習只是有一定的認識，沒有給其他同學提出啓發性的意見，也未能帶動小組成員討論。
表現屬於良可者的同學（C）	未能認真參與有關學習活動及按時呈交工作，也較少參加討論及提出問題，較少主動協助他人，對課題沒有充分理解，未能對學習感到興趣，沒有花心思設計有關報告。
表現屬於較差的同學（D）	未能認真參與有關學習活動及按時呈交工作，成果與原來擬定的題有明顯分別，沒有花心思設計有關報告，出現抄襲情況。
表現欠佳的同學（E）	全沒有依時交報告，全沒有投入；希望老師盡可能不給予此分數，要多鼓勵同學完成此計畫。

然而，在專題研習開始前，老師應簡介保釣運動的過程，以讓同學基礎概念。釣魚臺列島在中、日兩國之間引發的主權、領土爭議源於1894年的甲午戰爭。中國戰敗後簽署《馬關條約》將位於臺灣以東的釣魚臺連同臺灣澎湖等地割讓給日本。隨著第二次世界大戰結束，中國收復臺灣澎湖等地，

6　評分表參考謝錫金、祁永華、譚寶芝、岑紹基、關秀娥：《專題研習與評量》（香港：香港大學出版社，2003年）一書；另參區志堅：〈大學與中學協作計畫：以志蓮淨苑專題研習為例〉，羅永生主編：《二十世紀華人地區的歷史教育》（香港：樹仁大學教學支援中心，2011年），第60-82頁。

美國則占領琉球並收為管轄。1968年，聯合國遠東經濟委員會在黃海、東海進行地質勘測，稱釣魚臺所在海域的海床可能蘊藏石油，而且藏量極高，至此引起各方關注[7]。1969年7月，國民政府對外宣示擁有東海大陸礁層的主權、釣魚臺列島在主權之內，於是有關的主權、領土爭論正式開展，日本政府在次年7月以外交照會的方式否定臺灣國民政府的宣示，釣魚臺問題由是成為兩國之間的爭議。日本政府要求美國將來歸還琉球時一併將釣魚臺移交，臺灣則要求美國歸還琉球予日本時將釣魚臺歸還給臺灣[8]。同時，北京也發表聲明，譴責美、日的行為。釣魚臺的主權、領土爭議自此成了中、日、美之間的國際爭端。香港保釣運動始於1971年2月18日的公開集會，以1972年5月13日的遊行示威為終結，歷時前後一年多[9]。過程中發生七七大示威[10]，令保釣運動被推上高峰，民眾譴責警方使用過量暴力，稱讚保釣的愛國行動，使社會大眾開始支持釣運，社會開始有一股釣運氛圍，也令釣運受到更多大學生支持。1972年5月15日美日按《沖繩歸還協議》將釣魚臺的管治權給了日本，塵埃落定。而九十年代的保釣則源自1996年7月19日日本外相池田行彥宣稱釣魚臺為其固有領土，日本有權驅離進入釣魚臺十二浬內之漁船。及後，日本青年社於釣魚臺上興建燈塔[11]，引致中、港、臺三地人民不滿陳毓祥於同年9月初成立「全球華人保釣大聯盟」，並租用遠洋貨輪「保釣號」（前稱建華二號）前往釣魚臺列嶼宣示主權。「保釣號」於9月22日從香港出發，進入釣魚臺十二浬內海域航行，被多艘日本船艦攔截，後來跳入海中游泳宣示主權以代替搶灘行動。陳毓祥先生也於此喪生，催化港臺保釣人士，以致民眾的不滿，甚到闖入日本駐港領事館[12]。

7　吳天穎：《甲午戰前釣魚列嶼歸屬考》（北京：社會科學文獻出版社，1994年），第199頁。

8　同上註，第201頁。

9　雷競璿：〈香港的第一次保釣運動〉，關永圻、黃子程主編：《我們走過的路：「戰後香港的政治運動」講座系列》（香港：天地圖書出版社，2015年），第193頁。

10　1971年6月17日 美國確定將琉璃群島歸還日本，「保衛釣魚臺中學生行動委員會」在美國領事館示威，令大專院校開始策畫以學聯為代表發動「七七大示威」。1971年7月7日，學聯在維多利亞公園舉行大規模的「保衛釣魚臺七七大示威」，學聯在事前遭市政局拒絕借出場地，但學生堅拒上街抗議，千多名學生於維園高舉紅布標語並高唱「釣魚臺戰歌」，近千名警察在威利警司帶領下向學生進行驅逐及無理拘捕，期間大批警察向群眾施予暴力，引起現場一片混亂。「七七示威」為香港保釣運動的高峰，最嚴重的一次衝突。參〈七七示威真相〉，《中大學生報》，1971年第3卷第6期。

11　羅志平：〈民族主義與兩岸關係保釣運動的虛與實〉，載氏編：《民族主義與當代社會：民族主義研究論文集》（臺北：獨立作家出版社，2016年），第41-42頁。

12　黃偉明：《決戰釣魚臺：一個保釣衛士的自述》（香港：廿一世紀概念有限公司，1997年），第106-107頁。

（一）專題範疇

雖說專題研習可讓同學就保釣自行擬定題目，但為防同學未能訂立合適的課題，可參考下列內容協助同學制定合適的研習課題：

1. 歷史緣由

首先，同學可從歷史緣由探研釣魚臺誰屬的問題。現時，根據學界研究《順風相送》是有關釣魚臺最早的文獻，明朝永樂元年（1403年）使臣往海外各國開詔時，勘查校正航線，用作往琉球群島航標，並名命為釣魚臺[13]，而釣魚臺列島在中、兩國之間引發主權、領土爭議源於1894年的甲午戰爭，中國戰敗後簽署馬關條約將位於臺灣以東的釣魚臺連同臺灣澎湖等地割讓給日本，並於第二次世界大戰結束中國收復臺灣澎湖等地，美國則占領琉球並將之管轄。這帶來兩大問題，若按馬關條約中的協定，釣魚臺應歸於中國或臺灣，而非日本，但若按美日簽訂的沖繩返還協定《美日琉球及大東協定》，則尚有討論空間，此課題尚未有定論，可讓同學進行詳細的討論，老師需要指引同學於過程中應介紹《馬關條約》與第二次世界大戰後的世界基礎局勢，令討論更深入。

評分細目：學生在歷史緣由專題研習中的整體表現

評量類目	占總體表現	A	B	C	D	E
整體內容、論述的內容	35%	報告內已見清楚及鮮明的立場，瞭解歷史文獻如何影響釣魚臺誰屬，報告可援引中外學者、政客論述釣魚臺歷史緣由的理據，並以各類資料支持立場	報告內已見清楚表達立場，能解釋歷史文獻如何影響釣魚臺誰屬，直接採用中外學者、政客的觀點，並在專題中大致能解決釣魚臺的歷史緣由	報告內有立場，並採用他人的論述，但偶有錯誤。雖有用歷史文獻，但未能妥善表述歷史文獻和釣魚臺的關係	資料不全面，立場不清楚，很多問題不能解決，未能回應文獻和釣魚臺的關係	資料太簡單，沒有主動找資料，未能運用資料，甚多錯誤的地方

---

[13] 管建強：〈國際法視角下的中日釣魚島領土主權紛爭〉，《中國社會科學》，2012年第12期。

評量類目	占總體表現	A	B	C	D	E
書面報告	25%	能運用自己的文字表達歷史文獻與釣魚臺的關係，文從字順，內容無誤，清楚交代中心思想，並能分析歷史文件對整個保釣的關係	已運用自己的文字表述歷史文獻與釣魚臺的關係，推論沒有明顯錯誤，偶有錯別字及文句不通的地方	從二手的研究或參考資料中直接引用文字，亦對歷史文獻與釣魚臺的關係沒有深刻掌握，意思不清楚	不能掌握釣魚臺的歷史時序，宜多加閱讀近人對保釣的研究成果，也有語病	難以理解報告中的觀點，甚多錯誤
口頭報告	25%	說話流暢，具眼神交流，也能配合儀表及聲線，聲量具吸引力，吸引聽眾注意，能引發聽眾思考	說話流暢，聲量適中，身體語言表現得宜，有表情交流	說話流暢，可以進一步改善聲量、表達技巧及身體語言	說話頗流暢，要改善溝通技巧	聽眾未能投入，未能聽到報告的全部內容
報告設計	15%	設計有效傳達主題訊息，富有創意，廣引古今地圖做比對，藉圖片影片，瞭解釣魚臺的地理位置，及歷代關於釣魚臺的圖片	設計已傳達主要訊息，能吸引讀者，能找到部分古時圖片作為輔助分析	設計與釣魚臺有關，只找少量的圖片做輔助	設計與釣魚臺不太具關係，亦未能加入釣魚臺的相關相片	設計與內容無關

2. 報章、刊物立場及影響力

除了從歷史層面探究，同學也可從報章、刊物方面進行瞭解。不同報章由於對象、立場不同，以致在報導保釣運動時持有不同的態度。老師應引導同學在認識愛國運動時，也應理解為何有不同報章會持有不同態度，如報章內有稱讚愛國之心，亦有持理性的分析，也有認為保釣是危害社會的。例如《香港工商日報》由於重視經濟和社會穩定，故認為學生運動只是遊戲[14]，而強調愛國情懷的《大公報》則指他們是愛國，釣魚臺的失卻是美日的勾結[15]學生在探查不同報章的過程中，會無形地會拓闊其視野，終尋得其立場和對香港大事，以至國家的歸屬感。

---

[14] 〈保釣分子乘星期例假又玩抗議遊戲〉，《香港工商日報》，1972-04-17。

[15] 〈美日勾結侵釣魚島一群青年繼續抗議〉，《大公報》，1972-04-17。

與報章有所不同，學生報往往圍繞愛國精神、保釣運動的過程、日本暴行、銘記日本的侵占等，而保釣作為大學生為主的社會運動，老師也可讓同學瞭解學生報與社會運動的聯繫。以《中大學生報》報導七七示威為例[16]，刊物採用兩大方向希望呼喚同學參與釣運，包括營造被打壓的氣氛和強調日本過往暴行。中大學生報在報章中透過標題、字眼、引述當事人的話和現場情況營造示威者被打壓的氣氛。於七七示威後的一期學生報，其中一個標題〈喚醒愛國主義・揭露七七示威真相〉，透過報導現場頭戴鋼盔，手持簾盾、警棍，老虎槍及催淚彈的防暴警察對比手無寸鐵的學生、民眾，並強調警察的暴力鎮壓，揭露七七示威的真相。報章指洋警司對群眾的反應視若無睹，繼續下令驅趕人群。從示威未正式開始時，警方便開始發動「無理拘捕」。警察對示威者的步步進逼，甚至有合法採訪的記者亦被亂棍打至重傷，透過讀者同理心態營造示威者被打壓的氣氛[17]。

在強調示威者被打壓的同時，學生報亦以日本過往暴行，希望喚醒同學的愛國情懷。於〈喚醒愛國主義・揭露七七示威真相〉的報導中，學生報先在文章開首喚醒學生「七七」的歷史意義——「七七盧溝橋事變」。中大學生報先喚醒人們對已日本曾經侵略「國土」，屠殺同胞的歷史事實，指出：「日本人忘記了三十四年前的失敗，又再萌侵我國土之念，為了表示我們反對到底，所以決定在七七之日舉行抗議日本侵略釣魚臺示威。」〈七七抗戰・八年血淚〉，中大學生報以大篇幅回顧八年抗日戰爭，包括「重慶大爆炸」、「南京大屠殺」、「八一三」再加入「保衛黃河」、「血的春天」等歌曲，將七七示威與八年抗日戰爭混為一件事而談，指出七七示威與八年抗戰一樣有重要意義，喚醒人們在八年抗戰裡日本如何折磨、殘骸中國百姓，入侵中國領土及當時人們如何保衛國土，意使本身對保釣運動無感、無意見的華人學生加入示威行動[18]。

16　本文挑選《中大學生報》作為研究材料因《中大學生報》比其他的報刊更具完整性，《中大學生報》由中大學生會直接管轄，並未太受港英政府所控制，有系統地編輯有關保釣運動的內容外。另外，中大學生向來關心社會運動，積極參與社運，《中大學生報》能提供全面而又詳細的活動情形。然而，港大學生報《學苑》除了受港英政府所控制，報刊多為一少部分參與人士的文章，如香港大學學生會長《學苑》總編輯陸文強，香港大學學生外務副會長關品方《七〇年代》創刊成員，甚少出現其他人的投稿，成效不大。此外，《學聯報》涉及的院校眾多，難以衡量成效。《學聯報》亦設有常刊，也有特刊，未具完整的思想。

17　〈七七示威真相〉，《中大學生報》，1971年第3卷第3期。

18　〈七七抗戰　八年血淚〉，《中大學生報》，1971年第3卷第6期。

評分細目：學生在報章、刊物立場及影響力專題研習中的整體表現[19]

評量類目	占總體表現	A	B	C	D	E
整體內容、論述的內容	35%	報告內已見清楚分析所探討的報章、刊物之立場及影響力，瞭解報章、刊物為何會存在明顯差異，報告可援引中外學者、政客論述各報章、刊物的評價，並以各類資料支持立場	報告內可見同學對報章的分析，瞭解報章、刊物大部分影響它們的因素，但直接採用中外學者、政客的觀點	報告有一定的立場，但對報章、刊物的分析並不深刻，亦出現少量錯誤引用	資料不全面，未能妥善分析報章、刊物的立場，亦忽視它們對社會的影響力	資料太簡單，沒有主動找資料，未能運用資料，甚多錯誤的地方
書面報告	25%	能運用自己的文字表達保釣運動與報章、刊物的立場、影響力之關係，文從字順，內容無誤，清楚交代中心思想	已運用自己的文字表述保釣運動與報章、刊物的立場、影響力之關係，推論沒有明顯錯誤，偶有錯別字及文句不通的地方	只對部分的報章、刊物有掌握，未能完整說明，意思不清楚	不能掌握報章、刊物的立場，亦未能引用具體例子，也有語病	難以理解報告中的觀點，甚多錯誤
口頭報告	25%	說話流暢，具眼神交流，也能配合儀表及聲線，聲量具吸引力，吸引聽衆注意，能引發聽衆思考	說話流暢，聲量適中，身體語言表現得宜，有表情交流	說話流暢，可以進一步改善聲量、表達技巧及身體語言	說話頗流暢，要改善溝通技巧	聽衆未能投入，未能聽到報告的全部內容
報告設計	15%	設計有效傳達主題訊息，富有創意，廣引報章、刊物的實際圖片，能借圖片有效輔助說明整個報告及藉圖片帶出報章、刊物的影響	設計已傳達主要訊息，能吸引讀者，能找到報章、刊物圖片作為輔助分析	設計與釣魚臺有關，只找少量的圖片作輔助	設計與釣魚臺不太具關係，亦未能加入保釣的相關相片	設計與內容無關

[19] 參見區志堅：〈大學與中學協作計畫：以屏山文物徑的考察為例〉，周佳榮、鮑紹霖、區志堅編：《第二屆華人地區歷史教育論文集》（香港：中華書局，2012年），第183-204頁。此文內附有為學生成績設計的水準測試的評估表格。

（二）保釣運動專題研習的效果和局限

筆者曾邀請梁季彜中學學生三名同學進行上述教案，發現有三大成果和局限。首先，學生透過研習和審視愛國活動後，發現釣運時有大量的學生，包括大學生、中學生均因愛國而參與示威，成功以保釣提升對祖國身分認同。其中有一位同學，更在研習後，希望加以瞭解現今香港的社會發展，仿效以往的學生運動，由此明顯得見其身分認同有顯著的提升。再者，同學從多個層面瞭解釣運的發展，如認識不同文獻的多元表述，擴闊了他們對社會事件的眼界，不再是單方面灌輸愛國思想和就議題給予既定答案，這反而讓同學更能發展創意，對事情有更全面的認知。然而，保釣運動專題研習亦有存在明顯局限，香港的保釣運動資源日漸缺乏，社會關注不足，學界亦缺乏較為系統的保釣資料集，老師在指導學生時須進行深入資料蒐集，期望在此課題日漸受學界、教育界所關注之時，可有一有系統的文獻和研究合輯。

五、小結

香港通識課程的架構相當良好，能讓同學全方位發展，助他們成為一名具分析力、多元思考的未來棟樑。然而，在現行的課程下，身分認同的部分較為薄弱，教育局、老師可考慮借助保釣運動的課程加強同學的愛國之情，或如以上教學建議善用獨立專題探究的機會，讓同學進行保釣的研究，令他們能確切瞭解愛國運動。此類型的專題可使學生逐步關心社會，肯定自己與祖國的聯繫，從而填補課程的缺失。

第十三章　探究學習如何提升學習動機和培養正面價值觀——以元朗區本歷史教育為例

香港樹仁大學歷史系
盧家鴻

一、引言

1999至2000年，課程發展議會就本港學校課程進行了一次全面的檢視，並就此提出「學會學習」，作為新世紀教育發展的焦點。該會主席鄭漢鈞博士指出：

> 「面對廿一世紀的挑戰，香港的教育要走向世界，我們的學生除了在課堂裡學習以外，更要走出學校。在課程要求方面，我們除了要學生學習知識之外，更要他們展開國際視野，學會學習，掌握可帶出學校、可於學校以外享用的終身技能，並養成正面的價值觀和積極的態度，從而達到全人發展，終身學習的教育目的。」[1]

隨後，教育局先後頒布四份課程改革核心文件，包括教育統籌委員會教育改革報告書《終身學習・全人發展》（2000年）、課程發展議會報告書《學會學習——課程發展路向》（2001年）、《基礎教育課程指引——各盡所能・發揮所長》（2002年）以及香港課程發展議會編訂一系列學習領域課程指引（小一至中三）八冊及小學常識科課程指引（小一至小六），將新世紀教育發展藍圖具體化[2]。中學課程自始被劃分為八大學習領域，而歷史科

1　鄭漢鈞：〈主席序言〉，載課程發展議會：《學會學習——課程發展路向》（香港：課程發展議會，2001年）。

2　課程發展議會：《個人、社會及人文教育學習領域課程指引（小一至中三）》（香港：課程發展議會，2002年），第i頁。

則隸屬於個人、社會及人文教育學習領域，旨在「提供相關學習經歷，讓學生認識社會和掌握探究社會議題的技巧；著重對人的瞭解，明白個人及群體與時間、空間及環境的關係，以及人在文化世界及物質世界的位置」[3]。有別於課改前著重培養學科知識，「個人、社會及人文教育學習領域改變以內容主導課程的傳統，鼓勵建構知識，著重探究式學習，增強學生的學習技能，和建立積極的生命價值觀」[4]。

踏入新世紀，「學會學習」、「全人發展」、「終身學習」、「正面價值觀」等用語開始頻密地出現於各式各樣的課程文件，成為香港教育政策的關鍵詞，影響近二十年的學校教育。作為個人、社會及人文教育學習領域的核心科目，歷史教育著重基礎知識與思維訓練相互配合，發揮共通能力，培養人文關懷，讓學生從人類的過去中汲取經驗教訓，學科特色正正契合香港教育發展的大趨勢。

自2014年起，筆者任教的中學以區本歷史出發，讓學生從周遭生活環境，探索身分，逐步將中央課程、延伸經歷、實地考察、口述歷史、參考文獻、專題研習有機結合，從單一主題、少數學生參與的活動，發展成今天以提升學習動機和培養正面價值觀念的校本課程。本文嘗試梳理及總結過去經驗，希望與學界分享，由於學力限制，幼嫩疏忽之處一定不少，尚祈高明方家不吝賜教，讓筆者完善教學。

二、課程架構

筆者綜合參考了香港課程發展議會編訂的《個人、社會、人文教育學習領域課程指引（小一至中三）》[5]、《歷史科課程綱要（中一至中三適用）》[6]以及《歷史課程及評估指引（中四至中六）》[7]結合學校辦學宗旨、

3　同上，第iii頁。

4　同上。

5　課程發展議會：《個人、社會及人文教育學習領域課程指引（小一至中三）》（香港：課程發展議會，2002年）。

6　課程發展議會：《歷史科課程綱要（中一至中三適用）》（香港：香港政府印務局，1996年）。

7　課程發展議會、香港考試及評核局：《歷史課程及評估指引（中四至中六）》（香港：課程發展議會，香港考試及評核局，2007年）；參區志堅：〈大學與中學協作計畫：以屏山文物徑的考察為例〉，載周佳榮、鮑紹霖、區志堅編：《第二屆華人地區歷史教育論文集》（香港：中華書局，2012年），第183-204頁；鄧昌宇、區志堅等編著：《屏山故事》（香港：中華書局，2012年），第6-14頁。

學校發展關注事項，製訂出校本歷史科課程架構，透過「中央課程」以及「區本歷史探究」以及「民族歷史探究」，系統地協助學生學習如何進行歷史探究的理念及技巧，再透過區本情境和延伸經歷，讓不同能力的學生實踐所學，並按興趣進行歷史探究，從中建構知識。課程設計理念，詳見下圖：

<table>
<tr><th colspan="3">教學設計</th><th>目標</th></tr>
<tr><td rowspan="3">中央課程</td><td>單元主題</td><td>● 人類文明
史前文明、古埃及、古希臘、三大宗教。
● 人類探索
歐洲封建時代、文藝復興、法國大革命、工業革命、地理大發展、殖民主義擴張、兩次世界大戰、冷戰。
● 香港歷史
不同時代香港居民的生活、傳統農村生活、香港開埠、20世紀發展與成長。</td><td rowspan="3">● 認識人類的智慧、經驗與價值觀，培養對不同文化的尊重、欣賞。
● 讓學生掌握歷史思維以及處理資料的能力，以提升其自學探究的能力。</td></tr>
<tr><td>歷史思維</td><td>時序觀念、原因與後果、轉變與延續、歷史重要性、歷史的詮譯。</td></tr>
<tr><td>處理資料</td><td>蒐集資料：參考文獻、口述歷史、實地考察。
分析資料：比較歸納、脈絡化思考。</td></tr>
<tr><td>區本歷史探究</td><td colspan="2">● 從屏山鄧氏建築的吉祥紋飾，探究背後寓意及時人價值觀念，將成果製作成專題展覽，開放予公眾參觀。
● 透過參考文獻、口述歷史，蒐集日占時期元朗的反抗與苦難，設計考察路線，與學生、教師、家長一起歷史散步。
● 選取個人舊物，透過口述歷史、文獻參考，探究其背景，以反映個人與家庭、社區和國家的關係。
● 以傳統建築、圍村建築、私塾教育、宗教仰信、傳統習俗、英占元朗和日占元朗為探究主軸，以個人舊物、歷史建築及非物質文化作為探究對象，反映元朗居民的生活和價值觀念。</td><td rowspan="2">● 以區為本，理解香港、中國及世界的互動。
● 透過延伸經歷，鼓勵繼續探究，促進人文素養。
● 透過分享成果，提升學習動機，從個人的成就感轉化為探究歷史的使命感，鼓勵終身學習。</td></tr>
<tr><td>歷史探究</td><td colspan="2">● 歷史文化考察
● 大學培訓課程
● 歷史探究比賽</td></tr>
</table>

三、課程特色

（一）從區本出發，尋根溯源，促進人文素養

筆者任教的中學隸屬香港新界元朗區，歷史悠久，可謂探索香港歷史文化的寶藏。中原人士於宋朝遷居元朗，世代繁衍，澱積洋洋大觀的氏族文化。英國租借新界，元朗居民對抗侵略。日本侵華，香港淪陷，元朗成為

拯救文化精英的重要據點。學生的父母祖輩大都是內地移民，與內地淵源深厚，其個人、家族歷史正是當代中國發展的縮影[8]。以上所述，皆為區本探究的核心內容，學生利用中央課程所學到的知識與技巧，探索元朗，再由此出發，配合延伸學習經歷，繼續探究，促進人文素養的發展[9]。

（二）學科提供廣闊知識基礎、世界視野；以區本情境，讓學生探究香港、中國與世界的互動關係

區本探究屬於校本課程，是中央課程之延伸。學習世界歷史，可以讓學生認識不同種族的生活方式與價值信仰、美德與智慧，培養對不同文化的尊重、欣賞，並以此知識、態度為基礎，探索元朗的傳統文化。此外，透過探究英國租借新界、日本占領元朗等歷史事件，學生從中理解，元朗雖為鄉郊一隅，其發展軌跡與中國密不可分，而中國置於世界歷史洪流之中，又自然而然地受之影響。學生從元朗出發，聯繫中國與世界，例如第二次世界大戰時，元朗居民與歐洲以及亞洲其他地區的人民的共同遭遇，從認知上建立時空脈絡，縱向追源溯流，橫向對照比較，更立體地認識香港、中國與世界的互動關係[10]。

（三）以啟導方式促進學習，再透過延伸經歷，深化體會

中央課程旨在系統訓練學生歷史探究所需的理念及技巧，再透過區本情境，讓學生實踐技能，從中建構知識以及培養正面價值觀念。過程當中，教師擔當學習的促進者，透過技能訓練、創設開放性探究主題、提供能力為本的評估準則、進展性評估以及適時回饋，引導學生探索、發現。過程當中沒有預設答案，亦沒有既定的價值標準[11]。區本探究是初中歷史科的必修課

8　盧家鴻：〈善用區本歷史資源〉，《星島日報》，2018-09-18。

9　「人文素養」的內涵是指：「相信自己是獨特的和有價值的、對自己有高期望和經常追求卓越，關注他人的福祉和願意為共同福祉做出貢獻，珍視歷史和文化作為人類的共同經歷，加強對美的欣賞的能力，熱愛大自然和關注它的可持續發展。」課程發展議會：《個人、社會及人文教育學習領域課程指引（2017）（擬定稿）》英文版，網站：https://www.edb.gov.hk/tc/curriculum-development/kla/pshe/curriculum-documents.html，瀏覽日期：2020-08-31

10　盧家鴻：〈善用區本歷史資源〉，《星島日報》，2018-09-18。

11　羅天佑、梁操雅：〈實地考察探究：作用與實踐〉，《實地考察探究理論與實踐》（香港：學術專業圖書中心，2011年），第8-9頁；參見區志堅：〈宗教與寺觀文化：黃大仙祠的文化考察〉，

程，讓學生按照個人興趣進行觀察、研習。在此基礎上，配合學校多元延伸經歷，鼓勵繼續探究。

（四）鼓勵分享探究成果，促進學習的成就感、學習歷史的使命感，願意為歷史傳承貢獻自己

把握學習者的特質，對促進學與教成效有至關重要的影響。筆者對學習動機的理解是：「知之者，不如好之者；好之者，不如樂之者；樂之者，不如為之者。」這些都屬於促進學習的內在動機，除了個人興趣與能力外，成就感亦非常重要。因為自信學得到，所以願意繼續學，這是尋常不過的道理，但筆者認為學習動機不應該局限於此。當下強調的終身學習，需要學生懷抱一種堅定的價值信念，即使人生面對什麼困難，仍然願意不斷學習，求學問道，力爭卓越，鍥而不捨。

中國傳統讀書人嚮往「為天地立心，為生民立命，為往聖繼絕學，為萬世開太平」，就是所謂的「樂之者，不如為之者」。歷史人，是有使命的。所以，上述校本課程重視學生分享探究成果：考察團的小組分享、早會講話、結集出版個人反思，以至公眾展覽、到區議會彙報學習成果、接受媒體訪問、為區本歷史推廣擔當導覽員等。展示探究成果，就是讓學生由別人的肯定到自我肯定，繼而反思歷史本身的意義——人類美德、智慧、經驗與教訓，最後願意從歷史中發掘更多更多寶藏，為歷史代代相傳貢獻自己[12]。

四、課程實踐

（一）中央課程

1. 知識、技能、態度互相配合，讓學生以歷史思維認識世界，培養欣賞、尊重

歷史科課時非常緊張，初中課程每週只有二節課，所以，對於教學內容

戴氏編著：*The Perspective of East and West Culture* (Singapore: Macmaillian, 2008), pp.20-32.

[12] 2018年教育局課程發展處更新初中歷史課程，當中在培養學生價值觀和態度方面首次明確提出：「願意為古物古蹟的保護、文化承傳的保育，以及歷史文化的推廣盡一己之力。」課程發展議會個人、社會及人文教育委員會：《個人、社會及人文教育學習領域歷史科（中一至中三）修訂課程大綱》，網站：https://www.edb.gov.hk/tc/curriculum-development/kla/pshe/Chinese_history_History_circular_memorandum_documents.html，瀏覽日期：2020-08-31。

及主題要有所聚焦、取捨。筆者參考《個人、社會、人文教育學習領域課程指引（小一至中三）》，將「人與時間」和「人與文化」兩大學習範疇有機結合，並以歷史思維訓練貫穿不同的單元教學，每個單元確立清晰的學習目標，藉此建立校本課程鷹架，讓學生以歷史思維認識人類的生活經驗與價值信仰，明白一個民族的文化乃長期沉澱的結果，體現智慧與選擇，期望學生能以欣賞、尊重的態度對待世界歷史與文化，並以此知識、態度探究自己的社區。

2. 透過視聽教材及課外閱讀，訓練學生「處理資料」的能力，促進區本探究的成效

校本課程重視訓練學生處理歷史資料的能力，課堂善用視聽素材，課後鼓勵閱讀，一方面增加學科趣味，照顧不同學習風格；另一方面促進學生認識口述歷史、歷史檔案、實地考察、參考文獻等蒐集資料的方法，引導學生明白歷史學家如何透過比較歸納、脈絡化思考，從千頭萬緒的資料中，發現歷史。課程期望學生能從中央課程中掌握區本探究所需的技能，懂得如何從古物古蹟中尋找證據，並以口述歷史、文獻參考等方法，從歷史的脈絡中理解香港、中國與世界的互動關係。

（二）區本歷史探究

透過「中央課程」，學生系統地認識世界歷史以及「歷史思維」、「資料處理」，這屬於歷史探究的一般理論及技巧。學生對此有所認識以後，再透過「區本歷史探究」應用所學、鞏固所學，由此建立個人的歷史知識、技能及價值觀念。自2014起，筆者任教的中學推行區本歷史探究課程，現將主要教學設計臚列如下：

1.「祥瑞駢臻——屏山鄧氏建築的吉祥紋飾」

按文憑試要求，學生需要以歷史研習方式選修「比較歷史」、「歷史議題」、「本地文化承傳」，最後以論文形式，呈現研習成果，以此作為「校本評核」的依據。根據過往經驗，學生只會選修「比較歷史」以及「歷史議題」，因為這與公開考試有較直接關係，可惜這種選題偏好無疑窒礙了學生對本地歷史與文化的認識。

有見及此，筆者任教的中學於2014-2015學年，參與由古物古蹟辦事處資助的展覽活動，由中四級歷史科學生以「屏山鄧氏建築的吉祥紋飾」為題，進行歷史與文化探究，最後將成果製作為展板，並於「屏山鄧族文物館暨文物徑訪中心」作為期六個月的公眾展覽。是次活動將常規課程、其他學習經歷以及歷史探究做了有機結合。整個研習過程分為「實地考察」、「擬定問題」以及「專題報告」三部分進行。

（1）實地考實

筆者利用歷史課堂，帶領全體中四歷史學生到屏山文物徑做實地考察，沿途講解鄧氏建築的歷史與文化，並介紹磚雕、灰塑、簷板、壁畫等建築部件的圖案。學生一邊聽講，一邊拍攝記錄。由於全體學生都在附近居住，方便課餘時間再次考察。

（2）擬定題目

學生須按圖索驥，從相片中辨析紋飾的圖像，之後按相關要求，蒐集紋飾的名稱、寓意、典故，最後從花卉蔬果類、動物類和人物故事類三方面，選取其中一類紋飾做焦點探討。選取題目方向以後，學生須與筆者面談，就探究角度及資料取材做深入交流，最後提交探究計畫。

（3）專題報告

除了參考網上資源，學生需要參考最少三本學術書籍，並按照課堂上教授的書目要求，交代參考資料的出處，最後提交專題報告。學生發現了不同紋飾背後其實與鄧氏的價值觀念以及建築物的功用有著密切的關係：寓意子孫繁衍興旺的「瓜果」、福祿壽考的「動物」以及歌頌孝悌的「戲曲人物」通常出現於祠堂；勸勉後人珍惜光陰勤學高中的「歷史故事」用作書室裝飾書室。

這些紋飾背後的傳統價值觀，例如男尊女卑、功名利祿、忠於君主等，已被時代淘汰，但孝順父母、尊老敬老、樂善好施等信念至今仍為世人所推崇。學生的發現，正正體現了本科所強調「時間、轉變與延續」、「歷史的詮釋」、「風俗與習慣」等歷史思維，呼應了常規課程的學習目標。

2.「歷史散步：日治時期的元朗」

自新高中學制推行以來，高中歷史科設有校本評核，發展學生自學探究，以及提升其研習歷史的興趣與能力。唯教育局、課程發展議會與考評局於 2012年共同展開新學制檢討，議決取消中學文憑試歷史科校本評核，並於2018年正式實行[13]。筆者與其他課任認為以校本模式進行歷史探究，既可減輕考生應付公開試的壓力，又可保留原來校本評核的學習意義，加上2014-2015學年「祥瑞騈臻——屏山鄧氏建築的吉祥紋飾」的成效，所以更有信心擴大學生參與人數，爰於2015年，在中二級及中三舉辦「歷史散步：日治時期的元朗」。

（1）組織多次區本考察活動

先後組織中二級全體學生、中三級學生以及高中修讀歷史、中國歷史的學生分批考察「潘屋」、「仁興學校」、「適廬」、「筱廬」、「山下村」、「清暑軒」以及位於元朗公園的「二次世界大戰殉難同胞公墓」；家長教師會更以此作為2015學年家教會大旅行的重要環節。全年共組織八次史蹟考察，參與人數逾二百人，參與者涵蓋校長、教師、家長及不同年級的學生，乃學校近年於「個人、社會及人文教育學習領域」的最大型活動之一。

（2）配合校本課程，增加口述歷史訓練

自2001年開始，筆者任教的學校已於中二級實施專題研習課程，學生對問卷、訪問、擬題、撰寫報告、口頭彙報等技巧已基本掌握。為了配合學科特色，學校遂於中三歷史科課程增加口述歷史訓練，讓學生深入認識如何透過人物訪談蒐集歷史資料。

（3）課後約見小組代表，利用面談回饋學生

活動以中三香港史關於「日本占領香港」作為切入點，全級分成十二組，每組四至五人，採訪一名長輩，記錄有關日占時期元朗的歷史。由於初中歷史科每星期只有二節課，時間極為緊張，加上題目各異，師生交流只可於課餘時間進行。課任老師逐一約見小組代表，一方面瞭解其學習進度，另方給予即時回饋，使探究活動保持「自主」而非「自流」的本質。

（4）老人口述血淚史，撼動學生心靈

中三學生透過這次歷史探究共採訪了十二位老人，一位老人就是一份血淚，一份永誌難忘的記憶，學生從中瞭解到日本占領香港期間，元朗居民承受的苦難以及反對侵略的決心、勇氣，這些感性認知一方面緊扣課程，另方面為學生應用所學的歷史探究技能創會機會，亦讓學生體會和平的可貴以

[13] 教育局、課程發展議會和香港考試及評核局自2012年共同展開新學制的檢討工作，並於2015年決定調整新高中科目課程，當中包括取消歷史科校本評核安排。參見教育局課程發展處、香港考試及評核局〈新高中學習之旅——優化新高中課程及評估優化新高中課程及評估的建議歷史科〉，網站：http://www.hkeaa.edu.hk/DocLibrary/HKDSE/Subject_Information/hist/HistAssessReview-2013May.pdf，瀏覽日期：2020-08-31。

及面對困難逆境的堅毅精神。是次計畫可謂學用兼備，全方位促進學生的知識、技能及價值觀發展。

3.「沉鉤舊遺：歷史專題報告」

基於「祥瑞駢臻——屏山鄧氏建築的吉祥紋飾」和「歷史散步：日治時期的元朗」的經驗，筆者與其他課任老師相信學生具備一定能力進行歷史與文化探究，過程中，普遍學生做到自主學習：自己設訂題目，並透過查找文獻、採訪人物、實地考察等技巧，探究歷史與文化現象。所以，於2016-2017學年將探究活動進一步擴展至全體初中學生以及中四至中五歷史學生。

（1）配合其他學習經歷，設計探究活動

長期以來，學校重視常規課程與其他學習經歷的配合，透過參觀專題展覽以及實地考察，訓練學生從文物、遺址中尋找歷史與文化，藉此豐富其知性與感性的認識，促進其歷史思維與探究能力，這便構成了「沉鉤舊遺：歷史專題報告」的核心意念。所謂「尋鉤舊遺」，就是選取一件舊物，探究其相關故事，以反映學生個人與家庭、社區和國家的關係。由於人數眾多，為了促進學生聚焦探究，筆者與相關課任老師特意安排了兩節課時間逐一面見學生，以討論探究計畫。

（2）按年級調適探究要求，題材廣泛，意義深遠

初中學生需要透過口述歷史形式，訪問與對象相關的人士，以探究個人成長的歷程。大多數學生選取與家庭有關的對象，例如取記錄自己不同成長階段的相片簿。透過訪問父母照片背後的趣聞軼事，學生發現了不少自己所不認識或已經忘記了的回憶，學生發現了自己尚在胎兒階段的電腦掃描以及媽媽在相片旁邊寫下的懷孕心情。高中學生除了口述歷史外，還要參考其他學術文獻，以反映時代社會背景、價值觀等人文元素。學生的選材廣泛，例如族譜以及祖輩手書的餐廳食譜等。有學生提供了開國元勳董必武邀請其祖母的父親北上參與建國的手書信箋，下款日期為1949年10月2日，堪稱國家一級文物，事件早已被國家媒體報導，透過這計畫才在本校曝光。

五、教學反思

（一）對歷史教育的理解與區本課程的發展

回顧過去，上述課程的發展方向經歷了幾次變化，同時亦反映了筆者不

同階段對歷史教育的理解。最初，筆者理解「歷史」就是「對過去不同的理解」，而理解因人而異，歷史教育的首要任務並非傳遞歷史知識，其重要性沒有構建歷史的能力重要。所以，筆者著重建立了一個以能力為本的單元教學模式以及課程鷹架，希望藉著發展學生的歷史思維，讓學生循序漸進地學習回應不同程度的提問用語，以應付公開考試的實際需要。

直至推行「屏山鄧氏建築的吉祥紋飾」，嘗試以區本歷史探究，促進學生尋找民族身分。過程當中，筆者看到了學生展現一定的自學能力與探究精神，對紋飾背後的價值觀念有深刻體會，其學習表現與平時應試操練，截然不同。還記得當時參觀公眾展覽，看到自己的探究成果製作成專業展版，學生自許內容比其他學校更具學術水準，如有機會，他們應該如何改善。學生這種對學習成果的滿足、自我反思、自我要求，以及對民族文化的興趣，啟發筆者及其他課任老師從促進成就感入手，引導學生繼續探究。

筆者嘗試加強聯繫單元教學以及區本探究，讓學生從區本探究中深入瞭解平時上課的教學內容，期望產生一種互補效果。因應區本歷史資源，爰推出「歷史散步：日治時期的元朗」，引導學生從元朗中發掘日本侵華歷史，認識民族近世苦難與憂患。結果，學生投入學習，主動探究，他們同情受苦的元朗居民，譴責侵略者的惡行，敬佩保家衛國的英雄，反思當下和平的可貴與戰爭的恐怖，這些學生反思，處處契合中華傳統的人文關懷：憐天憫人、見義勇為、捨身成仁、崇尚中和，亦側面反映學生對香港、中國與世界的互動有感性的認識。

佳作頻出，驚喜不斷，這觸發筆者大膽嘗試擺脫歷史文本的局限，跳出單元教學框架，以生活與歷史的關係作為探究主線，讓學從生活中尋找人類的智慧與經驗，於是推出「沉鉤舊遺：歷史專題報告」，藉著探究一件舊物的歷史，讓學生明白個人與家庭、社區、香港以及國家民族的人倫關係。喜出望外的是，學生十分信任老師，將很多家庭、家族的往事娓娓道來，可惜，大部分作品流於記敘與抒情，只有小部分學生能夠藉此反映故事背後的時代意義。這次試驗也不無教訓，令筆者明白現時的教學設計過於放任自流，引導了價值觀培養，但未能突出研習歷史的特質。在區本探究試行之初，計畫的原則是盡量讓其自行探索，於是只定出探究主題，老師從旁協助，這對能力較高的學生，產生預期的效果，但對能力稍遜的學生，他們只能做到觀察、記錄，未能緊扣社會背景做深入探究。

上述經驗啟發了校本歷史課程發展的新方向，筆者及其他課任老師整理過去成功的元素，並在此基礎上，加強設計教學內容，將「主題為本」更改為「問題為本」，例如將學習任務由「探究建築物的吉祥紋飾」聚焦為「建築物的特色如何反映當時社會的價值觀念」，這樣則使學生將注意力集中在更深層意義的探究，於是便有了鉤「尋」元朗：區本歷史與文化探究計畫的誕生[14]。

（二）學生的價值觀與態度

筆者任教的學生主要來自天水圍的基層家庭，父母雙職情況不為罕見，學生普遍欠缺家庭支援，其活動範圍往往局限於就近社區，視野並不開闊，遇到困難欠缺堅毅精神，自我形象有待提高。筆者相信，以問題探究為本的學習模式能提升學生的自尊感以及培養正面價值觀，從而促進學生整體學習動機，原因有兩點：

第一，探究學習本身就是一項創意解難的任務，最終的成果是獨一無二的，其成色全憑自己的投入、反思，而過程中，教師、小組成員陪伴相隨，共勉砥礪，形成學好的學習氛圍。本科組織的境外考察、分享會，以及參與全港性的公開比賽，學生不單有機會展現學習成果，更受到老師、同學，甚至社會肯定，大大促進學生的自我認同，返過來，更積極參與歷史探究活動。

第二，人類歷史路漫漫兮，筆者深信推動其發展的原動力總離不開人的善性與智慧，探索其中，必然有所發現。所以，學生在個人反思抒發不同的得著與體會，例如吉祥紋飾豐富了學生對中華民族智慧的認識；透過日本侵華、占領香港的歷史，認識到戰爭的可怕，學懂和平的可貴，感激老一輩的無私奉獻，以及欣賞前人面對逆境時展現的不屈不朽，迎難而上的決心與勇氣，從而活在當下、自強不息。從歷屆的報告所見，學生的人文素養，國家意識，民族情懷，正逐步提升。

[14] 「尋」者取「沉」的諧音，希望學生能從自己生活的社區中探究其歷史與文化，感受歷史的真實性。筆者任教的學校於2018-2019學年獲優質教育基金撥款資助，在校內初中課程引入區本歷史探究元素，進一步發展校本歷史課程。

（三）學生的學習動機

近年來，經教育局中央派位以及本校自行收生所取錄的新生質素均屬於中上水準，屬於區內第一及第二級別。學生整體學習表現尚算不俗，願意聽從老師教導，當中不乏資優學生，具備向學求進之心，唯學習欠主動者為數非少。筆者嘗試以歷史探究的角度切入課程與其他學習經歷，有效提升學生的學習動機。

筆者相信學生具備一定能力進行歷史與文化探究，過程中，普遍學生做到自訂題目，並透過查找文獻、採訪人物、實地考察等技巧，其模式正在改變。透過資料的蒐集、詮譯，最終發現歷史的多元面向，沒有既定答案，結果全憑個人決定，過程充滿神祕，這種模式有助促進好奇心，加上區本探究促使學生體會日常生活與歷史的關係，推動內學生的在學習動機。在歷年探究活動中，學生積極投入，願意與老師、同學分享個人、家庭、宗族的歷史，在眾多報告中不乏佳作，所以，在中學文憑試歷史科的校本評核表現，整體成績令人鼓舞。

由於初中歷史科課時有限，絕大多數活動都在週末或者假期進行，這大大提升了舉辦活動的難度，但事實上，大多數學生的出席率超過九成，這反映學生樂於參與這些活動。其實，除了參與課外活動，學生平常亦喜歡參與歷史課堂，因為老師上課並非照本宣科，而是大量借助電影、紀錄片、專題講座、歌曲等視聽教材輔助，一方面希望增加課堂趣味，照顧不同學生的學習風格，另方面為歷史課堂增加一定程度的神祕感，令學生有所期待。

（四）學生的公開試表現

筆者任教的學生普遍書寫表達能力不強，而歷史科考核的概念相當抽象，兩者存在矛盾。筆者根據課程指引將公開試考核學生的概念、能力分類成「歷史思維」，並按「通達學習」理論，將不同的歷史思維按學生能力差異加以調適，從中一到中六，程度漸次增加。這種設計有助學生將抽象的概念分層理解，促進學習成效。據本校文憑試考生試卷分析報告顯示，本校學生在卷一分析資料的表現普遍高於全港水準。

六、小結

香港開埠至今，由傳統農村蛻變為國際城市，到處都是可資探究的歷史資源，最常見的便是法定古蹟與文物建築。古物古蹟辦事處於上世紀末進行了一次全港歷史建築物普查，當時記錄了大約八千八百幢建築物，並就當中一千四百多幢建築物的歷史價值進行評級。而根據《古物及古蹟條例》，目前本港共有一百一十七項法定古蹟，可謂區區有歷史。只要登入古物古蹟事處的網頁，各區的法定古蹟、文物建築、主題文物徑，一目了然，透過適當的教學設計，中央課程以及區本歷史探究有機結合，便成為校本乃至區本特有的歷史文化考察路線[15]。

經驗所得，如果學生對歷史科存有「死記硬背」、「照本宣科」、「與生活無關」等負面解讀，其學習動機不會高，即使因為其他因素，勉強去讀，成效往往強差人意。相反，如能提升學生的內在學習動機，透過適當的教學設計，締造情境，讓學生感受和體會歷史與生活的聯繫，從中找到可資應用的知識與技能，甚至從中學習人類的智慧與美德，相信學生的學習動機自然增強，學習成效亦會隨之而提高。

---

[15] 盧家鴻：〈善用區本歷史資源〉，《星島日報》，2018-09月-18。

第十四章　粵港關係的歷史教學：南石頭難民營

香港抗日戰爭研究會
吳軍捷

一、引言

中國歷史對現今的教育占有一個十分重要的位置，每個學生都需要認識自己身處地方的歷史。歷史課程希望學生能夠透過研習歷史，認識和關心國家民族，並反思過去與現在的不同，隨著時代的進步，展望未來的發展路向。學生研習前人所累積的生活經驗，反思歷代歷史的意義，加強自身的分辨能力，從中學習，明白昨天發生的事情已能夠作為歷史而且能夠作為經驗所吸收。歷史教育可以讓學生通過對國家歷史與文化的學習與反思，加深對國情的瞭解，從而增加自己對國家、民族的認同，又可以讓學生更深入瞭解本土的文化傳統，認識和汲取不同文化的特長，進而培養其恢宏的世界觀[1]。

南石頭難民營是在歷史上被埋沒的一大事情，牽涉香港與廣州的歷史，至今歷史教育或者通識課程中都鮮有提及。本教案希望能夠透過對南石頭的研究，增強粵港關係，對香港與中國的聯繫加深，拉近兩地之關係，對學生灌輸兩地歷史，能夠對彼此加深認識。而南石頭難民營亦牽涉到香港的本土歷史，在日占時期所發生的事情之中都是環環相扣，在香港的歷史教育是必須要提及的，特別是日占時期的粵港關係歷史，在今天的中國歷史教材雖有專題給各中學介紹日占時期的香港史，但尚未多注意此時一段粵港關係深刻的香港史，同時，此課題很重要，不只是要求學生認識本土歷史，對自己身處地有一定的認識，更重要使學生瞭解粵港文化相連，藉探討南石頭事年才能瞭解過去粵港關係。

1　《中國歷史科課程及評估指引（中四至中六）》（香港：香港特別行政區政府教育局，2007年），第5-6頁。

對歷史資料進行分析批判，辨訛剔偽能夠令學生學習批判能力，培養研習、解難等共通能力。歷史是記載和解釋人類活動進程，對時代的映射。歷史的問題在於不斷發現真的過去，在於用材料說話，讓人如何在現實中可能成為可以討論的問題。再配合通識教育，學生能夠透過對歷史的認識，增強自己的身分認同。在通識課程指引提及，「個人在不同社群中的身分和角色；作為香港居民及中國公民的身分認同；對本地、國家及世界的認知和關注；在相互依存的世界出現的世界公民身分等」[2]，由此可見學生個人身分認同及自我價值觀的確立是課程的重心，要達到此要點，學生須配合對中國歷史和文化的理解，認識香港過去的歷史[3]。

二、粵港關係

粵港關係的密切自滿清開始，兩地已經有互相交流的活動。在地理上，香港背靠著廣東，在英國占領香港之前，香港在行政上被納入廣東所管轄。自英國占領香港後，在香港的英商利用廣東作為對出口貿易的一個重要地方，而華南及西南的產品，亦需要透過廣東轉運香港出口。隨著經濟活動的增加，粵港關係亦隨之密切。再者，歷史上有超過九成的香港居民都來自廣東。自香港開埠以來，吸引了大量的粵人來港營商。在19世紀之後，這些華商已經遍布其網絡於粵港兩地，促進了粵港兩地人員的交流[4]。

在現時中學中國歷史科的課程裡，只有在改革開放的課題才鮮有提及粵港關係[5]，至於香港史並沒有被列入課程裡面，而是放在世界史上。而粵港關係更加是一直被忽略，在現今的課程裡，需要增加粵港關係的課題。此文提及南石頭難民營的事件，是要顯出粵港之關係是十分密切，從而可見中國與香港是不可分割的。

南石頭的慘案，我們不但要保存這個苦難歷史，從而聯繫兩地之間的交流，實施愛國主義的教育思想。現時香港青少年缺乏對歷史的認識，尤其是中國歷史與香港史，亦缺乏對國家的認同感。若然透過加強對本港青少年的

---

2 同上註，第20-21頁。

3 課程發展議會：《學會學習：學習領域個人、社會及人文教育諮詢文件》（香港：香港教育統籌局，2005年），第2-7頁。

4 張俊義：〈20世紀初粵港政局之互動〉，載於陳明銶、饒美蛟編：《嶺南近代史論——廣東與粵港關係1900-1938》（香港：商務印書館，2010年），第173-174頁。

5 《中國歷史科課程及評估指引（中四至中六）》，第20頁。

中國歷史和國情教育，讓他們認識近代以來中華民族救亡圖存、發憤圖強的歷程。

筆者曾去信中國文物保護基金會，希望能夠將南石頭列為文物保護，以研究日軍侵華罪行的地方[6]。若然能建立廣州南石頭侵華日軍細菌武器大屠殺紀念館，更加能夠以一個生動活潑的方式吸引兩地青少年的參與，有助香港青少年認識歷史。

香港抗戰歷史研究會的成立宗旨是蒐集整理香港抗戰歷史資料、研究分析史料真偽及宣傳推廣傳承香港抗戰歷史文化，已經在香港正式註冊，是香港特區政府認可的非牟利歷史研究學術團體。在過往舉辦過不同的活動，例如在2016年11月2日舉辦「毋忘歷史，守護香港」、2016年12月8日舉辦的「正視歷史，守護香港」兩次報告會。在抗戰七十週年紀念，亦舉辦過香港抗戰文化展覽，全面介紹香港英軍、美軍、國民黨、共產黨軍隊聯手抗日的史蹟，協助香港市民瞭解抗戰一事[7]。

三、簡述南石頭事件

1942年1月至1943年，日軍將數十萬香港難民遣返回廣州，關押至珠江轉彎處的南石頭周邊，主導了慘無人道的細菌戰屠殺。今年廣州市兩會上，市政協學習和文史資料委員會遞交了相關提案，建議建立廣州南石頭粵港難民遺址紀念館。

早在1941年年尾，日軍攻陷香港，已有大批香港難民經水路進入廣州，而從水路進入廣州，南石頭是必經之道。1942年香港淪陷，日本侵占者當局為把大批難民驅逐出去，不堪一百五十多萬的香港人重負，造成糧食壓力、衛生壓力，乃至防衛壓力，頒布華人疏散方案，實行歸鄉政策並且成立歸鄉委員會[8]，更誘騙回廣州，有說是給予在廣介提供工作及食宿，由是使很多居港的中國市民回廣州，並放排入住南石頭難民營。

自1942年1月11日起，當局安排的免費歸鄉船正式起航，香港居民源源不斷地湧入中國內地。

日占時期在廣州的日人建立的偽政權，沒預料到大量香港難民的湧入，

6　香港抗戰歷史研究會：《香港人不應忘記……南石頭難民營》，2017年。

7　同上註。

8　譚元亨：《粵港1942——南石頭大屠殺》（北京：西苑出版社，2015年），第58頁。

對廣州造成極大的壓力。由於當時廣州已被日軍占領三年，其不想破壞其「共榮」的氣氛，於是採取細菌戰的政策，在居南石頭難民營的中國難民食物內，投下鼠疫細菌、傷寒細菌等，對這些難民進行細菌實驗。

根據日軍波字8604部班長丸山茂的證詞：

> 大量屠殺香港難民的細菌戰，起因於日軍對香港的侵略。昭和17年（1942年）1月，香港的軍政廳企圖把市民趕出占領區，開始徵收香港、九龍的糧倉、物資，這使香港居民陷於嚴重缺糧的境地，這時，軍政廳發出公告，只要市民回家鄉，就發給糧食。
>
> 那些人從珠江溯流而上，……，不讓他們進入廣州市，而關在灘[南]石頭難民收容所裡，施以慘無人道的細菌戰。

直至1944年7月，當局決定停止辦理免費歸鄉。在1941年3月的非官方統計中，「港九共計一百四十四萬四千三百三十三人；新界約二十萬人，總計一百六十四萬餘人，加上未統計在內的露宿者至少二萬七千人，已接近一百七十萬[9]」。而「戰前港九包括新界在內，居民估計一百九十餘萬[10]」。到1945年8月15日日本投降時，香港人口降至六十萬人以下[11]。有些人在被逼歸鄉途中，因為飢餓、體力問題而死亡。有些人在歸鄉的船上被虐打，嘗試逃跑被發現，則會被處死。再根據當時船上的難民何瓊菊的證言[12]：

> 船進入內河航道，到了南石頭，就被日軍攔住了，不允許上岸，說要經過檢疫才放行，要驗大便。如果認為有問題的，就會被拉進傳染病室，有去無回了。……原來在香港上船的四百八十人，只剩下四十餘人了。

可見每天都有難民被日軍以大便有問題而帶走，而且是一去不返。

日本所實施的歸鄉政策，實是對進入廣州的香港難民進行了一場大屠殺。南石頭難民營的事件，是由丸山茂基於自己的良知而將事情揭露，亦都

---

9 關禮雄：《日占時期的香港》（香港：三聯書店，1993年），第77-78頁。

10 葉德偉：《香港淪陷史》（香港：廣角出版社，1984年），第105頁。

11 譚元亨：《粵港1942——南石頭大屠殺》，第96頁。

12 同上註，第105頁。

揭發了當時日軍的殘暴行為，以及這段被埋沒的歷史。而當時日軍用細菌包括腸炎沙門氏菌、霍亂菌，還有帶菌的蚊蟲、跳蚤和老鼠等，透過難民作為媒介傳播，這種殘忍的手法，至今仍是很少人知道。

四、南石頭遺址

（一）車歪炮臺

在南石頭的對岸，有一個著名的歷史文物，就是車歪炮臺，大黃滘口炮臺。是清代廣州的護城炮臺，建於1817年。該炮臺扼守珠江要道，能夠抵禦英國軍艦入侵廣州，起到過戰鬥堡壘的作用。車歪炮臺在1993年被廣州市人民政府列為市重點文物保護單位。至今已經成為軍事禁地，禁止市民登陸[13]。

（二）難民營

南石頭難民營的前身，便是一個懲戒所。根據南石頭的老居民記述，日軍利用東南邊的懲教場改造為廣州難民收容所，他親見日軍將一車車的難民收入難民所[14]。另一個難民提及其經歷，當時日軍抓人到檢疫所打針，檢疫所的位置就在難民營附近，然後又用細菌和蚊蟲放在大腿上咬，再抽血檢驗，抽完再打針[15]。

難民營的規模，經過擴建後能容納二千四百人，這只是標準的容量，而難民是不斷流動的，活進死走，頻率甚高[16]。

日軍之所以以此地方做難民營，是因為其地理位置。日軍攻陷香港，並且實施歸鄉政策，香港難民從香港經水路進入廣州，南石頭的懲教所是必經之地[17]，因此日軍將改造為難民營，名義上是收留難民，實是對難民進行殺戮。

在難民營內，有兩個處理屍體的池子，便是所謂的「化骨池」。這是用磚頭和水泥建造而成，每個大約二十平方米，深四米。當屍體被拋進池裡，

13　同上註，第118-119頁。

14　同上註，第183頁。

15　同上註，第128頁。

16　同上註。

17　譚元亨：《粵港1942——南石頭大屠殺》，第185頁。

日軍會用鏹水（強酸液體）、石灰等，把屍體融掉[18]。

這個難民營，至今是著名的五羊牌自行車廠，廣州自行車廠、摩托車廠，在六十年代興建，舊有的建築已經全被拆除了，在建造之時，翻出了不少的碎骨。

（三）鄧崗斜的「萬人坑」

鄧崗斜的南箕路是當年的小斜坡，這個地方曾經是一個埋了約十萬具屍體的大坑。根據居民記述，當南石頭村的舊樓拆建，地下挖出無數的難民屍骨。另一位目睹當時情況的村民提及「當時挖坑，屍體疊滿了就填土，有的還沒死也埋了[19]」，可見當時的情況是慘不忍睹。

這個地方，在五十年代，開始辦理廣州造紙廠的基建工作。在施工期間，不斷挖出屍骸，最後只能由民工取出屍骨，運到山區安放。該地至今仍是廣州造紙廠。

（四）粵港難民之墓

粵港難民碑位於南石頭社區內，1995年，在廣東省社科院沙東迅教授的提議下，幾位民間人士為了紀念在日軍細菌試驗下死亡的粵港難民而立碑，碑上的內容記載著當年「波字8604部隊」所犯下的罪證。

五、實地考察

在老師向學生講解南石頭的故事之後，可和學生一起到廣州南石頭實地考察。實地考察能夠走出課室，配合現今的教育發展，不會只限定學生在課室裡面，走出課室，將他們正在學習的內容聯繫起來。實地考察亦能讓學生更加貼近歷史的真相，加上對歷史遺址的實地考察，讓學生有機會親身體驗探索概念，亦是對學生的一種生活體驗。實地考察讓學生有機會在現實世界學到新的知識和概念。除了獲取和應用知識外，實地考察著重學生在新環境中通力合作，從而發展出對自己和其他同學的需求和技能的洞察力。讓學生

---

[18] 同上註，第139頁。

[19] 同上註，第145頁。

能透過觀察、比較來驗證所學到的知識，並充分利用這些知識，分析及研究在考察中遇見的現象和問題。學生在實地考察中要以他們的感覺及推理去闡釋環境，因此，實地考察有助他們發展其空間感覺。

教師在帶領學生進行考察之前，需要和其他任教該科的老師先到南石頭視察一次。然後預先設計路線帶領學生到不同的地點進行考察，對每一個考察的地方加以講解。在考察過程中教師要帶領學生進行觀察和提問活動，讓學生在短時間內掌握與考察地方的相關知識。更重要的是可以讓學生把課堂所學與真實環境做出對比，令學生可以能夠更貼近所學的歷史概念和內容，對南石頭的地理環境有初步的認識。

（一）小組報告

老師將學生分成五組，每組最多五個人。由每組學生負責不同的項目，以抽籤的形式抽選題目，然後再考察完後的兩個星期在班上作報告。在實地考察中，學生應以拍照或錄影的方式，記錄南石頭難民營的環境，有助小組報告的表達方式，能夠容易讓聽眾明白，圖文並茂。

1. 題目選擇

第一組：香港難民被安排前往廣州南石頭的原因
第二組：南石頭難民營的地方結構
第三組：日軍對難民所實施的細菌實驗
第四組：難民的記述中反應當時的情況
第五組：南石頭難民營被埋沒的原因

2. 資料蒐集方法

（1）書籍：譚元亨所編著的《粵港1942——南石頭大屠殺》；有關日占時期的香港史，可參考葉德偉的《香港淪陷史》，亦有其他關於這段時期的書籍。

（2）舊報紙：同學可於網上尋找「香港舊報紙」，其網址為：https://mmis.hkpl.gov.hk/zh/old-hk-collection。翻查1941至1943年，有關香港難民歸鄉的新聞，有助資料認證。

（3）透過實地考察所得的圖片，再加上對該地的環境有初步的瞭解，進行分析。

雖然當年大部分的建築都被拆除，但難民營的遺址仍有一小部分得以保留。難民營遺址覆建用地、炮臺造型的紀念館景區、萬人坑紀念景點景區等，都可以參觀。實地考察使學生能夠從遺址中瞭解當時南石頭難民營的情況，甚至體驗當時難民所身處的環境。時代變遷，但歷史並不會因此而消失，留下的種種遺跡，便是歷史的一部分。

六、小結

此次專題研習主要對加強學生對南石頭的歷史瞭解，從而加強同學瞭解粵港關係的密切。由於現時對南石頭難民營這段歷史的記載並不多，只能夠根據譚元亨先生所編的書籍和舊報紙的記載進行研究。雖然如此，希望能夠透過教案，將此納入教育課程之中，對這段歷史有一定的認識，亦都希望能夠引起學界各學者的關注，對此歷史能夠再做多一步的研究，期待將來更多關於南石頭難民營的作品出現。

除了歷史的作品，在現今國家粵港澳大灣區政策的支持下，香港與內地的關係進入了新階段，香港青年往內地工作及發展亦成為新的趨勢。此課程能夠全面推動青年間的交流，為香港青年歷史及文化等方面發展，同時令香港學生瞭解粵港之發展情況，進而瞭解中華民族悠久的文化歷史，增強對國家、民族的認同感，弘揚中華文化。

第十五章　社區文化資源與歷史教育：觀塘區口述歷史

洪錦鉉

一、引言

現時香港的通識教育課程及歷史教育課程，多鼓勵教師、學生戶外考察，走出課室，使學生能夠得到真實的生活體驗，從體驗中引發思考，引領課堂及書本教才的知識，走向自學、全方位學習的模式，更希望多向師生互動的教學模式。

今天香港的通識課程裡的「今日香港[1]」，有以保育香港本土文化為討論議題，亦有對身分認同的單元。在通識課程中加入本土歷史的專題研習，還能加深學生的歷史知識，幫助學生對歷史文化有較深刻的瞭解。現時的歷史教育課程並沒有納入口述歷史一環，而口述歷史教育在學界上亦見興起，是一種新的方法去研究歷史。此教案是配合通識和歷史的教育，以觀塘口述歷史做例子，培養學生的不同能力，同時亦能對口述歷史教育的傳播有重大的貢獻。

此口述歷史計畫，曾在觀塘區進行過，由香港樹仁大學歷史學系區志堅博士帶領學生到觀塘區內進行口述歷史計畫，訪問不同年代對觀塘區有貢獻的社群，以瞭解觀塘區的歷史文化及居民的需求。此計畫邀請了區內的中學參與訪問工作，區志堅博士更到不同的學校講解口述歷史的研究方法，使學生能夠對口述歷史有更多的認識，方便日後口述歷史計畫的實行。在觀塘區內實行口述歷史計畫，學生加深對區內的認識，而且計畫執行人更會舉辦公開講座，令學生及市民從口述歷史中瞭解區內的發展及變化歷程。此計畫不

[1] 《通識教育科課程及評估指引（中四至中六）》（香港：香港特別行政區政府教育局，2007年），第20-21頁。

單只是認識本土的歷史，而是有一種保育的作用，更能夠彌補研究觀塘區歷史文化的不足。同時此計畫能培訓出一班對口述歷史有認識的學生，使他們能夠學習如何運用口述歷史進行研究，把所學的知識帶回家中，對其父母及親人進行口述歷史，這樣便能一直傳承下去，延續了觀塘區的歷史文化。

二、口述歷史

口述歷史是先在西方於20世紀興起，是歷史研究的一個新領域。口述歷史被稱為「被提取和保存的記憶[2]」。口述是指通過一個人或一群人口敘述其生活經驗、生活環境、生活故事等[3]。

口述歷史的研究方法包括訪問、現有文獻中的口述史料、詢問調查、錄音、錄像等[4]。將歷史學、社會學、人類學的理論和方法結合，在研究視野和方法上都具有比較明顯的優勢，成為當時研究歷史的重要方法之一。

口述歷史的方法最大特徵是注重運用有效訪談的方式而搜尋更具價值的史料。這種口述史料的記錄和蒐集，能夠反映一些鮮為人知的歷史事實，尤其是對於當代人物、地方或事件的研究，補充文獻資料的不足。將錄音整理成文字檔案，再加以加工，便作為不同的歷史材料。

口述歷史的最大優勢便是能夠從當地的民眾的角度去瞭解歷史之變化，體現普羅大眾的生活經驗和個人的獨特感受。有些歷史並沒有被記載下來，只能借助於口述歷史，例如一些被隱藏、祕密組織、家庭生活的事情，只能以普通人的聲音所記錄[5]。

口述歷史的訪問資料，在完成訪談後，需要將所得內容整理、綜合和分析，才能產生出一份具有事實根據的歷史史料。

近年，口述歷史的教育已逐漸引入大學的課程之中，例如中山大學就以中國近現代史專業開啟了一系列的口述歷史教育的活動，形成特色[6]。

---

2 羅慶宏：《口述歷史與歷史教學研究——以井岡山鬥爭口述歷史與現場教育為個案研究》（北京：發展出版社，2013年），第5頁。

3 區志堅：〈口述史表述「另類」兩性故事：女性支持男權的聲音及男性情感世界的歷史記憶〉，香港樹仁大學歷史系主編：《樹仁歷史系學刊》，2013年，第76-85頁。

4 同上註，第3頁。

5 同上註，第6頁。

6 趙立彬：〈口述史與大學歷史專業的實踐性教學——中山大學教學實踐的體會〉，載鮑紹霖等編：《第二屆華人地區歷史教育論文集》（香港：中華書局，2012年），第88-89頁。

現時歷史教育主要依賴閱讀教材，存在了幾個缺陷[7]：

1. 知識層面狹小，對事物之間的聯繫能力較弱；
2. 所學的歷史知識只停留在概念化上，對歷史背後的內涵和實際意義理解不深；
3. 對歷史學所強調的證據之間的比較、分析體會不深；
4. 對發現新問題並不敏感，不會主動尋找有關的史料或求證。

將口述歷史教學融入現今的歷史教育政策中，是一個不錯的嘗試，能夠增加對歷史知識獲得方法，提升學生對歷史的理解。

三、口述歷史學與教的優點

在現今的課程下，口述歷史並沒有被納入中學歷史課程之中。口述歷史能夠作為一種求知的方式，通過口述歷史的採訪活動，使學生能夠獲得社會生活經驗與知識。在通識課程中，有「今日香港」的單元，需要讓學生對自己有身分認同，對本土的認識。口述歷史的活動，能夠帶學生走出課室，改變傳統刻板的教學模式，使學生能夠自主探索。

學生透過口述歷史的活動，能夠瞭解自己所在的地方情況，進而瞭解該區的歷史、文化、風俗等。對當地居民的社區觀念及社區認同，生活觀念和生活方式，甚至社區的精神文化發展都有一定的瞭解。因為這些知識是關於人和社會，亦是自我和環境的知識，關於人生成長和社會生活環境的相關知識，關乎對自我的認同，我是誰、從何而來、我是生活於怎樣的社會環境中等問題[8]。

在口述歷史活動中，能夠培養學生參與社會生活的能力。第一，是培養和鍛鍊語言對話的能力，亦即溝通能力。做歷史口述的訪問，需要學會如何提出問題，在進行訪問中，不斷鍛鍊其語言表達能力，對學生在學習過程中有莫大的幫助。第二，是培養社交能力。在進行口述歷史活動中，基本的社交能力是不能缺少的。例如如何稱呼對方，如何說服別人接受訪問，如何因對方的背景而提出問題，如何創造良好的溝通對話，這些都是學習的一部分。

7　同上註，第88頁。

8　陳墨：《口述史學研究：多學科視角》（北京：人民出版社，2015年），第292頁。

四、觀塘社區的口述歷史

在現時社區重建的計畫下，很多社區的昔日足跡都會因應工程而消失，令很多居民都會有不同的感想，社區重建亦會為居民帶來改變。而對區內居民的進行口述歷史則變得重要，保存了上一代的思想、上一代的回憶。此次口述活動則會以觀塘區做口述歷史活動，受訪者主要是對社區內有貢獻的人物。

由社區歷史文化教育開始做研究，能夠對社區居民產生歸屬感，令學生瞭解社區及區內不同團體或社群生活，甚至擴展到整個社會的運作，當中以口述歷史較為重要[9]。口述歷史對後人能夠更關心自己的社區，愛護自己身處的地方，亦是屬於公民教育的一種。

觀塘區位於九龍半島東部黃大仙區東南，西接啟德機場跑道以北的海岸，東以飛鵝嶺山麓為界，南抵鯉魚門。面積一千一百三十公頃，全境包括牛頭角、觀塘、順利、秀茂坪、藍田、油塘等地區，原稱「官塘」或「官富」，在1953年改名為「觀塘」[10]。

觀塘曾經是鹽業、打石葉、製蓆葉、陶瓷業等等的地方[11]，在六十年代，觀塘南部進行填海工程，迅速發展成為工業重地。七十年代更是進入發展的高峰期，製衣、電子、塑膠等不同類型的工廠相繼出現，刺激了經濟的發展。然而隨著香港工業轉型，工廠因為地價飆升，而轉往內地設廠。雖然目前仍有不少規模較大的工業區，但不少的工廠已經空置，部分工廠大廈重建成為商廈、住宅等。隨著時代發展，現今的觀塘逐漸成為以服務行業為主要發展，以往的流動小販和食肆逐漸消失。

口述歷史的計畫，希望能夠使更多的學生熟悉區內的發展，加深區內學生對觀塘歷史文化的認識，從口述歷史得知觀塘區以往的歲月。計畫不但能夠補足研究觀塘歷史文化的課題，結合區內的中學師生與學者的力量，對不同社群進行口述歷史的工作，結合相關的觀塘歷史文化，加深對觀塘歷史的認識。學生能夠將所得知識帶回家中，對其親人的進行口述歷史，使其歷史

---

[9] 區志堅等編：《觀塘人表述的觀塘故事——不同年代觀塘社群口述歷史計畫》（香港：鷺達文化出版公司，2014年），第5-6頁。

[10] 區志堅等編：《觀塘人表述的觀塘故事——不同年代觀塘社群口述歷史計畫》，第6頁。

[11] 梁炳華：《觀塘風物志》（觀塘：觀塘區議會，2008年），第16頁。

能夠得以傳播。學生亦能夠瞭解觀塘社區古今的發展，配合現時通識教育及歷史教育的課題，由身處社區為學習中心，再延伸至整個香港，甚至國家；學生將所訪問的文稿整理成口述文獻，亦是對其語文能力的鍛鍊[12]。

五、進行口述歷史活動

（一）設計口述歷史活動

口述歷史活動能夠帶領學生走出課室，使學生不會被匡限於課本之中。此次教案主要是設計一個口述歷史活動，讓學生到觀塘區內進行口述歷史，將其所得內容，加以整理，然後變成文章。

先將學生分成六組，每組為五人，負責不同的項目，然後到觀塘進行口述歷史。

同學可以就以下幾點作為訪問的主題：

1. 地區發展
2. 傳統行業及工業發展
3. 歷史建築與古蹟
4. 傳統習俗
5. 民間組織
6. 民俗詩詞

學生可參考區志堅等編的《觀塘人表述的觀塘故事——不同年代觀塘社群口述歷史計畫》[13]，書中是對於觀塘有重大貢獻的人物，對每個年代的重要人物做口述歷史訪問，蒐集資料。這些人物都是在觀塘區長大，對觀塘區內的發展都有一定的認識，同學可依此方面做口述歷史。以下列出每個年代的代表人物做參考，學生對他們進行口述歷史訪問。

1950年代代表：王石星先生、高加裕教授

1960年代代表：郭必錚議員

1970年代代表：黃啟明議員

1980年代代表：李華明太平紳士

---

[12] 區志堅等編：《觀塘人表述的觀塘故事——不同年代觀塘社群口述歷史計畫》，第8-9頁。

[13] 同上註，第9頁。

1990年代代表：葉興國太平紳士

2000年代代表：周耀明先生、梁芙詠女士、

2010年代代表：鄭佑中先生、蘇麗珍議員

觀塘區內的歷史建築包括有三山國王廟、大王爺廟、茶果嶺天后廟、鯉魚門天后廟；傳統習俗有天后誕、盂蘭勝會、齊天大聖誕、龍舟競渡；民間組織包括觀塘民聯會、觀塘遊樂社、觀塘游泳會、觀塘潮語浸信會、觀塘體育促進會、香港觀塘工商業聯合會[14]。

學生可就以上地點，對附近的居民或者相關人士進行口述歷史，蒐集資料。

（二）為訪談做出準備

在做準備時，務必要確定訪談的目的。根據目的，決定哪些適當的問題應列入訪談大綱中。一旦決定採訪對象，先瞭解其背景。充分的準備表示你對受訪者的重視，這同時也有助於培養彼此的信任。將各項問題列成大綱，使訪問能夠有條理地進行。最好能夠先提出訪談的邀請，並且清楚說明你訪問的原因、時間和地點。要告訴受訪者這次訪談會花多少時間。

訪問前須告知被訪者訪問將會被錄音，將錄音裝置放置檯面，不能距離雙方太遠，否則會影響錄音質素。訪問的同時需要做筆記，記下重要的主題。

（三）訪問大綱例子

1. 個人背景

（1）告訴我有關你出生和成長的地方。

（2）談談你家庭。

（3）描述一下你的學歷和職業。

2. 觀塘區內發展

（1）小時候在觀塘區內的生活。

（2）在觀塘區擔任了什麼職位。

[14] 梁炳華：《觀塘風物志》，第32-44、46-51、103-124頁。

（3）　對於現時觀塘區發展的問題。

（4）　哪些傳統東西消失？

（5）　對觀塘區的期望。

以上只是簡略的大綱，有關訪問大綱需要讓學生自行對於題目設計，針對題目做出提問。

六、年代口述歷史的研究成果

是次為政府與參加計畫的中學學生研究成果，主要表述自五十年代以來，不同年代觀塘人士回憶觀塘社區的地標，現把是次成果介紹如下：

（一）五十年代代表：王石星先生[15]

王先生是在新中國成立之後，跟隨父親由內地移居香港，並定居於鯉魚門。中學畢業後繼承父親經營的雜貨店，其後改為經營海鮮酒家。王先生除了身為酒家董事長之外，還身兼鯉魚門商會主席、觀塘體育促進會四山分會名譽會長、觀塘民聯會名譽顧問、九龍總商會會務顧問。

據王先生憶述，五十年代時，鯉魚門的漁民出海捕魚後，將漁獲帶回鯉魚門的街市或運往筲箕灣市場擺賣。鯉魚門的海鮮業開始發展，吸引了富裕的人來吃海鮮。王先生表示：「漁民在碼頭擺賣著各式各樣的海鮮，遊客買了海鮮後，著酒樓代為烹調」，「遊客們覺得在這裡吃的海鮮除了特別新鮮外，也很喜歡這裡獨有的風味」，鯉魚門的名字慢慢傳開，成為吃海鮮的好地方。其後，鯉魚門的海鮮酒家也愈開愈多，以應付遊客增加的需求。

王先生擔任鯉魚門商會主席近二十年，曾帶領鯉魚門商會的代表團於1995年訪問北京，獲港澳辦副主任接見。在擔任主席期間，王先生不斷為居民爭取基礎建設，多次捍衛居民權益，如拒絕清拆停車場及鯉魚門村。

王先生對觀塘的重建有所保留，他認為：「重建後亦不會令太多人『上樓』居住公屋，……如果政府將工廠大廈改建為住宅，舒緩一下住屋緊張的情況，豈不是更好呢？」

15　區志堅等編：《觀塘人表述的觀塘故事——不同年代觀塘社群口述歷史計畫》，第12-14頁。

（二）六十年代代表：郭必錚議員[16]

郭必錚議員自六十年代開始便住在觀塘區，出任觀塘區議員、觀塘區議會屬下文化、康樂及體育事務委員會主席、觀塘民聯會公關部部長、中華基督教會基法小學校友會主席、觀塘區足球會委員等多項職務，2003年因盡心竭力為觀塘區服務，獲時任行政長官董建華頒發榮譽勳章。

郭議員小時候住在瑞和街，他小時候並不富裕，童年的娛樂也不多，他憶述：「當時的學生流行去撿汽水蓋或捉金絲貓，價值甚高，可賣五角，但去當時該區有名食肆黃三記吃粥及油條只需二角。」

郭議員認為昔日觀塘區的屋村存在童黨問題。六十年代，大部分的人住在雞寮（今翠屏村一帶），約一百平方呎的地方居住七至八人，由於居住環境狹窄，故此小孩長期逗留在外，衍生出童黨問題。

郭議員希望將來能夠繼續服務觀塘區，用有限的資源改善區內的設施，幫助居民解決問題，例如空氣污染問題，繼續為居民爭取福利，服務社區，使觀塘區的發展愈來愈好。

（三）七十年代代表：黃啟明議員[17]

黃議員住在觀塘花園大廈多年，並在社區擔任義工，1994年開始參選區議會選舉，其後當選。黃議員還擔任觀塘區公民教育委員會委員和市區重建局觀塘分區諮詢委員會成員。

黃議員昔日孩時與母親住在觀塘區一間廉租屋，由於七十年代青少年就學情況並不普遍，黃議員升上中學便要出外打工，他當時唯有要求上司推遲上班的時間，才能同時兼顧學業。黃議員憶述：「發薪後，得到的錢只能買一堆木屐或一對上班鞋而已，……三元便可買到一對白布鞋，一角便可買到一碗粥及油條。」後來黃議員跟隨叔叔在冷凍系統工作多年，其後亦開始參與公共事務，並且成為社區義工。

黃議員認為區內住屋問題很多，例如「劏房」及籠屋的問題。由於區內的居民很多都沒有分配到公屋，於是便會選擇「劏房」居住。但「劏房」的

---

[16] 同上註，第53-55頁。

[17] 同上註，第62-64頁。

問題一直都存在，例如設計、滲水、影響樓上樓下住戶，這些問題暫時都未能解決。

黃議員認為觀塘市中心重建的整體方向是好的，他希望政府能做好交通配套，最希望單軌列車有迴環設計，並以此作為引子，帶動其他行業如觀光等。

（四）八十年代代表：李華明太平紳士[18]

李華明先生在1986至1999年間居住於觀塘，開設顧問公司擔任顧問外，還是長遠房屋策略督導委員會委員、「強積金」計畫諮詢委員會成員、漁業發展貸款基金顧問委員會成員等職務。過去曾擔任香港房屋委員會委員、市區重建局非執行董事、消費者委員會委員、禁毒常務委員會委員等多個職務。他亦是曾集立法局（現立法會）、市政局、觀塘區議員的「三料議員」。在1999年7月1日獲委任太平紳士；在2009年，其對公共和社會服務方面表現卓越，貢獻良多，獲時任特首曾蔭權頒發銀紫荊星章。

據李先生憶述：「觀塘初期是海和農田，秀茂坪叫掃墓坪，藍田叫鹽田，雞寮真的有人養雞。」觀塘給李先生的感覺是個既不好住，也無法吸引人居住的地方。觀塘區沒有商業中心，只是個充滿基層的社區，人口密集及老人居多，加上工廠區的污染嚴重。

到了1985年，李先生擔任區議員，開始社區工作。他曾為基督教聯合醫院籌募五百萬港元的善款；在擔任市政局議員期間，為區內爭取興建佐敦谷嬉水泳池（現佐敦谷游泳池）及在油塘黃陳淑英紀念護理安老院附近開闢一個新的公園。

李先生對社區的付出及貢獻良多，有市民得知他不再競爭立法會議員後均感到失落。雖然李先生現時已遷往將軍澳居住，但他仍常常返觀塘消閒，他見證了觀塘二十年的發展，認為重建後觀塘區將會有很大的變化，他亦認為有些傳統特色需要保存，不能隨著重建而消失。

---

[18] 同上註，第17-19頁。

（五）九十年代代表：葉興國太平紳士[19]

葉先生在1983年購入淘大花園居住至今，在1994年擔任觀塘區議員至今。除了在機場貨運站任職支援服務經理外，葉先生亦擔任多項公職，包括色情及不雅刊物審裁員協會主席、淘大花園業主委員會聯會主席、都市固體廢物收費支援小組委員、中華電力觀塘地區客戶諮詢委員會主席等等。因在2003年「沙士」（SARS）葉先生為區內服務，貢獻良多，在2004年獲時任特首董建華頒發榮譽勳章，在2003年亦被委任為非官守太平紳士。

據葉先生回憶：「以前的觀塘人口多，道路窄，無休息空間，人口又多為低下階層，……淘大花園興建前是豉油廠，以前有人曬豉油及在山坡種菜賣。」

在2003年爆發「沙士」，死亡個案眾多，身為區議員及業主委員會聯會主席的他，認為要幫助居民渡過難關。葉先生回憶當時要照顧居民，減少傷亡，與政府做有效溝通，迫政府幫忙。他在此次疫病中，大膽做了封樓的決定，當時曾有人罵他造成「困獸鬥」的局面，但他眼見染病人數急速上升，怕疫病一發不可收拾，故政府果斷封樓，最終令感染率大幅下降。

葉先生希望觀塘區公私樓的比例能夠得到調整，使人口質素提升，改善交通配套設施，以及觀塘海濱地區，改建碼頭和廢紙場為觀塘海濱長廊，令觀塘區居民享有更多綠化和優質的休閒地點。

（六）周耀明先生[20]

周先生誕生於中國內地，約兩三歲時隨父母來港定居。他除了是商人外，亦擔任多項公職，包括觀塘區撲滅罪行委員會主席、香港童軍總會東九龍地域副會長、觀塘區消防安全大使名譽會長會主席、觀塘區足球會主席、觀塘游泳會會長、公益金之友觀塘區委員會副主席等等。在2004至2011年期間，兩度擔任觀塘區議員，2011年獲時任特首曾蔭權頒發榮譽勳章。

根據周先生所言，港府最初開發觀塘的目的，是為供給市民工作和居住之地。適逢戰後國內移民潮出現，令香港急需大量居住的地方。

---

[19] 同上註，第76-78頁。

[20] 同上註，第26-28頁。

周先生坦言自小家裡十分貧窮，只能住在姨母廢棄不用的「豬屋」，刮風的時候，屋頂會漏水，甚至掀起整個屋頂。其後，政府填海興建觀塘道，周先生舉家搬進佐敦谷徙置區，令他感到非常開心，因為有瓦遮頭，不用再受風吹雨打。

周先生指出，八十年代香港經濟起飛，當時觀塘區塞車嚴重，甚至嚴重到一小時才能駛離一條街。塞車在觀塘區的情況十分著名，周先生認為塞車代表經濟好，評估工業是否發達，塞車正是個經濟指標。

2007年，周先生再度獲選為觀塘區議員，這是他第二次擔任此職位，他覺得這是對他首次（2004年）擔任區議員的工作和社會貢獻的肯定，深信他的表現達到政府的期望。周先生憶述：「當時就算任期快完也堅持連同幾位委任議員於藍田開辦議員辦事處去處理市民事務。」現在他多與不同的非政府組織合作做社區服務，他出錢，機構出力，主要服務青少年，令他們可接觸及學習更多學校以外的經驗及技能。

周先生認為觀塘區內富有人情味，充滿溫情，希望重建後能夠保留這種感覺之餘，吸引更多人流，使整個地區生氣勃勃。

（七）蘇麗珍議員[21]

蘇麗珍女士於香港出生，1997年購入曉麗苑居住至今，1999年起擔任觀塘區議員，並分別在1999年、2003年和2007年區議會選舉中榮獲「票後」的殊榮。除了擔任區議員之外，她亦是曉麗苑業主立案法團主席、九龍婦女聯會主席、觀塘區家長教師會聯會外務副主席、香港交通安全隊觀塘區副指揮官等等。2011年因盡心竭力為觀塘服務，獲時任特首曾蔭權頒發榮譽勳章。

蘇女士在擔任議員後，發現觀塘區非常缺乏無障礙設施，觀塘區六十歲以上長者占總人口20%，長者居多，因此蘇議員希望能夠將無障礙通道改善計畫推廣至市中心，方便行動不便的老人。

蘇議員擔任公職時，一直盡忠職守，為居民付出良多。她憶述：「自己身為曉麗苑業主立案法團主席，十分關注屋苑管理。認為每個業主立案法團要有三方面合作，才能辦好屋苑建設。」在蘇議員的帶領下，將屋苑打造成了一個優質的社區。蘇議員亦是觀塘區家長教師會聯會主席外務副主席，她

---

[21] 同上註，第101-103頁。

認為為了下一代，「家校同心，孩子快樂」是個非常重要的理念。家長和學校要彼此信任，以及要注重身教和言教的重要。

蘇議員希望將觀塘區建立成一個不一樣的社區，例如重建之後，有助創造就業機會；希望提高社區生活質素，助居民早日脫貧。在政策方面，加以培訓貧窮人口及新來港人士，幫助他們能夠得到就業的機會。

七、小結

此次口述歷史活動主要是在香港的觀塘社區內進行，能夠令學生對觀塘區內的文化歷史做一定的認識。此活動的成效、其研究及蒐集資料的方法，自可以推行至整個香港十八區做口述歷史教與學的活動。此舉有助學生對本土的認識更加深，對口述歷史教育，對整個社區文化傳播、歷史知識的承傳都有很大的優點，尤加深區內學生對區內社區歷史文化的瞭解。被訪者與區外人士研究成果相結合，主觀感情表述及力求客觀的分析相結合，這種多元化合作推動歷史教育的模式，應可以推向香港中學師生，有助建構一集思廣益的社區歷史文化。

第十六章　生命教育及口述訪問

香港理工大學專業及持續教育學院
鄒兆鵬

一、引言

近年，學校、家長、社會團體等均非常關注畢業學生的壓力問題，學生面對未來人生規劃、就業等問題，實倍感壓力。根據學友社的調查發現，高達88%的學生指自己難以放鬆，較2018年飆升逾30%，10%人更自評壓力達不能承受的第十級[1]，情況令人憂慮。事實上，香港的生命教育早於九十年代開始，課程中非常強調培育學生在面對不同的處境下，亦可適當處理自身情緒，克服逆境[2]。然而，現時的教育明顯未能協助同學正面及積極面對挑戰，故此筆者特別強調經驗分享。同學可以既可以透過訪問成功人士，以便記錄被訪者的經驗，又為被訪者保存文獻；再從他們的故事中學習，建立屬於他個人的生命教育[3]。

二、香港生命教育的不足

香港的生命教育之所以有未能收效之感，可能來自主要有三大方面：（1）課程指引模糊；（2）時間少；（3）學生反感。

首先，香港教育局把生命教育從屬於德育、公民與國民教育科，從中強調學校要培育學生的「堅毅」、尊重他人」、「責任感」、「國民身分認

1　〈DSE調查　88%考生有壓力難放鬆〉，《星島日報》，2019-04-01。

2　陳志威：〈香港生命教育課程的框架〉，《香港教師中心學報》，2017年第16卷，第89頁。

3　以地方故事為學習，見區志堅：〈大學與中學協作計畫：以屏山文物徑的考察為例〉，周佳榮、鮑紹霖、區志堅編：《第二屆華人地區歷史教育論文集》（香港：中華書局，2012年），第183-204頁。

同」、「承擔精神」、「關愛」和「誠信」[4]。同時，教育局也強調以「生活事件」作為學習情境，培養學生正面的價值觀和積極的生活態度[5]。然而，課程指引模糊，並未舉出任何適當榜樣可資學習，加上同學的性格、經歷各異，實難以落實所謂的生命教育。

其次，生命教育明顯在學生學習過程中被忽視，在中四至中六，特別是中六，人生即將面對轉變之時，學生僅獲5%課時教授德育及公民教育課程，其中只得大概2%進行生命教育[6]，時間明顯不足。

最後，老師現時多採用紙筆式評估，但對學生而言只是增加他們的課業負擔，漸生抗拒之感。然而，不少學者強調應以教師的觀察、學生口頭彙報、自我報告、同儕評估、訪問交流等方式進行全面的評估[7]。

三、成功人士的實際經驗分享

筆者於此採用訪問交流進行與現時生命教育不同的教學。筆者曾有幸邀請得大家樂前主席陳裕光先生[8]、利興控股有限公司主席兼董事總經理甄韋喬先生[9]，分別與兩組、共十位即將畢業的學生分享對「珍惜」的見解，帶出他們在個人成功路上的種種故事、人生哲理，以及對於今代青年的期許。

（一）陳裕光先生所珍惜者：感情、事業及時間

先分享陳裕光主席在口述歷史過程中如何以個人經驗瞭解「珍惜」一詞，助學生建立優良價值觀。最初在聽聞「珍惜」一詞的時候，陳主席的第一反應是認為這是一種矛盾的感覺，因為「珍」帶有一種珍而重之的正能量，相比之下，「惜」則更顯後悔之意，有種負面的感覺。而他更說「珍惜」一詞，以英語文法的意思來看的話，如果用於過去式，就代表著失去了

4　香港教育局：《新修訂德育及公民教育課程架構》（香港：香港教育局，2016年）。

5　同上註。

6　同上註。

7　有關生命教育的方式，參見Gavin M. Bolton, *Acting in Classroom Drama: A Critical Analysis,* (Portland: Calendar Islands); Ronald J. Newell, *Passion for Learning: How Project-based Learning Meets the Needs of 21st-century Students*, (Lanham: Scarecrow Press)；陳志威：〈香港生命教育課程的框架〉，《香港教師中心學報》，2017年第16卷，第85-101頁。

8　〈口述訪問大家樂前主席陳裕光先生〉，2016年4月（未刊稿）。

9　〈利興控股有限公司主席兼董事總經理甄韋喬先生〉，2016年4月（未刊稿）。

才會去珍惜，而把它放在現在式來看的話，那便是活在當下的意思。珍惜現在發生的每一分每一秒，當下發生的所有都值得被重視，這亦是陳先生的人生哲理。對他而言，縱使發生了一些使人感到傷心的事，他也不會因此而徒然懊悔或者煩悶。他認為自己做人很簡單，只要努力向前看，而不要三心二意、左顧右盼；應該重視當下發生的所有事，而非老是回頭張望已然無法挽回的事，否則會讓自己經常停留在後悔階段，無法邁開大步往前走。故陳先生每次做了決定以後，就一心落實該決定，不會再三猶豫或後悔；因為他十分重視當下發生的事情，做決定之前總是非常審慎地全面進行思考，所以那一定會是最好、最適合的決定。

對陳主席而言，最值得珍惜的有以下三項：感情、事業及時間。感情是指和家人的相處，而事業則是指對機會的把握。而在這之間，珍惜時間是非常之重要的。人生苦短，陳先生認為做任何事都應該抱有全力以赴的心態，不要總是說著給自己一些休息時間、一些放鬆時間，這些都只是不重視時間的表現。所謂「一寸光陰一寸金」，如果不把握好時間，就只會令自己白白錯失機會。他強調：人在年輕時期擁有大把青春與時間，卻有一片不算明朗的前途等待著自己去踏入；在中年時期則剩下些許青春以及有固定的金錢收入，卻失去了個人的時間，因為全都被工作所霸占了；而等待老年時，則只剩下空閒的時間以及前半生打拚下來的金錢，卻再也得不到無價的青春了。他感歎現時的青年人，要善用自己的青春，因為那是自己最光輝的時刻，有著亮麗的美貌、大量的體力及無限精力去奮鬥和發展。

正因青年時期是不可或缺的重要發展時間，所以陳主席也在這時期付出極大努力拓展將來。他在青年時就已經懂得把自己的時間好好規劃及分類，在那個時候，除了讀書以外，剩下的空餘時間都做兼職之用。而他在大學修讀的學士學位課程也是雙修學位，對他而言時間便是最大的資源。年輕有極大的本錢，無論在體力還是精力上都非常充足，休息時間甚至不被他所重視。他笑談最誇張的時候，他試過一個星期都沒有睡覺。當然，他不提倡這種不健康的生活方式。但是，他在這其中感受到的是，當他在同樣時間做更多的事情時，他比其他人贏得更多的時間，也比同齡人做了更多倍的事情。

這一種覺悟及態度，也影響了他回到香港的決定。過去在加拿大的生活中，他雖然以佳績畢業，並且做了六年的城市建設規劃師，他卻並不滿足於這種平淡的生活。他想要的，其實是像香港這樣的生活節奏以及社會政策，才能使他自我實現他想要的豐盛人生，才會使他感到滿足。正是因為要重視每一天的發展，不讓自己後悔，所以才義無反顧地選擇了自己想要的道路，把握住自己在事業上的機會。他指出，自己的一些夥伴，曾經夸夸其談說要在四十歲之前退休，卻永遠都是做事慢吞吞，拖延怠惰，浪費大把時間，結果現在早已過了原先夢想的退休年齡，不但沒有辦法退下來休息，甚至還要繼續努力地去上班，好維持自己的基本生活。他感歎道，如果當時這些人願意努力一點，拚搏一點，可能他們的願望就會實現了。由此，陳主席寄語青年朋友們，所有事都應該跟著自己的選擇去走，不要輕易放棄，應該全力以赴，付出200%的努力，才會使自己成為想成為的樣子。

陳主席亦向同學說明在正確的時機做事的重要性。在讀書的時候就要努力去讀；在黃金時代——亦即三十至五十歲時，就要盡力發揮自己工作的能力。可惜現代有好多人卻偏偏是做著與這觀念相反的事情。在該拚搏的時候懶散度日，在應該要休息的時候，卻不得不勞勞碌碌地工作，彷彿在補回自己年輕時候未盡的努力。只有年輕時全力以赴，到年老時才可以讓自己有多一些空餘時間去做其他事情。他更強調，人生在世就是要走完必然要走的路，例如讀書、就業，在取得穩定生活時，就要去尋找自己想要的路。每當同學面對質疑的時候，要堅定自己的內心，珍惜以及重視每一天。要知道實踐是體驗真理的最佳方法，不要輕易被困難打敗，也不要總是後悔自己的選擇錯誤；只有正面面對，才可以擊破障礙，走向正確。陳主席希望年輕人能重視夢想，即便如此也要做好必然要做的事情，不要總是拖延或延遲要做的事。在正確的時機做正確的事情，珍惜每一分每一秒，「今日今事今日畢」，才會令自己邁向成功，過一個有意義的人生。

（二）甄韋喬先生所強調者：開放自己、堅持不服輸、獨立思維

甄韋喬主席在口述訪問中不僅止於談論其個人經驗，更多的是與同學進行互動溝通，並道出年輕人的問題，從而協助同學可改進之處。

同學主要提到不能堅持、難以找到目標，甄主席提出年輕一代的三大問題，包括：封閉了自身的思維、欠缺主動性和堅持、過分重視社會價值。

甄主席強調現時香港的年輕人最大的問題是他們封閉了自身的思維，他們很多時候會用自己做不到、沒有能力去論斷自己。現時年輕一代普遍不用擔心生計，他們往往以自己喜歡與否去做選擇，但因此欠缺訂立「最終目標」，因而在實現目標的途中感到挫敗後容易放棄。很多年輕人在被人看不

起時會有兩種極端反應：一是放棄；一是被激起奮鬥心，希望能用行動去反擊那些看不起自己的人。他鼓勵年輕人應成為迎難而上的新一代。他表示，年輕人要在思維及心態上給自己「可能」這兩個字，即要開放自己，給自己一種任何事都能做到的思想去看待自己，即使今天做不到，明天也要繼續去做，堅持下去，不要害怕失敗，直到自己想要的結果出現。年輕人也應以嘗試的結果來檢討自己。如果他們做了不少的事，及經過努力後也得不到自己想要的結果時，便去檢視現有的結果，並從中做出改變，例如改變一些方式、行動或是態度，令自己想要的事實現。他認為，在做了某件事後一定會有結果產生，而人們要用這個結果再去調整自己或再加強。

除了封閉了自身的思維外，欠缺主動性亦是年輕人的通病。香港的學生欠缺主動性，而且抱著「你做到，不等於我就能做到」的想法。甄主席指此情況只是源於自己的心態，而非源於學識及機遇。換句話說，機會不是憑空從天上掉下來的，而是靠自己的堅持和努力去創造出來的。正是這樣一種心態，令他有今日的成就。甄主席指出，他也遇到過不少的茫然掙扎或瓶頸階段，也曾想過放棄，但他跟自己說：「不能輸，一定要堅持做到。」並且會不停地去想其他的辦法，給自己更多的可能性，不停變通自己並持續執行，令自己想要的結果出現為止。這種不服輸的態度，正是令人們能向上行的原因之一。

甄主席發現，時下年輕人是用自己的喜好去選擇自己的學業或事業，第二天便會去喜歡其他事物。他還發現，現在的學科分得太細太多，學習過分狹窄，令年輕人更加感到前途茫茫。他認為，學識固然重要，卻非萬能，個人心態及能力才是最重要的。年輕人也要學習鍛鍊扭轉自己的心態，不要用社會上的一些價值觀及標籤化的概念去思考。他舉出他大兒子的例子做說明：他兒子因社會及朋輩的想法而想去外國讀書，但甄博士不贊同，因為兒子只能去一些普通大學讀書，因此他要求兒子回內地讀大學，並表示兒子可以在畢業後找另一間好的大學去修讀碩士課程。

四、小結

雖然兩位成功商人各自以不同風格進行口述訪問，但由於同學在訪問的過程中是近距離接觸商人，避免了一般講座疏離的感覺。同時，在過程中同學可即時提問解決他們自身的疑難，這令同學更有效探索生命的價值和意義，並克服逆境，進而為人生訂立目標和理想。在活動後的問卷可見參與了有關活動的學生，明顯對畢業後的人生發展更有具體目標，可見與成功人士進行口述訪問是一個非常有效的生命教育方法。老師可邀請社會名人、商賈巨富、傑出校友等進行分享，以解決難以邀得成功人士進行口述訪問之難處。

第十七章　茶文化走入中學：潮州工夫茶特色

新亞研究所
蔡漢武

一、引言

衣食住行成為研究民間日常生活的重要課題，現時在香港中學正推行通識教育，而通識教育課程內開列「現代中國」的課題，在「現代中國」的課題內也開列「中華文化與現代化」的課題，希望教員能向學生教導有關中華文化與現代化關係的課題[1]。近年不少從事文化推動的人士，多往香港本地中學，結合理論及在生活中實踐，結合通識教育的課題，使中國傳統文化知識得以走進中學。更有從事潮州工夫茶藝文化的教研工作者，往中學進行示範煮潮州工夫茶藝的技巧，為中學師生教導品嚐潮州工夫茶，也為中學學生分組進行潮州工夫茶專題研習等活動，從多元化的教學活動，把潮州工夫茶藝傳往學界，培育年輕一代，傳承茶藝文化。本文為作者及其團隊，分享在中學進行潮州工夫茶教學及實踐的經驗，望日後令更多學生學習潮州工夫茶藝。

二、向學生介紹潮州工夫茶的源流

（一）茶湯製法的演變

中國飲茶已有數千年歷史，自唐朝陸羽（733-804）寫《茶經》，茶已成為中華文化的一部分。北宋名臣蔡襄（1012-1067）著作《茶錄》[2]，是宋代重要的茶學專著，主要論述茶湯品質和烹飲方法。至北宋徽宗趙佶（1082-

---

1　課程發展議會與香港考試及評核局聯合編訂：《通識教育科課程及評估指引》（香港：課程發展議會與香港考試及評核局，2014年），第26-28頁。

2　蔡襄等著，唐曉雲校點：《茶錄・外十種》（上海：上海書店出版社，2015年）。

1135）關於茶的專論《大觀茶論》[3]成書，記述北宋時期蒸青團茶的產地、採製、烹試、品質、及鬥茶之風。〈點茶〉一篇，論述精闢，反映盛唐至北宋期間數百年間品茗文化的傳承，而在華夏地域發揚光大，成為中華歷史的重要文化元素。

唐宋是以烹煮點茶之法製茶而飲，北宋時茶葉採製尚製成餅團為主，研末沖製而飲，與近世製成條索或顆粒的散茶不同。宋代貢茶，由北苑龍團鳳餅貢茶的興盛和多年的上貢歷史發展，推動宋代飲茶風格走向顛峰。從極致的茶文化歷史路途上，品茗文化產生重大變化期，是明太祖洪武年間（1368-1398），朱元璋下詔罷造龍團（團餅茶），改貢芽茶而開始。

明太祖朱元璋之第十七子朱權（1378-1448）著《茶譜》於明正統年間，書云：取烹茶之法，末茶之具，崇新改易，自成一家。朱權在《茶譜》中提出不將茶葉壓成茶餅，也不加香料，以保存茶之真香的飲法。自此，茶葉形狀由團餅茶改變為散形茶葉，此後繼續上貢到清代。因茶葉的形狀和烹製方式的重大改變，促使形成明清至今的瀹飲法，改用茶壺泡茶葉的沖泡方法製成茶湯（以下簡稱「泡飲法」），由此便孕育「工夫茶」形成的遠因。華夏地大物博，各地飲茶文化各有特色，筆者祖籍潮州，耳濡目染前輩泡茶品茗，乘便介紹，如有錯漏，祈望指正。

（二）「工夫茶」詞義

「工夫茶」是指當今粵東潮汕和福建地區的品茗茶藝和風俗，其命名三字之沿用，也有冠名「潮州工夫茶」者。「工夫」二字，潮語原意是「工序考究，細緻用心」，並非指武術功夫之意；而且「工」和「功」潮語讀音也不一樣，「工」潮語音「gang」，「功」潮語音「gong」，但普通話和粵語的「工夫茶」與「功夫茶」，因「工」與「功」讀音相近，便誤把「工夫茶」寫作「功夫茶」，以上簡略說明「工夫」詞義，以便讓大家明白工夫茶在潮汕語言中的原本意涵。

---

[3] 趙佶等著，沈冬梅、李涓編注：《大觀茶論・外二種》（北京：中華書局，2013年）。

（三）「工夫茶」名稱的來源

1. 以茶葉名稱作為命名的說法

工夫茶茶藝有數百年的歷史，是粵東潮汕及福建一帶地區泡飲法的通稱，起源於何處和何人，從已有的歷史文獻，難下定論。有說源於以「工夫茶」名稱命名的茶葉有關，清雍正十二年（1734），曾任福建崇安縣令的陸廷燦（約1678-1743），在他所著的《續茶經》[4]中說：「武夷山在山上者為岩茶，……北山者為上，南山者次之。兩山之以所產之岩為名，其最佳者名曰『工夫茶』。」此是以茶葉名稱作為命名的根由。

2. 以茶藝及風俗名稱作為命名的說法

前者是指品質優異之茶葉，後者是指茶藝和風俗，是潮閩地區的沖泡方式，兩詞各有不同，不能混為一談。況且宋明之際，泡飲法仍在雛形階段，此期間前的史籍及坊間文獻，皆未見有具體沖泡方式介紹的泡飲法。

在清嘉慶年間（距今約二百年），任職興寧縣典史之俞蛟所寫《夢庵雜著》[5]的〈工夫茶〉一文內，記載韓江六篷船上沖茶待客景象，文內首次用「工夫茶」三字形容潮州人此種沖泡工藝。文中記載，當時採用的茶具，以小壺小杯為主，因描述地點位於潮州，所以潮州人飲茶便稱這種沖泡方法為飲工夫茶。此記載雖不可視為「工夫茶」茶藝名稱的源頭，卻可作為「工夫茶」茶藝歷史的里程碑。而里程碑所在地為潮州，所以此處以小壺小杯的泡飲方法為「工夫茶」，近世便稱「潮州工夫茶」。

3. 結合茶葉和茶藝及風俗名稱作為命名的說法

明清期間，粵東潮汕一帶地區品茗用的茶葉，因潮汕本地仍未盛產優質茶葉，潮汕人品茶以烏龍茶（中國六大茶類的青茶）為主，而茶葉多採購自福建的武夷和安溪。潮閩之間茶葉貿易頻繁，明清期間已然如此。曾楚楠先生《潮州工夫茶話》[6]說：潮汕人做茶商的，一般都是烹茶、品茶高手，當他們在福建採購茶葉時，自然會在茶藝方面與茶農交流心得。出於這種互惠

---

[4] 陸羽、清陸廷燦著，文若愚編譯：《茶經・續茶經》（北京：中國華僑出版社，2018年）。

[5] 俞蛟，駱寶善校點：〈工夫茶〉，《夢庵雜著》（上海：古籍出版社，1988年），第186頁。

[6] 曾楚楠、葉漢鍾：《潮州工夫茶話》（廣州：暨南大學出版社，2011年）。

關係，在長期的雙向交流中，福建武夷茶之品質不斷提高，而工夫茶藝方式（泡飲法）亦得以逐步完善，以致歷史上工夫沖泡方式的記載中，粵東潮汕與福建，其程序與器具也大體一致，所以《漢語大詞典》中將工夫茶界定為「閩粵一帶的一種飲茶風尚」，並非無因。

在探索「工夫茶」命名的源頭時，潮州史學家曾楚楠先生傾向源於「烏龍茶產銷雙方共創說」，「工夫茶」的美譽流傳數個世紀，是粵東潮汕茶商與福建茶農在生產和營銷二方面結合而來的成果，可說客觀地把歷史實況分析和反映出來。

此段期間的福建茶葉，也就是香港六十至七十年代潮汕商賈敘會和潮州菜館敬茶必備用的茶葉，流行至今。現今香港一般談到的潮州工夫茶，都是這種小壺小杯的形式。而採用茶葉材料，歷來均以產自福建的鐵觀音為主，多是短條索形或顆粒形，兩種都係產於福建，與近年盛行潮州的鳳凰單叢茶葉外形肥壯的條索有好大分別。

現時潮州本地人飲用的茶葉，與香港不同，大部分是飲用潮州本土種植出產的鳳凰單叢最為流行；而潮州當地百姓經常飲用的方式和習慣與香港的方式，也略有分別。

三、給學生介紹潮州工夫茶特色及泡茶技藝

（一）潮州工夫茶特色：小壺小杯

工夫茶藝以潮州標誌命名，已有多個世紀的歷史，是潮汕地區廣為流通和喜愛的泡飲法。究其原因，潮州工夫茶藝乃提倡用小壺小杯來泡茶，方便司茶人簡易掌握和操控沖泡出來的茶湯，故能代代傳承至今。如想多瞭解潮州工夫茶的泡茶技藝，可從茶具特色開始。

小壺小杯是工夫茶茶具的特式，也是潮汕人泡飲工夫的體驗而來。論證此點要追溯至清嘉慶年間俞蛟所撰《夢庵雜著・工夫茶》，其內容已有具體的茶具說明：「工夫茶，烹治之法，本諸陸羽《茶經》，而器具更有精緻。爐形如截筒，高約一尺二三寸，以細白泥為之。壺出宜興窯者最佳，圓體扁腹，努嘴曲柄，大者可受半升許。杯盤，則花瓷居多，內外寫山水人物，極工致，類非近代物，然無款誌，製自何年不能考也。爐及壺盤各一，惟杯之數，則視客之多寡。杯小而盤如滿月，此外尚有瓦鐺、棕墊、紙扇、竹夾，制皆樸雅。」再參考近代出土的清乾隆期間的茶具，便可知其大小。

此後二百多年，潮汕地區甚至海內外潮人沖泡工夫茶，便沿用有工夫茶四寶之稱的「截筒炭爐、砂銚、孟臣罐、若深杯」，均採用小壺小杯容量的茶具。

（二）潮州工夫茶泡茶技藝：工序考究，細緻用心

翁輝東先生（1885-1963）《潮州茶經・工夫茶》[7]，1957年4月篇成於潮州，其內文詳述工夫茶沖泡技藝之法，從茶具、烹法、治器、納茶、候湯、沖點、灑茶，均有詳細說明，如納茶刮沫、高沖低灑、巡城點茶，近代潮州工夫茶愛好者均以此為師，蓋翁輝東先生文中所說：「潮人所嗜，在產區則為武夷、安溪，在泡製法則為綠茶、焙茶，在品種則為奇種、鐵觀音。」五十年代潮人飲茶尚重火烏龍茶，文中所列茶具及納茶之法，特別處是分茶葉粗細或末，分層納入壺內以高溫沖泡，此方法最能把鐵觀音的濃香快速散發，發揮小壺小杯的功效。潮州工夫茶藝沖泡濃香鐵觀音，公認此為最佳之沖泡之法，影響遠遍東南亞各地。

四、給學生引介工夫茶茶具及茶葉

（一）潮州工夫茶四寶

茶具方面，數百年歷史的潮州工夫茶藝茶具，形狀大致類同，在民國前已有工夫茶四寶，即砂銚、炭爐、孟臣壺、若深杯。壺和杯，和近代相似，都係以小為主。但材料方面，便有所不同，上一代用壺，以宜興紫砂為主，近代則以手拉朱泥壺為主。紫砂土質的特性會留味，適合飲濃香型之福建鐵觀音茶。潮州手拉朱泥的特性適合飲清香型的鳳凰單叢。而且，新世代潮州人沖工夫茶用的壺，亦喜歡改用蓋碗來沖鳳凰單叢，因其方便，易清洗不留味。茶壺方面，這是兩個年代的不同的特點。

（二）潮州工夫茶茶壺容量、茶杯數量

茶杯方面，多個時代雖然大同小異，但用杯的數量和容量方面有明顯

7　翁輝東：〈潮州茶經・工夫茶〉，《潮安文史》，1996年12月創刊號，第147頁。

不同處。清代和民國初，用杯數量，如參考從俞蛟《夢庵雜著・工夫茶》所寫，可以知道，以前潮州人飲工夫茶，是杯隨人數，多少人客來到，便用多少個茶杯，茶壺容量沒有特定杯數的要求，飲茶人數和茶杯數量一致，不多不少，不會產生多人共用茶杯的現象。此期間雖然茶壺是無容量和杯數的要求，但壺的容量一般仍以小的為主，容量約一百四十毫升；清初流行的若深小茶杯，一般容量約三十毫升左右。

民國至新中國開始期間，由翁輝東寫的《潮州茶經・工夫茶》此篇文章，可看到潮州當地曾流行以壺隨杯數的方式，來選用茶壺。茶壺容量因沖泡茶杯數量的不同而有不同的選擇，例如有可沖四杯的茶壺，或沖三杯的茶壺，茶壺的容量已開始有特定的容量要求。而且倡行差額用杯的方式，此種方式，獨特之處，是令所使用的茶杯數量比飲茶人數少一，形成五人共用四個茶杯，或四人共用三個茶杯。沖泡品飲時，因人數比杯數少，促成互讓和分先後次序輪流品飲。此種差額用杯的方式，因時代的變遷，和衛生環境的要求，已遂漸改變，改為杯隨人數，各人獨用一小杯。

（三）潮州工夫茶茶壺，茶杯黃金比例：一壺三杯

遠離潮州的香港，在八十年代期間，大部分潮州工夫茶飲用茶葉以濃香的鐵觀音為多，一般以一壺配三個或四個小杯為主，壺的容量約一百至一百六十毫升，而每個茶杯約二十五至三十五毫升容量，由此可見，這個年代，不同地域的潮汕人，沖泡品茗用的茶壺，容量和杯的數量，已顯著的有所改變，變成有一個固定杯數的要求。

中國於1979年改革開放之後，潮州人開始流行用潮州本土出產的「鳳凰單叢」茶葉來沖泡工夫茶。潮州鳳凰山茶農，比試茶葉時候，多數用蓋碗；為方便手握蓋碗，蓋碗大小以手握為合適。而因為尺寸不能過大，所以一般只可沖出三杯茶，每個茶杯的容量，也比沖飲濃香的鐵觀音略多，而此標準也成為各個茶農用來測試和比較茶葉質素的黃金比例。所以，此期間的潮州工夫茶，以一壺配三杯為多，遂形成一種主流，漸變成一種約定俗成的規格。加上潮州俗語有句：「茶三酒四踢跎二」，更加令一壺三杯成為潮汕人沖茶風俗的標誌性特色。

（四）潮州工夫茶選用茶葉的種類

潮汕人稱茶葉為茶米，沖泡潮州工夫茶以青茶（烏龍茶）為佳。早年香港潮汕人沖泡工夫茶，多用福建重烘焙的鐵觀音茶葉。八十年代，潮州市的鳳凰鎮及饒平縣嶺頭村大量種植單叢，製茶工藝因不同香型而分株採制，故名為「鳳凰單叢」[8]和「嶺頭單叢」，也稱鳳凰烏龍（phoenix_oolong），是中國六大茶類（綠、白、黃、青、紅、黑）之一的半發酵青茶（烏龍茶）；一般為條索形狀，有別於顆粒形的福建鐵觀音茶葉。鳳凰單叢產量少，卻有十數種不同花香蜜味香型，如黃梔香和蜜蘭香，茶葉輕焙火的鮮爽清香怡神，足火的濃醇甘香醒神。品茗用潮汕茶米，以潮州工夫茶具，一壺、三杯，便可巧妙調控茶湯濃淡，若能靜心品嘗領會，便可體會單叢的蜜香、葉香和回甘之韻。

五、分組進行專題研習

也可以把同學分為以下小組進行教學，使同學參與活動及在生活中學習知識：

（一）研習重點

1. 理解：中國茶文化核心之一的粵東茶藝「潮州工夫茶」。
2. 學習：學會操作潮州工夫茶藝[9]的程序，借助問題，使學生思考及探究，學習沖泡技巧，從實踐過程中學會與他人合作。
3. 目標：向學生展示中國的茶藝文化，認識到中華文化的博大精深。在進行茶事過程中學習敬長和互讓，實踐和諧文化的德化教育。

（二）教學內容分析

1. 介紹茶文化歷史，令學生瞭解中國茶文化的形成與發展。

---

[8] 黃瑞光、黃柏梓等：《鳳凰單叢》（北京：中國農業出版社，2006年）。

[9] 潮州工夫茶藝演示程序，見陳香白：《潮州工夫茶》（汕頭：汕頭大學出版社，2001年）一書。

2. 闡述中國茶的種類及及十大名茶及茶介紹。
3. 介紹中國茶藝，理解中國茶文化核心之一的粵東「茶藝」。

（三）教材及實習

1. 潮州工夫茶的選茶、配具、用水。
2. 潮州工夫茶的行茶過程：清具、納茶、沖泡、奉茶、品茶。

六、小結

在學校的學習生活中，令學生認識到中華文化，展示中國茶藝文化的博大精深，是現代化教育的良好教材[10]。採用中國茶文化核心之一的粵東茶藝「潮州工夫茶」的原因，仍因潮州工夫茶藝以家庭為核心。潮汕茶文化累積有數百年歷史，在進行品飲過程中，沖泡者和品飲者，均能體驗和學習敬長與互讓的禮儀，而禮儀正是實踐和諧文化的德化教育基石，此正是潮州工夫茶文化[11]及茶藝獨特之處。且潮汕地域，向有海濱鄒魯之美譽，其茶文化歷數世紀承傳至今不變，實值得世人學習和在學校宣揚，以輔德育，襄助學生在禮教中成長！

延伸資料：「學習茶知識和文化」

1. 觀察茶葉的形狀[12]，品賞色香味，認識品種、產地、採摘時間、發酵程度、加工技術措施等。
2. 按照加工方法，瞭解茶葉的分類[13]：（1）基本茶類：有綠茶、紅茶、烏龍茶、白茶、黃茶、黑茶等；（2）再加工茶類：有花茶、果味茶、緊壓茶、藥用保健茶、含茶飲料等。
3. 我國十大名茶[14]（過去曾入選的名茶）：西湖龍井、洞庭碧螺春、太

---

10 區志堅：〈大學與中學協作計畫：以屏山文物徑的考察為例〉，周佳榮、鮑紹霖、區志堅編：《第二屆華人地區歷史教育論文集》（香港：中華書局，2012年），第183-204頁。
11 陳香白：《中國茶文化》（太原：山西人民出版社，1998年）。
12 茶米店、藍大誠：《識茶風味》（新北：幸福文化出版社，2019年）。
13 陳宗懋主編：《中國茶經》（上海：上海文化出版社，1992年）。
14 趙玉香等：《茶葉鑑賞購買指南2015-2016》（北京：北京聯合出版公司，2015年）。

平猴魁、黃山毛峰、六安瓜片、信陽毛尖、君山銀針、安溪鐵觀音、鳳凰單叢、祁門紅茶。

4. 中國茶文化[15]的核心包括「茶藝」和「茶道」：（1）茶藝：是茶文化的形式，指選茶、製茶、烹茶、品茶等過程。（2）茶道：是茶文化的精神，是指茶藝過程中發展出來的禮儀、哲理等精神文化。

15 徐德明：《中國茶文化》（上海：上海古籍出版社，1996年）。

第十八章　香港華人喪葬文化的教育與生命反思[1]

香港樹仁大學歷史學系
彭淑敏

一、引言

死亡是人生必經階段，從古到今，無論貧富尊卑，抑或善惡賢愚，人總有一死，既不能擺脫，也無法逃避。人死不能復生，面對這個困擾，如果不加處理，生者（在生的家屬、在世的人等）容易因驚慌失措而胡思亂想，難以如常生活。隨著歷史文化的發展，前人建立一套引領逝者（死者、亡者）離開現實的方法，讓生者能夠根據約定俗成的方法，坦然面對死亡，也減低因死亡帶來的影響。香港華人按照傳統約定俗成的方法來處理喪禮，逐漸形成獨特的喪葬文化[2]。

綜觀近年涉及香港華人喪葬文化的議題，以殯葬研究為主，著者多為業內人士、前線專業人士（包括記者、社工）或學者。一些書籍對逝者去世後需要處理的手續、靈堂的安排、出殯及下葬等程序進行介紹，以香港殯葬服務和相關政策為重心，提供實用知識，幫助解決殯葬過程中遇到的問題[3]。此外，一些出版從業內人士或喪親家屬的角度出發，談論包括業界如何看待殯葬業，喪家如何看待親友離世，並且表達他們對生與死的看法[4]。還有由學

[1] 本文根據衛奕信勳爵文物信託資助「逝者善終、生者善別：圖解香港華人喪葬禮俗」研究及出版計畫（2017-2018）進行延伸討論，計畫期間獲惜緣居士及香港道教聯合會梁德華主席接受訪問，提供相關資料，特此鳴謝。

[2] 郭於華：《死的困擾與生的執著：中國民間喪葬儀禮與傳統生死觀》（北京：中國人民大學出版社，1992年）。

[3] 啟程：《葬儀・立墓》（香港：Fate Oracle，2008年）；袁伍鳳：《香港殯葬》（香港：勵志生命教育協會，2013年）；陳曉蕾、周榕榕：《死在香港：見棺材》〔香港：三聯書店（香港）有限公司，2013年〕；陳曉蕾、蘇美智：《死在香港：流眼淚》〔香港：三聯書店（香港）有限公司，2013年〕。

[4] Cecilia Lai Wan Chan and Amy Yin Man Chow, eds., *Death, Dying and Bereavement: A Hong Kong Chinese Experience* (Hong Kong: Hong Kong University Press, 2006), 65-86；惜緣：《殯儀業的我》

者、學生和漫畫家透過比較中外文化和學生的反思，探討「如何為死亡做準備」的生死課題[5]。近年，關於歷史研究方面，較多以墳場、墓碑為研究對象，討論香港天主教及基督教墳場的歷史，也探究華人墓銘的相關資料[6]。

過去，香港華人的喪葬禮俗大都因循傳統方式執行；隨著社會經濟急速發展，高樓大廈林立，生活日益繁忙，華人的喪葬禮俗逐漸轉變。可是，社會對於喪葬文化卻不大瞭解，或因避諱不談，致使年輕一代產生很多疑慮和問題，實際上難以理解相關內容和文化意義。本文從香港華人喪葬文化中傳承的「善終」與「善別」的生死觀入手，並以殮、殯、葬等相關儀式論述喪葬文化所提倡的孝道。

二、香港華人喪葬文化：「善終」與「善別」

華人喪葬文化反映逝者向現世做最後一次的告別，喪葬禮儀的進行就是為人生畫上一個完美的句號。傳統華人喪葬儀式可以從「善終」和「善別」進行理解，前者是逝者寄望人生匆匆結束後，能以其他方式延續下去，而不同的信仰產生了各種喪葬禮儀，目的也是希望透過儀式，逝者或可獲得永生、得道升天、輪迴重生或接引西方極樂，期盼喪葬儀式能讓逝者「善終」，從而減低面對死亡的恐懼。根據香港中文大學道教文化研究中心主任黎志添所言，打齋的儀式是為了召請逝者的亡魂到來，借助神靈的法音，幫助亡魂聽經聞法，從中領悟和懺悔生前所做罪過，祈求得到赦免解脫。以往喪禮的打齋儀式需要數天數夜的時間來進行，隨著香港市區的城市化和商業發展，整套儀式已經簡化在數小時內完成[7]。

（香港：蓮泰出版社有限公司，2008年）；《有客到》（香港：嘉出版有限公司，2008年）及《殯儀生涯》（香港：蓮泰出版社有限公司，2010年）；梁家強：《祭之以禮》（香港：梁津煥記禮儀顧問有限公司，2011年）。

5　黃慧英：《向終點敬禮》（香港：青春文化事業出版有限公司，2011年）。

6　參閱丁新豹：《香江有幸埋忠骨：長眠香港與辛亥革命有關的人物》〔香港：三聯書店（香港）有限公司，2011年〕；夏其龍：《米高與惡龍：十九世紀天主教墳場與香港》（香港：香港中文大學天主教研究中心，2008年）；邢福增：《此世與他世之間：香港基督教墳場的歷史與文化》（香港：基督教文藝出版社有限公司，2012年）；高添強：《高山景行：香港仔華人永遠墳場的建立與相關人物》（香港：華人永遠墳場管理委員會，2012年）；鄧家宙：《香港華籍名人墓銘集・港島篇》（香港：香港史學會，2012年）；《香港華籍名人墓銘集二（九龍及新界篇）》（香港：香港史學會，2017年）；Patricia Lim, *Forgotten Souls: A Social History of the Hong Kong Cemetery* (Hong Kong: Hong Kong University Press, 2011).

7　黎志添：《廣東地方道教研究——道觀、道士及科儀》（香港：中文大學出版社，2007年），第209-221頁。

《禮記》詳細記述中國傳統喪禮的程序和規格，成為中國喪葬禮儀的藍本。當中〈檀弓下〉篇記載孔子弟子子游（西元前506至前443年）的話說，人在離世後，生者以食物為其設奠，出殯前設遣奠，葬後拜祭供奉，可是從未見過逝者到來享用[8]。儒家認為死後世界屬於「未知」的領域，對於鬼神是「敬而遠之」[9]。在《論語‧先進》也提及：「未能事人，焉能事鬼。」[10]由此可見，《禮記》中喪葬儀式的對象主要為生者而設。子游也說過：「飯於牖下，小斂於戶內，大斂於阼，殯於客位，祖於庭，葬於墓。」[11]每一個禮儀的步驟都是「有進而無退」，逐漸遠離逝者的居所，有助生者適應逝者的離去，發人深省[12]。也有不少儀式是用來補償未能盡孝的遺憾，撫平失去至親的痛傷，達至生者的「善別」[13]。

藉著對華人的死亡觀進行窺探，得以反思生命的價值，可先從宗教、民間信仰和風俗習慣等方面入手，例如儒、釋、道三家的思想系統，可說是建構傳統華人喪葬禮儀的主軸。但是，不同的華人社區也會因應各自的發展，如語言系統、居住地域或籍貫等，使儀式產生變化。香港華人喪葬文化反映獨特的本土色彩，不同的習俗會隨著社會流動而互相影響，導致儀式由多種文化混合而成，又或在喪葬儀式中可同時找到道教、佛教及民間信仰等多種禮儀[14]。

三、重視孝道——殮

在華人的傳統喪葬禮儀中，透過各種儀式幫助喪親家屬告別至親，補償未能盡孝的遺憾。古語有云：「百行以孝為先。」儒家經典《論語》重視論述孝道，對人倫修養具有重要意義，其中「慎終，追遠，民德歸厚」蘊藏

8　十三經注疏整理委員會整理：〈檀弓下第四〉，《禮記正義（十三經注疏）》（北京：北京大學出版社，2000年），卷9，第313頁。

9　楊伯峻編著：《論語譯注》〔香港：中華書局（香港）有限公司，2011年〕，〈先進篇第十一〉，第234頁。

10　楊伯峻編著：〈雍也篇第六〉，《論語譯注》，第126頁。

11　十三經注疏整理委員會整理：〈坊記第三十〉，《禮記正義（十三經注疏）》，卷51，第1650頁。

12　十三經注疏整理委員會整理：〈檀弓上〉，《禮記正義（十三經注疏）》，卷9，第251頁。

13　香港華人喪葬禮俗蘊藏傳統中國文化的孝道，除了儀式外，用品亦包括孝旗、孝帷、孝燈、孝棒（孝杖）、孝服、孝帽、孝花、孝紗或孝帶等。

14　S. Li, "The Funeral and Chinese Culture," *Journal of Popular Culture* 27.2 (1993), 113-120；P. Ebrey, *Confucianism and Family Rituals in Imperial China* (Princeton, N.J.: Princeton University Press, 1991); H. Baker, *Ancestral Images:* A Hong Kong Collection (Hong Kong: Hong Kong University Press, 2011).

中國傳統喪葬文化提倡的孝道，至親乘鶴而去，對於生者的影響可謂極其深遠，此情況在華人社會尤甚，以孝道敦厚人心，以及穩定家庭和人際聯繫[15]。

傳統華人喪葬文化重孝，《論語・為政》論述曰：「生，事之以禮；死，葬之以禮，祭之以禮。」父母健在時，子女應以禮侍奉；父母離世後，子女要以合宜之禮把父母安葬，日後進行拜祭，藉以慎終追遠，追念前賢，讓孝子賢孫以盡孝道[16]。喪葬禮儀也彰顯生命的傳承，反映死亡並非終結，透過代代相傳得以延續下來，因此喪禮的其中一個重點就是如何透過儀式表達孝道[17]。

華人喪葬禮俗大致可分為殮、殯、葬。就殮而言，是從初終到遺體入棺前的儀式；「小殮」以整理逝者儀容為主，包括潔淨、穿衣及化妝等。在開始為逝者準備「沐浴」的儀式，即潔淨遺體前需要先進行「買水」。「買水」的儀式也稱為「請水」、「乞水」，是源自中國孝道的傳統習俗：由於古時的孩子在出生後，一般是由父母親手處理初次沐浴潔淨，表現父母對孩子的呵護關懷，因而在父母離世時，便由孝子肩負最後一次潔淨父、母遺體的責任，以示盡孝[18]。清朝倪贊元纂輯之《雲林縣採訪冊・斗六堡》中記載：「將斂，先沐浴，水期潔淨，故子孫持新缽往溪邊取水；投錢數文，曰買水。」因古時並無自來水，孝子需要到河邊取水，他先要向河濱之神祝禱，祈求取得潔淨的水，並把銅錢扔進水中，作為向大自然取水的代價，因而稱為「買水」或「請水」。假如因逝者家中拮据，孝子沒有買水的銅錢，只好乞求鄰居給予一點清水為逝者潔淨，因而也稱為「乞水」[19]。

按照傳統習俗，人的一生只能進行兩次的「買水」儀式，一次為父親，另一次為母親。現時如逝者膝下猶虛（未有兒女），也沒有子侄進行「買水」儀式，便交由喃嘸師傅代辦[20]。若家中如無男丁，孝女（尤其是長女）亦可擔起「買水」一職；但若果孝女已經結婚，必須請示在堂翁姑，彼此先行溝通以減少衝突[21]。此外，現代社會已無須長途跋涉去到河濱取水，「買

[15] 楊伯峻編著：〈學而篇第一〉，《論語譯注》，第12頁。

[16] 楊伯峻編著：〈為政篇第二〉，《論語譯注》，第25頁。

[17] A.G. Yick and R. Gupta, "Chinese Cultural Dimensions of Death, Dying, and Bereavement: Focus Group Findings," *Journal of Cultural Diversity* 9.2 (2002), 32-42.

[18] 袁伍鳳：《殯葬掠影》（香港：勵志生命教育協會，2013年），第104頁。

[19] 倪贊元纂輯：《雲林縣採訪冊》，1968年《臺灣叢書》點校本，收入《中國地方誌集成（臺灣府縣志輯）》（上海：上海書店出版社，1999年），第6冊，第521頁。

[20] 啟程：《葬儀・立墓》，第90頁。

[21] 梁家強：《祭之以禮》，第108頁。

水」已演變成為一種象徵意義多於實際需要的儀式，但仍會遵從昔日的安排，由長子提缽、挑燈及執杖，在缽中放置一個五元硬幣，寓意為古時買水的銅錢，跟隨喃嘸師傅的引領下在靈堂外取水。為了方便儀式的進行，也會在靈堂附近預先準備清水，孝子取水完畢後，回到靈堂後便告禮成[22]。

「沐浴」是正式開始處理遺體的第一步，是為逝者潔淨身體的程序。「沐浴」是先沐後浴，沐是洗頭，浴是洗身，清洗完畢，拭乾遺體，就如逝者仍然在世那樣，繼續為其修剪頭髮、鬍鬚和指甲等[23]。《禮記・喪大記》、《荀子・禮論》及《儀禮・士喪禮》分別記載「沐浴」的準備工作和過程[24]。為逝者沐浴，除了顯示孝道和報恩外，明朝呂坤（1536-1618）在《四禮疑》談及：「生浴兒，死浴屍，始終之意。」就是出生時沐浴嬰兒，逝世後沐浴遺體，寓意人生能夠有始有終[25]。《荀子・禮論》曾經提到：「不沐則濡櫛三律而止，不浴則濡巾三式而止。」不為逝者洗頭，則用沾濕的梳子為其梳理頭髮三次；不洗身的話，則用沾濕的毛巾為其拭抹三次[26]。現時的「沐浴」儀式也是源自此法，孝子先把毛巾弄濕，在逝者遺體隔空輕拭，象徵孝子為逝者洗面和潔淨身體，實際遺體潔淨的工作，絕大多數已經交由殯儀工作人員代勞。

根據《當代殯葬學綜論》一書，「襲屍」的儀式是為逝者穿著上衣或壽衣，以示孝子賢孫的心意[27]。北宋司馬光的《書儀》是一本關於家庭禮儀的著作，談及：「凡斂葬者，孝子愛親之肌體，不欲使為物所毀傷，故裹以衣衾。」孝子不想逝者的遺體受到任何損傷，如入棺、出殯途中或落葬時受到碰撞，包裹多重衣衾成為上佳的防撞保護墊[28]。

另一個傳統喪葬禮儀「飯含」，是在逝者的口中放置物品的習俗，背後蘊藏的意義也是來自孝道。《禮記・檀弓下》有言：「飯用米、貝，弗忍

---

22 袁伍鳳：《殯葬掠影》，第104頁。

23 十三經注疏整理委員會整理：〈士喪禮〉，《儀禮注疏（十三經注疏）》，卷36，第783-784頁。

24 十三經注疏整理委員會整理：〈喪大記第二十二〉，《禮記正義（十三經注疏）》，卷44，第1460-1465頁；王先謙撰，沈嘯寰、王星賢點校：〈禮論〉，《荀子集解》（北京：中華書局，1988年），卷13，第367頁；十三經注疏整理委員會整理：〈士喪禮〉，《儀禮注疏（十三經注疏）》，卷36，第783-784頁。

25 呂坤：〈四禮疑〉，《四庫全書存目叢書》（濟南：齊魯書社，1997年），經部，第115冊，第58b頁。

26 王先謙撰，沈嘯寰、王星賢點校：〈禮論〉，《荀子集解》，卷13，第367頁。

27 鄭志明：《當代殯葬學綜論》（臺北：文津出版社有限公司，2012年），第142頁。

28 [宋]司馬光：〈喪儀一〉，《司馬氏書儀》（《叢書集成初編》本）（北京：中華書局，1985年），卷5，第58頁。

虛也。」孝子出於孝道不忍心父母虛口而終，因而把米、貝、珠、玉等物品放進逝者口中[29]。《公羊傳・文公五年》何休（129-182）注曰：「孝子所以實親口也，緣生以事死，不忍虛其口。」解釋了孝子「以生事死」的觀念，不忍心看到父母張開著嘴巴空口離世[30]。雖然「飯含」反映了《禮記・中庸》的「事死如事生，事亡如事存，孝之至也」[31]，卻不會使用熟食作為「飯含」之物，《禮記・喪大記》解釋說：「不以食道，用美焉爾。」[32]因為逝者不會再用活人的飲食方法，使用米、貝更為合適[33]。

至於「藏壽飯」的儀式，就是喪親家屬為逝者準備壽飯，放入棺木內作為陪葬，寓意孝子賢孫希望逝者「有飽飯食」和來生豐衣足食。惜緣居士在訪問中談及，壽飯埕一般最少使用一對，封棺前放在逝者腳邊，右左各置一個，數量並無上限，可按照喪家的意願和實際空間而定，以示盡孝[34]。

四、重視孝道——殯、葬

就殯的儀式而言，是指入殮待葬的靈柩（裝有遺體的棺木），停殯期間為逝者設奠奉養、辦理追思儀式及接待致祭人士，直至出殯安葬為止[35]。「殯」在《說文解字》中，字義為：「死在棺，將遷葬柩。」[36]人死被放入棺木後，靈柩停放在家中等待落葬[37]。殯期主要的活動是讓賓客前來弔唁，所謂：「知生者弔，知死者傷。」[38]親恩偉大，需要隆重其事，以示對逝者盡孝和尊重[39]。根據《儀禮・士喪禮》記載，賓客前來弔唁，要向逝者行跪拜禮，喪家讓座接待，所以在殯期開始前必須把靈堂布置一番，好讓孝子們在靈堂內守靈，讓前來弔唁的賓客稍作休息[40]。再者，「守靈」的儀式是喪

---

[29] 十三經注疏整理委員會整理：〈檀弓下第四〉，《禮記正義（十三經注疏）》，卷9，第310頁。

[30] 十三經注疏整理委員會整理：〈文公五年〉，《春秋公羊傳注疏（十三經注疏）》（北京：北京大學出版社，2000年），卷13，第331頁；陳華文：《喪葬史》（上海：上海文藝出版社，1999年），第65-66頁。

[31] 十三經注疏整理委員會整理：〈中庸第三十一〉，《禮記正義（十三經注疏）》，卷52，第1681頁。

[32] 十三經注疏整理委員會整理：〈檀弓下第四〉，《禮記正義（十三經注疏）》，卷9，第310頁。

[33] 薑義華注譯：《新譯禮記讀本》（臺北：三民書局，2007年），第144-145頁。

[34] 惜緣：《有客到》，第114頁。

[35] 萬建中：《圖文中國民俗、喪俗》（北京：中國旅遊出版社，2004年），第65頁。

[36] 許慎撰、段玉裁注：《說文解字注》（上海：上海古籍出版社，1981年），第163頁。

[37] 鄭曉光、徐春林、陳士良編：《中國殯葬文化》（上海：上海文化出版社，2012年），第95頁。

[38] 十三經注疏整理委員會整理：〈曲禮上〉，《禮記正義（十三經注疏）》，卷3，第90頁。

[39] [清]王先謙撰，沈嘯寰、王星賢點校：〈禮論〉，《荀子集解》，卷13，第375頁。

[40] 鄭曉光、徐春林、陳士良編：〈士喪禮十二〉，《中國殯葬文化》，第97頁；十三經注疏整理委

親家屬在未入殮前，留在逝者的遺體旁邊徹夜守護，或是在入殮後睡在棺木旁，象徵家人「無法須臾離」的孝心，就是無法離開片刻，直至出殯為止[41]。

儀式中的「破地獄」，又稱為「破九幽」、「破九方地獄門」，是在香港殯儀館常見的道教打齋儀式的其中一個環節，由於舞步獨特，火光耀眼，令人留下深刻印象。值得留意的是，孝子無法知道逝者在地獄所受的苦，透過儀式破開瓦片，代表打開九方地獄大門，照亮幽獄，讓逝者得以重見光明，能夠沿著光明脫離地獄火海，猶如手持指南針，不再迷失方向。根據香港道教聯合會梁德華主席在訪問中談及，「破地獄」儀式旨在幫助逝者解除痛苦，用作勸誡亡靈釋懷，不再受生前罪孽困擾，安安樂樂地離開人世[42]。

最後，就葬的儀式而言，是喪葬禮儀的最後程序。司馬光在《溫國文正公文集》卷第七十一的〈葬論〉說：「葬者藏也，孝子不忍其親之暴露，故斂而藏之。」[43]昔日以土葬為主，將抵達墓地的靈柩安放入壙穴，然後埋上泥土，讓逝者入土為安。明太祖朱元璋（1328-1398）崇尚儒學，認為火葬有違孝道，「傷恩敗俗，莫此為甚」[44]，嚴令禁止火葬，甚至利用法律加以壓制，在《大明律》中規定：「將屍燒化及棄置水中者，杖一百。」[45]清乾隆（1711-1799）年間頒布詔令禁止火葬，入土為安的觀念因此植根華人社會[46]。

「下柩」的儀式是把靈柩放入墓穴。古時送葬親友跟隨著輇（載運靈柩的車）抵達墓地後，各有職務，《禮記・雜記下》記述：「弔，非從主人也，四十者執綍。鄉人，五十者從反哭，四十者待盈坎。」即是年齡四十以下的人負責執紼（「綍」同「紼」）助葬，這些年輕人集合眾人之力，一同拉著牽引靈柩繩子，在落葬時共同合作把靈柩平穩緩慢地降入壙穴中[47]。靈

員會整理：《儀禮注疏（十三經注疏）》，卷35，第759-781頁；十三經注疏整理委員會整理：〈士喪禮〉，《儀禮注疏（十三經注疏）》，卷36，第782-805頁；十三經注疏整理委員會整理：〈士喪禮〉，《儀禮注疏（十三經注疏）》，卷37，第806-833頁。

41 鄭志明：《當代殯葬學綜論》，第145頁。

42 鄭志明：《當代殯葬學綜論》，第145頁。

43 彭天相著，彭衛民箋譯：《喪禮撮要箋釋》，第188頁。

44 夏原吉等纂修：〈洪武三年六月戊寅條〉，《明太祖實錄》（臺北：中央研究院歷史語言研究所，1966年），卷15，第1052-53頁。

45 懷校鋒點校：《大明律附大明令問刑條例》（遼寧：遼瀋書社，1990年），第95頁。

46 張捷夫：《喪葬史話》（臺北，國家出版社，2003年），第151-170頁。

47 十三經注疏整理委員會整理：〈雜記下第二十一〉，《禮記正義（十三經注疏）》，卷42，第1407頁。

柩入壙後，由於「老者不以筋力為禮」，年滿五十的送葬親友跟隨孝子回家反哭，餘下的年輕人繼續留下，直到壙穴填滿泥土[48]。惜緣居士在訪問中談及，現時下柩工作由仵工負責，他們運用粗竹和麻繩綁緊靈柩，去到壙穴中徐徐放下，交由喪家或風水師驗收，對靈柩的位置表示滿意後，仵工便會解去麻繩。根據《喪禮撮要箋釋》：「葬禮既畢，主人以下，返室奉神主，哭於中堂，是謂反哭。」孝子賢孫在完成葬禮後，帶著逝者的神主牌回家祭祀，盡哀而哭[49]。《禮記‧檀弓下》記載：「反哭之弔也，哀之至也。」由於子孫事死如事生，在落葬前還有靈柩可作為感情的寄託。但在落葬後，真正與逝者陰陽相隔，於心不忍而大哭，令人感到最終的哀傷[50]。

「解慰酒」是按照傳統在逝者落葬後，喪親家屬安排筵席，招待前來執紼送葬的親朋戚友，具有安慰心靈的意義；由於不少人認為喪禮是汙穢之事，出席喪禮容易招惹「晦氣」或俗語說「行衰運」，因而也稱為「解穢酒」。解慰酒共有七道菜，進食次序與傳統酒席相反，採用倒食法，先由糖水開始進食。正統的解慰酒是全齋宴，其中兩道菜必定是冬瓜和豆腐，因而俗語中的「冬瓜豆腐」，便成為形容死亡或發生一些不好的事情。按照傳統在喪家守孝期滿脫服，假如逝者年滿六十歲，會到逝者靈前簪上金花和繫上紅帶，稱為「簪花掛紅」或「纓紅」，因此招待親友的筵席則稱為「纓紅宴」，在席間派發「纓紅利是」，纓紅屬於「紅事用雙」，因而共有八道菜，利是的數目必須是雙數，如兩元硬幣，還附有一條紅繩和一片扁柏。現時，喪家多沒有考慮逝者是否年滿六十歲，大都在落葬後便即場脫孝（除去喪服），馬上宴請在場親友共進纓紅宴，代表孝期完滿，可說是與解慰酒二合為一了。解慰酒或纓紅宴的安排大致相同，不會進食諧音忌諱的食物，如不會進食蓮子糖水，恐怕有「連同兒子帶落黃泉」的意思，也不會進食瓜類食物，如勝瓜、節瓜和蜜瓜等，因香港俗語中「瓜」字的另一解釋是死亡，如「瓜咗」、「瓜老襯」。如有肉類也要避吃牛肉和馬肉，因為民間傳說是由牛頭馬臉帶領逝者前往黃泉，如食牛或馬肉恐怕物傷其類，惹惱兩位鬼差，因而在途上為難逝者[51]。

48　十三經注疏整理委員會整理：〈曲禮上〉，《禮記正義（十三經注疏）》，卷2，第63頁。

49　彭天相著，彭衛民箋譯：《喪禮撮要箋釋》，第294頁。

50　十三經注疏整理委員會整理：〈檀弓下〉，《禮記正義（十三經注疏）》，卷9，第317頁。

51　惜緣：《有客到》，第74頁。

五、小結

綜觀中國傳統喪葬文化，歷史悠久，由香港華人輾轉相傳，再經過本土化發展，成為今天一項重要的非物質文化遺產。本文從香港華人喪葬文化的「善終」與「善別」，討論殮、殯、葬儀式中關於中國傳統的孝道，藉此瞭解相關的喪葬儀式並非純粹迷信之說。此外，筆者透過舉辦公開講座、分享會及讀書會進行分享，以及應邀前往中學進行專題講座，與學生一同打破禁忌，幫助他們遠離恐懼，利用圖解方式談生論死，獲得廣泛的支持。學生不但投入參與討論，也能藉此機會掌握喪葬禮俗的基本知識，瞭解背後的文化意義，從而反思生命的價值，解答人生意義[52]。筆者期望日後繼續透過配合生死教育、臨終照顧、善終服務及喪親輔導等，以推廣相關知識為目標，相容教育與傳承之效。

---

[52] 《逝者善終、生者善別：圖解香港華人喪葬禮俗》（香港：衛奕信勳爵文物信託，2018年）及《逝者善終、生者善別：圖解香港華人喪葬禮俗教育小冊子》（香港：衛奕信勳爵文物信託，2018年）已全部免費派發給大專院校、中、小學校、公共圖書館、研究中心、文化機構及公眾人士等，如有興趣，可向相關機構借閱。

第十九章　從考古學論香港歷史教學內容

香港考古學會
吳偉鴻、計巍巍

香港特區政府教育局2019年《中學課程指引：歷史科課程指引（中一至中三）》（下稱「《指引》」）所規定的香港史教學內容存在有三個明顯缺陷：時代不連貫、大量歷史缺環以及重點不明確。而田野考古自二十年代以來，在香港有近百年的在地實踐，累積了實物標本與研究資料。在歷史文字記載不足的情況下，考古學的重要發現為人們瞭解古代社會提供了可能，基於田野工作而得的考古資料亦為充實香港歷史教學內容提供了客觀的史料。因此，有必要加強利用香港考古資料，充實香港歷史教學內容。

歷史學研究由「史料」和「史觀」兩部分組成。史料包括文獻、相片、圖和考古發現等等；史觀是組織史料和詮釋史料的觀點、理念，和學說。利用某一觀點、理念和學說蒐集、篩擇、組織、分析和解釋史料，即對史料進行詮釋。史料是中立的，史觀是主觀的。歷史學研究中，史觀具有引領作用，是組織史料得以重建古代社會的關鍵所在。司馬遷、馬克思、湯恩比、錢穆、黃仁宇等，各以其觀點解釋歷史，人類社會、文化、經濟發展過程和規律。因此，香港史教學內容也應該重視「史觀」的引領作用，組織「史料」，列出教學重點。而考古學在補充香港歷史教學方面，不僅僅是提供史料，並能以科學的分析結論充實香港歷史的史觀部分，以客觀材料的支援揭示古代社會人與自然的關係及反映社會關係。

考古學之所以可以做到對史料和史觀的雙重補充，是因為考古學在對無文字記載或很少文字記載的古代社會、文化、經濟進行考察時訴諸於科學的理論與方法。正如傅斯年所提，在若干歷史學的問題非有自然科學之資助無從下手，無從解決[1]。而考古學研究通過田野工作獲得客觀資料，並通過

1　傅斯年：〈歷史語言研究所工作之旨趣〉，《中央研究院歷史語言研究所集刊》，1928年第1本第1分冊。

考古學理論研究客觀資料。例如，考古學文化概念的提出。考古學文化是考古學研究理念，結合文物類型演變和地層疊壓，以既定史觀為指導思想，蒐集、篩選、組織、分析和解釋人類社會、文化、經濟的發展過程和規律。考古出土具有共同特徵的文物、建築遺蹟、垃圾堆和墓葬，在同一時代分布於廣泛地區，顯示這些物質由一群具有共同思想，和準則的族群遺留下來，則屬於同一的「考古學文化」[2]。由是觀之，考古學乃廣義歷史學分支。

一、中學歷史科課程指引的香港史教學內容

中一至中三《歷史科課程指引》將香港歷史教學內容分為三學年，相應為中一、中二和中三級。中一級香港史教學內容為香港漢族民系（廣府包括蛋家、潮州包括福佬、客家）及其風俗和節慶。香港史前史則放在「古代世界：史前時期至西元14世紀」，不放在香港歷史教學裡面去。中二級香港歷史教學內容為19世紀香港的發展，主要教學內容為英國殖民統治政策及制度對香港的影響；旁及英國殖民統治下的香港社會、族群、華人公益社團、傳教、治安和民生。中三級香港史教學內容為20世紀香港成長和蛻變，包括二戰前中國人在香港政制、經濟和社會的地位和角色、日本占領下的香港、二戰前後香港工業發展、普及文化變化和香港回歸祖國。

《指引》的香港歷史教學時代不連貫，有大量歷史缺環和重點不明確。在時序上，教學內容是不連貫的；內容沒有新石器時代至18世紀的香港歷史。中一級的教學內容為史前時期至西元14世紀，中二級教學內容為英國殖民統治下的香港，中三級教學內容為20世紀的香港。史前時期只講一件歷史事件，中石器時代的遊牧到農耕的變化。新石器時代、青銅器時代、歷史時代的上古、中古史竟然不是教學範圍！

教學內容存在大量缺環和重點不明確。《指引》的香港史教學完全是近現代史的內容。香港從舊石器晚期開始，經歷中石器時代、新石器時代、青銅器時代和歷史時代，不斷有人類活動和居住，但《指引》只要求教學中石器時代「從遊牧走向農耕（近年各地包括香港重要考古發現）」[3]。新石器

---

[2] 戈登・柴爾德（G. Childe）著，方輝及方堃楊譯：《歷史的重建：考古材料的闡釋》（*Piecing Together The Past*）（上海：三聯書店，2012年），第1-13頁。

[3] 香港特區政府教育局：〈2.4 內容大綱〉，《中學課程指引：歷史科課程指引（中一至中三）》，第10-11頁。

時代、青銅器時代和秦漢至元明的歷史卻不納入教學內容之內。

秦漢之際，廣東有四大原住民族群。香港與廣東中部（北江流域、東江下游、西江下游和珠江）原住民稱為「南越族」，廣東西部原住民稱為「西甌」，西南部原住民稱為「駱越」，東部原住民稱「閩越」[4]。班固《漢書》將「南越」改為「南粵」，廣東省因此簡稱為「粵」。秦始皇兼併嶺南至清代早期，前後五次漢族大移民到廣東省。第一批漢族大移民是西元前214年兼併嶺南南下的五十萬軍民，第二批漢族大移民在西元前111年漢武帝派十萬兵滅亡南越國之時，第三批漢族大移民是在南北朝時代。粵語是上古漢語與南越族固有語言混合而成。

西元前214年兼併嶺南之以後，大量漢人南下和歷朝統治，使廣東原住民族不斷漢化。粵西和粵北山區未漢化原住民稱為「瑤族」，粵東山區未漢化原住民稱為「畬族」。瑤族和畬族各有自己語言。宋元時期根據漢化程度，漢化程度高的瑤族稱為「熟瑤」，反之則稱為「生瑤」[5]。

新界廣府人五大宗族是第四批漢族移民，在宋元時代移居香港。客家人則是第五批漢族移民。清政府1661年頒布〈遷海令〉前，香港漢族只有兩個民系：廣府人（包括蛋家人）和福佬（潮汕和福建南部講閩南語的族群）。1668年清政府廢止〈遷界令〉及1684年全面復界後，清政府從粵東招墾軍籍客家農民、屯兵到香港和深圳，逐漸形成香港漢族三大民系的局面。但是，《指引》只以〈遷界令〉之後出現三個漢族民系（廣府人、福佬和客家）作為教學內容，忽視清代初期的漢族移民和原住民。此外，1684至1840年間香港歷史一字不提，然後要求教學1841至1997年英國殖民統治到回歸祖國的歷史。顯然而見，《指引》的香港史教學內容極其貧乏，重點不明確和時代不連貫，結果造成教學事倍而功半。

二、歷史文獻記載的香港

《指引》的香港史教學內容貧乏、重點不明確和時代不連貫的原因，不是缺乏相關歷史文獻，而是擬定《指引》有關人員香港史水準有限和不瞭解香港考古資料所致。雖然歷史文獻和碑刻有關香港記載不多，但其內容能仍

4　邱立誠：〈廣東青銅文化的土著特色〉，《粵地考古求索——邱立誠論文選集》（北京，文物出版社，2008年）。

5　司徒尚紀：《泛珠江三角與珠江文化》（香港，中國評論學術出版社，2006年）。

能反映政治、軍事、經濟、文化和人口等方面。以下按時序列出有關香港之重要文獻記載和碑刻，梳理青銅器時代晚期至清代香港地區歷史脈絡。

表1　香港重要歷史事件及相關文獻記載及碑刻

時代	歷史事件	歷史文獻及碑刻
戰國	縛婁國，在今博羅縣。 楚庭，在今番禺。	《呂氏春秋・侍君覽》 顧炎武《讀史方輿紀要》「廣州城」條
秦	秦始皇三十三年（前214年）在縛婁設立南海郡博羅縣，香港在其轄區之內。	《史記・秦始皇本紀》
漢	・設立南海郡，香港在其轄區之內。 ・漢武帝元封元年（前110年）設南海郡番禺縣鹽官。	《漢書・地理志》 陳伯陶《東莞縣志》卷一
三國・吳	・設立東莞郡博羅縣，香港在其轄區之內。 ・吳・甘露元年（265年）在東莞郡博羅縣設「司鹽都尉」。	《太平廣記》卷157 馬臨《文獻通考》卷15
晉	・東晉成帝咸和六年（331年）設立東官郡寶安縣，香港在其轄區之內。 ・東晉安帝義熙七年（411年）盧循兵奚奚敗於廣州，餘衆逃至大奚山（今大嶼山）、南亭山、竹沒山等島嶼。	《晉書・地理志》 宋・王象之《輿地紀勝》引《南越志》
南朝	・設東官郡寶安縣，香港在其轄區之內。 ・劉宋文帝元嘉年間（424-453年）杯渡禪師至青山（羊坑山），建杯渡庵，又在屯門北靈渡山修行，建靈渡寺。	南朝・沈約《宋書・州郡志》東官太守條 宋・蔣之奇《杯渡山紀略》 明・黃佐《廣東通志》卷64 清・嘉慶版《新安縣志》卷4、12 釋慧皎《高僧傳・神異下・宋京師杯渡》
唐	・設東莞鹽場。 ・玄宗開元二十四年（736年）正月，廣州寶安縣設屯門鎮，由嶺南節度使指揮，領兵二千人，以防海口。 ・玄宗天寶三年（744年），南海太守劉巨鱗率屯門鎮兵北上浙江，剿滅海盜吳令光。 ・自廣州出發，經屯門，經南中國海，航行至三佛齊（Srivijava，今印尼）。 ・韓愈〈贈別元十八協律〉：「屯門雖云高，亦映波浪沒。」	宋・歐陽修、宋祁《新唐書・地理志》 王溥《唐會要》卷73 宋・周去非《嶺外代答・卷三・航海外夷》 明・應檟《蒼梧總督軍門志》 清・阮元《廣東通志》卷124引〈縣志〉 青山山巔及青山寺韓愈〈高山第一〉刻石題記
南漢	・中宗乾和十一年（954年）屯門鎮檢點陳巡命工鑄杯渡禪師像於杯渡山（今青山）供養。 ・設媚川都，採珍珠於大步海。	宋・蔣之奇《杯渡山紀略》 康熙版《新安縣志》卷3 嘉慶版《新安縣志》卷18

時代	歷史事件	歷史文獻及碑刻
宋	・設東莞縣官富鹽場（今九龍）、海南鹽場（今大嶼山）。官富鹽場於南宋孝宗隆興二年（1164年）併入疊福鹽場。 ・杯渡山（今青山）下設「捕盜廨」。 ・南宋真宗大中祥符五年（1012年）修建南佛堂石塔。 ・南宋寧宗慶元三年（1197年）廣東提舉茶鹽司徐安國率領催鋒軍大奚山（今大嶼山）輯拿私鹽，剿滅罪犯。 ・南宋端宗景炎二年（1277年）四月益王趙昰從福建至官富鹽場，同年九月撤往淺灣，後至今中山市。 ・南宋端宗景炎二年文天祥過伶仃洋。 ・北宋至南宋，漢族十七姓宗族從江西、福建、河南、廣東梅州及東莞遷到今深圳及香港。	宋・蔣之奇《杯渡山紀略》 《元豐九域志・卷九・廣南東路篇》 《中興會要・食二十七・鹽法》隆興二年（1164年）十一月十五日條 宋・王之象《輿地紀要・卷八十九・廣州古蹟》「大奚山」條引《朝野雜記》 《中興會要・食二十八・鹽法》南宋孝宗淳熙十年（1183年）五月二十九日條 南宋度宗咸淳十年（1274年）北佛堂刻石題記 《宋史・文天祥傳》 明・盧祥《東莞縣志・卷一・山水》
元	・設立屯門巡檢司，駐防寨兵150名。 ・成宗大德年間（1297-1307年），裁撤官富鹽場。設官富巡檢司，駐防寨兵150名。	元・陳大震《南海縣・卷十・兵防、巡檢、寨兵》 明・黃佐《廣東通志》卷4
明	・世宗正德十年至嘉靖元年（1517-1522年）葡萄牙人占據屯門島（今大嶼山）。 ・世宗正德十六年（1521年）八月廣東海道副使汪鋐率海軍與葡萄牙船隊海戰於大嶼山與屯門之間的海面。 ・世宗嘉靖四十四年（1565年）設南頭寨，在佛堂門設營汛。 ・神宗萬曆元年（1573年）從東莞縣劃出南部，成立新安縣，轄區包括香港及深圳。新安縣全縣人口33,971人，地方行政分為三級：鄉、都、里。	《嘉靖實錄》卷4 《明史・佛朗機傳》 明・郭棐《廣東通志・卷六十・佛朗機傳》 康熙版《新安縣志》卷20 明・陳文輔〈都憲汪公遺愛祠記〉
清	・世祖順治三年（1646年）明朝新安知縣率軍民獻城降清。 ・順治十八年（1661年）清政府頒布〈遷海令〉。聖祖康熙二十三年（1684年）全面復界，清政府從粵東招墾軍籍客家農民、屯兵到香港和深圳。康熙二十四年（1685年）新安縣在籍人口7,061人。 ・世宗雍正二年（1724年）廣東水師在南佛堂（今東龍洲）及大嶼山雞翼角設立兩座炮臺。 ・仁宗嘉慶十五年（1810年）佛堂門炮臺裁撤，在九龍灣興建九龍炮臺。 ・嘉慶十四年（1809年）中葡海軍圍剿海盜郭婆帶及張保仔船隊於大嶼山東涌海面。	康熙版《新安縣志》卷4、11 嘉慶版《新安縣志》卷13 《清聖祖實錄》 清・阮元《廣東通志・職官五十・廨署二》 清・屈大均《廣東新語・地語・遷海》 〈勘建九龍寨城全案〉 〈光緒元年龍津石橋碑〉

時代	歷史事件	歷史文獻及碑刻
清	·嘉慶二十三年（1819年）新安縣在籍人口239,112人。 ·宣宗道光二十八年（1848年）興建九龍寨城及重修九龍炮臺。 ·德宗光緒元年（1873年）建成龍津石橋。	

表1所錄歷史記載包括地方行政、產業、居民、宗教、軍事、海防、遠航等方面。以區區一千一百平方公里的香港特別行政區而言，其歷史記載十分豐富。如將歷史文獻的史料組織起來，香港古代歷史足以全面呈現。如果加上香港考古發現，則香港古代社會、文化、經濟面貌能一一清晰地呈現，成為香港史完整教學內容。

三、香港考古發現

（一）舊石器時代晚期至新石器時代早期（距今四萬年至八千年）

更新世晚期末次冰期（二萬二千年前至一萬五千年前），香港海平面比現在低數十米。現在海底在那個時代是沼澤和河谷（如維多利亞港和東、西舶寮海峽），當時人類可能居住在那裡。從一萬五千年前開始，全球氣候回暖，海平面上升，八千多年前升至現在海平面；香港海岸線在此時形成。大片陸地被海水淹沒，也淹沒舊石器時代考古遺址。

舊石器時代晚期由四萬年前至一萬二千年前，新石器時代早期是一萬二千年至九千年前。香港目前只有一處舊石器晚期遺址，位於企嶺下海東岸一座名為「黃地峒」的山上。黃地峒遺址2004年發現，2004年和2005年調查和發掘，出土六千多件石料和打製石器。黃地峒出土矽質凝灰岩石器，顏色淺灰至灰黑色，有水平層理，質地堅硬。

黃地峒出土打製石器有手斧、手鎬、尖刃器、錛形器、砍砸器、刮削器和雕刻器，另有少量石葉。石器以斷塊、石核和石片為毛坯。製作方法以錘擊法為主，偶爾用砸擊法（兩極法），亦有銳棱砸擊法。以錘擊法打出的石片多為寬型（橫長石片）而且薄，長型石片也不少。整型加工主要用錘擊法，偶爾用砸擊法（兩極法），主要用於坯材的減薄工序上，多見於錛形器。石片檯面以小型居多，約11%有線狀檯面，部分石片是打片後有意識修理掉的，使檯面成為刃狀[6]。黃地峒手斧在技術上屬於「兩面器」（biface）。手鎬以單面加工而成，其尖突粗大厚實、器身橫剖面為菱形。黃地峒發現形態上接近蘇門答臘式（Sumatralith）的石核，其腹面未經剝片修理，背面周邊工作緣剝片修理。

更新世晚期至全新世早、中期嶺南和東南亞大陸和島嶼打製石器工業變化分為四個階段：「石核石器→石片石器→礫石石器→細石葉」。黃地峒打製石器屬於石片石器範疇，也有發現少量細石葉石核和細石葉。由此可見，黃地峒石器分為兩個技術階段；石片石器和細石葉，對華南舊石器晚期石器類型的變化有著重要的指標作用[7]。

黃地峒石器和石料主要出土於第三和第四層，其餘各層有若干發現。光釋光測定年代：第一層距今一萬九千三十八年，第二層距今五千三百八十年，第三層距今六千七百年，第四層中部距今一萬三千一百年，第四層下部距今一萬三千七百年，第五層有兩個數據：距今二萬一千年、三萬五千年和三萬九千年。年代測定說明香港在舊石器時代晚期至新石器時代早期已經有人類活動。

新石器時代從一萬二千年前至四千年前，分為早、中、晚三期。香港新石器時代遺址大都分布在海邊的古沙堤、海岸和河流階地及海岸岬角上。遺址位置和出土文物顯示新石器時代香港居民已經懂得以下幾件事：（1）航海技術；（2）利用海洋資源（捕魚、吃貝類）；（3）耕種水稻（西貢沙下遺址發現約四千年前的炭化稻米）。

「考古學文化」定義：具有共同特徵的器物、建築遺跡、垃圾堆和墓葬，在同一時代和地區出現，表示這些物質由一群具有共同思想和準則的族群所留下來的，則屬於同一考古學文化。新石器時代中期至鐵器時代早期香港考古學文化先後次序為：咸頭嶺文化→虎地文化→河宕文化→虎頭埔文化→梅花墩文化→米字紋陶時期（表2）。

6　張森水、吳偉鴻編：《西貢黃地峒舊石器時代晚期遺址》（香港：中國評論學術出版社，2010年）。

7　王幼平：《更新世環境與中國南方舊石器文化發展》（北京：北京大學出版社，1996年）。Pham, Van Kinh and Luu Tran Tien 1978 “The Loner Palaeolithic Site of Nui Do” *Vietnamese Studies*, no.46, Hanoi. 彼德·伍活（2003）：〈史前東南亞〉，《劍橋東南史》（昆明：雲南人民出版社）。

表2　香港考古分期

考古分期一	考古分期二
舊石器時代晚期	舊石器時代晚期
新石器時代早期	新石器時代早期
新石器時代中期	咸頭嶺文化 虎地文化
新石器時代晚期 （商時期）	河宕文化 虎頭埔文化
青銅器時代早期 （西周至春秋時期）	梅花墩文化
鐵器時代早期（戰國時期）	米字紋陶時期
歷史時代	秦、漢、三國、晉、南北朝、唐、宋、元、明、清

（二）新石器時代中期：咸頭嶺文化及虎地文化（距今七千年至五千五百年）

咸頭嶺遺址位於大鵬灣北岸，「咸頭嶺文化」典型陶器為泥質印紋陶器和畫上紅彩的陶器。過路環遺址在赤鱲角島東岸，是一處海岸階地遺址。「過路環文化」典型陶器器身素面、圈足刻畫弦紋、指甲紋的乳白色陶器，和印上繩紋的夾砂陶炊器。咸頭嶺文化遺址有十處：屯門湧浪、龍鼓洲、龍鼓灘、香港島春磡角、南丫島大灣、深灣、蘆鬚城、大嶼山稔灣、蟹地灣、赤鱲角島深灣村。虎地文化遺址有八處：赤赤鱲角島虎地、過路環上區、深灣村、西貢沙下、長洲東灣、屯門湧浪、大嶼山長沙欄和大丫洲等。

咸頭嶺遺址彩陶器和印紋泥質陶片分為三期，第一期年代距今六千九百六十五年[8]。香港龍鼓洲1994年出土彩陶器，和龍鼓灘2003年出土的印紋泥質陶片相當於咸頭嶺第一期。香港島春磡角和屯門湧浪遺址北區彩陶盤和細繩紋陶釜，相當於咸頭嶺第三期彩陶，年代距今六千年。咸頭嶺文化之後是虎地文化，年代距今五千九百年前至五千五百年前。

咸頭嶺文化來自距今約七千年前湖南省南部高廟遺址、湯家崗文化、大溪文化[9]，彩陶器泥質和印紋陶器經湖南省沅水支流，進入西江上遊的潯江，至廣西柳州入西江，經西江東下至珠江，傳至深圳和香港。不過，也有

8　深圳市文物管理委員會等：《深圳7000年：深圳出土文物圖錄》（北京：文物出版社，2006年）。

9　「考古學文化」是二十年代歐洲考古學者所創立的概念。是指特定時空裡的某一族群人的特有的文化、科技、藝術、信仰、社會和經濟形態，其特有之處能在器物特徵反映出來。

考古學者主張彩陶是本地獨立發明的，因為深圳和香港很容易找到赤鐵礦石作為紅彩顏料。

（三）新石器時代晚期：河宕文化及虎頭埔文化（距今五千五百年至三千五百年）

香港新石器時代晚期以「銀洲二、三期文化」及「虎頭埔文化」的幾何印紋陶器和石戉為典型器物。河宕遺址位於廣東佛山，虎頭埔遺址位於廣東省揭陽縣。此時期陶器燒成溫度高一千攝氏度，陶器硬度高，吸水率高，拍印幾何圖形，統稱此類陶器為「幾何印紋陶」。幾何印紋軟陶在新石器晚期出現，河宕文化陶器紋飾有複線方格紋，和複線方格突點紋、曲折紋、雲雷紋、重圈紋、波浪紋、葉限脈紋、圓點紋、長方格紋。器型有折肩凹底罐、折肩圈足罐、陶豆、陶盆、夾砂繩紋陶釜等。年代距今五千五百年至三千九百年[10]。虎頭埔文化典型陶器為小口直頸鼓腹矮圈足陶，紋飾為葉脈紋、斜條紋；典型玉禮器為戉，年代距今四千年至三千五百年[11]。

香港新石器時代晚期遺址有二十一處：南丫島蘆鬚城、深灣、大灣、馬灣島沙柳塘、東灣仔、屯門湧浪、上白泥、掃管笏、龍鼓灘、沙洲、龍鼓洲、長洲鯆魚灣、西貢沙下、長洲大貴灣、西灣、白鱔灣、大嶼山白芒、沙螺灣半島、大浪灣、扒頭鼓和赤鱲角島深灣村。這些遺址發現與粵北石峽遺址第二文化層相同類型的陶器群，如折肩凹底罐、表面拍印裝飾複線方格紋、曲折紋、複線方格突點紋、圓點紋、雷紋等，還有泥質素面陶豆和夾砂繩紋陶釜等。同類陶器在珠海市寶鏡灣遺址亦有發現，其絕對年代距今四千零九十年。石器方面大量出現磨製工具和兵器，如石錛、石斧、石矛頭和柳葉型石箭頭；還有在香港本地生產的裝飾品，如石英、水晶和頁岩的玦、環；禮器有湧浪和鰲磡沙遺址出土的石戉，也有磨食物或磨製石器的磨石和捕魚用的石網墜。

1997年馬灣島東灣仔遺址發現距今四千多年村落和墓葬多座，和「香港人」遺骸。根據頭形特徵，距今四千多年「香港人」具有典型蒙古人種海洋類型，例如眼眶高、嘴唇厚大等，男性身高一百六十釐米，女性身高一百五十釐米。女性有拔牙的風俗。拔牙是越人風俗，女人成年或出嫁拔除兩顆上

10　楊式挺、邱立誠等：《廣東先秦考古》（廣州：廣東人民出版社，2015年）。

11　揭陽考古隊：《揭陽考古（2003-2005）》（北京：科學出版社，2005年）。

門牙。北宋周去非《嶺外代答》記載，北宋拔牙風俗仍在廣東和廣西原住民中流行。

農業是文明出現的先決條件，它在人類歷史具舉足輕重的意義。廣東省英德市牛欄洞遺址發現一萬二千年前的稻米[12]，由此可見中國南方至少在一萬年前應有農業的出現。究竟香港在什麼時候才有農業？以前香港史學者認為在宋代（960-1279年），當嶺北南下的漢族移民在新界定居後，香港才有人耕田。但是，近年的考古發現推翻了這個看法。

2001年，西貢沙下遺址收採二百九十一個土壤標本，發現了四顆炭化的稻米（其中兩顆為栽培稻*Oryza sativa*）；還有大量的稻亞科、栽培種的葫蘆科植物矽酸體和其他植物的矽酸體、蕨類和草本植物的孢粉。孢粉反映從新石器時代晚期到漢代，香港處於溫暖潮濕亞熱帶，接近熱帶氣候。發現栽培稻米闡明四千多年前香港已經有農業[13]。

「梅花墩文化」典型陶器是拍印夔紋的圜底陶器，還有青釉陶豆、幾何印紋夾砂陶器、薄型石英玦、青銅斧、青銅匕首、青銅雙翼箭頭、青銅戈的考古學文化。梅花墩位於廣東省博羅縣東江北岸，是一處燒製夔紋陶器的窯址。粵港青銅器時代早期出現仿青銅器花紋的圖案，例如雲雷紋和勾連紋。粵港青銅器時代晚期最具地方特色的陶器是「夔紋陶」（夔是獨腳龍），粵港夔紋陶受江西和湖南商周青銅器的夔龍紋影響而產生。梅花墩文化年代為西周至春秋時期。

香港青銅器時代早、晚期遺址有三十七處：錦田七星崗、後海灣牛磡沙、牛磡石、沙崗廟、下白泥、大埔林村谷內的吊燕崗及沙梨輋、馬灣島東灣仔、南丫島榕樹灣、大灣、深灣、蘆鬚城；長洲大貴灣、西灣、白鱭灣，屯門掃管笏、龍鼓灘、上白泥、沙崗廟；赤鱲角過路下區、西貢沙下、大嶼山水口、蟹地灣、萬角咀、白芒、長沙瀾、沙螺灣、煎魚灣、塘福、長沙、大浪灣、長沙灣、水口、塘福、扒頭鼓和大丫洲。

當時香港是水晶、石英和頁岩飾物「玦」和「環」的製作中心，幾乎所有香港東西部海灣都大量出土玦和環，大部分外銷至廣東、廣西和湖南南部。同類型環和玦，越南北部亦有發現。

12　廣東省珠江文化研究伯嶺南考古研究專業委員會等：《英德牛欄洞遺址》（北京：科學出版社，2013年）。

13　Lu, Tracy, "Zhou and Zheng 2005 The Prehistoric and Historic Environments, Vegetations and Subsistence Strategies at Sha Ha, Sai Kung", *The Ancient Culture of Hong Kong, Archaeological Discoveries in Sha Ha, Sai Kung*, (Hong Kong, Antiquities and Monuments Office).

雖然青銅器時代早期港粵出土青銅器不多，香港出土仿青銅兵器的石戈（南丫島大灣出土）；和仿製華北商周文化玉禮器，例如南丫島大灣遺址出土的「牙璋」）、沙洲出土的玉戈和大嶼山蟹地灣出土的玉瑗等。

夔紋陶器是廣東特有的陶器，珠江三角洲、廣東北部和東部也有大量發現。夔紋陶多為圜底罐，在陶器上下部拍印一層又一層的「F」形紋飾，部分陶罐肩部以上拍印幾層細方格紋和刻畫橫線。與夔紋陶共存幾何印紋硬陶紋飾有菱格凸點、回字凸點、方格凸點、鉤連雷紋、席紋、曲折紋、重圈紋等。器型以圜底器為主，有少量平底器、三足器和圜凹底。器類有青釉弦紋豆、罐、簋、缽、壺、碗和杯等。

香港青銅器時代晚期人們使用小型青銅工具和青銅兵器，有斧、漁鈎、竹篾刀和箭頭，部分在香港使用砂岩雙合範鑄造。珠海市沙下遺址青銅斧砂岩鑄範和夔紋陶伴出，赤鱲角島過路環遺址下區KC探方第二號墓，一對青銅斧的砂岩鑄範與篦點紋平底陶罐伴出。2011年屯門掃管笏遺址砂岩鑄範與夔紋陶及石環毛坯伴出。此外，香港也有發現青銅兵器：青銅匕首、青銅短劍、青銅矛、青銅箭簇和青銅戈，在在說明夔紋陶時代香港廣泛地使用和鑄造青銅器。廣東省博羅縣梅花墩夔紋陶窯址、橫嶺山二百二十四座青銅器時代墓葬，出土大量夔紋陶和青銅鼎、鐘和青銅武器，有利研究青銅器後期先民生活和社會結構。

青銅器時代嶺南發展為階層複雜的社會。春秋戰國時期的嶺南大墓出土大量楚式器物，部分青銅器上鑄有「王」字，墓主人應為酋長，估計青銅器時代嶺南發展成為酋邦社會[14]。據《史記・越王勾踐世家》、《淮南子・人間訓》和《呂氏春秋》等古籍記載，戰國時期嶺南已有「王」和「君」。《呂氏春秋・侍君覽》記載廣東中部和西部有四個方國：「縛婁」、「驩兜」、「陽禺」、「蒼吾」[15]。此四方國位於廣東博羅、番禺、英德和廣西梧州。廣東博羅縣橫嶺山發現二百二十四座青銅器時代墓葬，出土大量夔紋陶和青銅鼎、青銅鐘和青銅武器，顯示「縛婁」應在今天博羅縣境內。

---

14 Allard, F. 1994 Interaction and Social Complexity in Lingnan During the 1st millennium B. C. *Asian Perspectives*, 33 (2). 楊式挺、邱立誠等：《廣東先秦考古》（廣州：廣東人民出版社，2015年）。

15 譚其驤：《簡明中國歷史地圖集》（北京：中國地圖出版社，1996年）；徐恒彬：〈廣東古國論〉，《華南考古》，2004年第1期。

（四）鐵器時代初期和歷史時代早期

鐵器時代初期是指戰國（西元前476至前221年）晚期至西漢早期。在戰國時期，「米字紋陶器」在廣東和香港取代「夔紋陶器」成為主流陶器。燒造米字紋陶器地點在東江邊的增城西瓜嶺遺址和北江邊的始興白石坪遺址。香港發現米字紋陶器有四處遺址：屯門龍鼓上灘、元朗牛潭尾、林村谷的社山村和上水河上鄉。米字紋起源在華東地區，西周晚期至春秋早期，華東太湖地區出現米字紋陶器器，戰國時期米字紋陶器傳播到江西和福建[16]。西元前355年楚國滅亡越國之後，米字紋陶器傳入廣東[17]。米字紋陶器在廣東年代下限應為西漢文帝時期[18]。米字紋陶器時期的香港已經使用鐵斧和鐵臿（耕作農具）。

西元前214年秦始皇兼併嶺南，統一中國，香港進入歷史時代。秦代香港成為「南海郡番禺縣」的管轄區，漢代至西晉香港隸屬於南海郡博羅縣；東晉時隸屬於東莞郡寶安縣，其後大部分時間香港隸屬於東莞縣。明神宗萬曆元年，從東莞縣南部（即今天深圳和香港）劃出一個區域，成立新安縣。中華民國元年將新安縣改為寶安縣。

西元前207年秦王朝滅亡，秦南海郡尉趙陀派兵攻克李桂林郡及象郡，自立為「南越武王」，在兩廣和越南北部建國，史稱「南越國」，國境包括香港。西元前196年漢高祖封趙陀為南越王。西元前111年南越國內內訌，漢武帝派樓船水軍十萬，從江西、湖南和廣東進攻番禺，殺南越王趙建德及丞相呂嘉，南越國亡。漢代香港、兩廣和越南北部的典型陶器上的裝飾花紋是方格紋之上拍印方形、菱形或圓形的圖案。香港漢代遺址共有九處，有大嶼山白芒、馬灣島東灣仔、西貢滘西洲、鹽田仔、屯門掃管笏、龍鼓上灘、南丫島沙埔村、大嶼山竹篙灣和九龍李鄭屋村。

---

16 邱立誠：〈百越文化傳播與交流的考古學證據〉，《華南考古》，2008年第2期。

17 邱立誠：〈嶺南地區的青銅文化〉，載氏著：《粵地考古求索——邱立誠論文選集》（北京：文物出版社，2008年）。

18 李龍章：《嶺南地區出土青銅器研究》（北京：文物出版社，2006年）。

四、文獻和考古視野下的香港

綜合歷史文獻和考古發現，香港自古以來有十二個特點：凝灰岩石器生產、種植水稻、玦環製造、海鹽生產、石灰生產、佛教傳播、遠航防衛、珍珠生產、貿易轉口港、皇室避難、青花瓷製造和海防炮臺（表3）。屯門是廣州遠航的外港，也是海防重鎮。南朝宋文帝元嘉五年（428）杯渡禪師往來廣州和交州之間[19]，曾居停於青山，青山從此遂成佛教名山。總括這十二個特點，大部分離不開自然資源的開發——製造凝灰岩石器、玦、環、青花瓷器、生產海鹽、石灰、開採珍珠，其他則與地理位置有關：佛教傳播、遠航和貿易港口、海防炮臺。這十二個特點應列為香港歷史教學內容。以下以其中四個特點簡要說明教學內容。

表3　香港歷史特點及其終始時期

時期 / 特點	舊石器晚期	新石器晚期	春秋戰國	漢	三國	晉	南朝	唐	南漢	宋	元	明	清
1. 凝灰岩石器生產	■												
2. 種植水稻		■	■	■	■	■	■	■	■	■	■	■	■
3. 玦環製造		■	■										
4. 海鹽生產				■	■	■	■	■	■	■	■	■	■
5. 佛教傳入							■						
6. 遠航防衛——屯門兵鎮								■	■	■			
7. 石灰生產								■					■
8. 珍珠生產									■	■			
9. 皇室避難										■			
10. 貿易轉口港										■	■	■	■
11. 青花瓷製造												■	
12. 海防炮臺													■

19 釋慧皎：《高僧傳・神異下・宋京師杯渡》。

（一）海鹽生產

據《漢書・地理志》記載，西漢武帝元封元年（西元前110年），漢朝在南海郡番禺縣設立鹽官管理海鹽生產。海鹽必須在廣闊而淺平的海灣裡生產，而在九龍長沙灣畔，適合煮海為鹽，該處應該是漢代鹽場。1955年李鄭屋村發現一座東漢磚室墓，漢朝在南海郡番禺縣設立鹽官，李鄭屋漢村墓應是東漢鹽官墳墓。

《新唐書・地理志》記載唐代廣州東莞縣出產海鹽。香港當時屬於東莞縣。香港有五十八處海灣發現大量窯爐，赤鱲角島深灣村發現十二個窯爐。窯爐圓柱形，高三米，直徑一米半至二米，用砂磚砌成。窯爐結構分為地上部分和地下兩部分：地上部分為窯室，深一米；地下部分為火膛，高二米。目前對這些窯爐有兩種解釋：（1）燒製石灰：用貝殼或珊瑚來燒製石灰，用作建築材料。（2）生產海鹽的爐灶[20]。比地面高三米的窯爐不可能是鹽灶，因為鹽灶像一般爐灶，高出地面半米至一米，而且爐面有火口引出火焰。

《元豐九域志・卷九・廣南東路篇》和《中興會要・食二十六、二十七・鹽法》記載北宋「廣南東路」（廣東省原名）有十七個國營鹽場，香港境內有三個鹽場：黃田鹽場在新界西部海岸、官富鹽場在九龍，海南鹽場在大嶼山（宋代稱為「大奚山」）[21]。當時香港沿海居住大量煮海為鹽工和家眷。鹽工稱為「鹽丁」，其家戶稱為「灶戶」，鹽田稱為「灶田」。香港境內有三個鹽場，很多海灣都發現宋錢、宋瓷和宋墓。後海灣（深圳灣）輞井圍旁邊，發掘一處約一百平方米宋代房屋遺跡，有完整的鋪地磚和陶製的地下水管，應與黃田鹽場有關。

南宋孝宗乾道二年（西元1166年）官府輯辦私鹽，大嶼山鹽民和海鹽走私者一千多人造反，朝廷派三百名摧鋒水軍「盡執島民戮之無餘類」[22]。亂平之後，摧鋒水軍駐防於大嶼山。寧宗慶元六年（1200年）摧鋒水軍從大嶼山海南鹽場調往官富鹽場駐守[23]。由此可見，大嶼山和九龍是宋代重要的海

---

[20] 李浪林：〈香港沿海沙堤與煮鹽爐遺存的發現與研究〉，《燕京學報》，2008年第24期。
[21] 梁庚堯：《南宋鹽榷：食鹽產銷與政府控制》（臺北：國立臺灣大學出版中心，2010年）。
[22] 見汝企和點校：《兩朝綱目備要・卷五・寧宗紀》（北京：中華書局，2014年）。
[23] 張一兵：《深圳古代史》（北京：文物出版社，1997年）。

鹽生產地點。2009年九龍灣原「聖山」位置東側靠背石村舊址（宋王臺公園南側）宋元遺址，出土六萬五千多片宋元陶瓷和一些建築遺跡，可見當時官富鹽場（九龍灣）是一處人口眾多的地方。

嘉慶版《新安縣志・卷八・鹽課》記載，元代繼承南宋國營鹽場，因海鹽產量下降，首先裁撤官富鹽場。其後海鹽產量每況愈下，香港境內唯一的國營黃田鹽場在明世宗嘉靖二十一年（1542年）裁撤；新安縣西岸國營東莞鹽場經營到清高宗乾隆五十四年（1789年）也結束，鹽田放淡之後改為稻田。

（二）貿易港口

屯門是進出廣州的航道，也是廣州的外港。唐代詩人韓愈在屯門有一個故事。韓愈因反對迎佛骨貶官潮州，自長安南下廣州，乘船去潮州上任，在颶風雷電交加之時，經過屯門，見青山崇立海上，有感而發，在船寫下一首律詩〈贈別元十八協律〉：

寄書龍城守，君驥何時秣？峽山逢颶風，雷電助撞捽。
乘潮簸扶胥，近岸指一發。兩岩雖云牢，木石互飛發。
屯門雖雲高，亦映波浪沒。餘罪不足惜，子生未宜忽。
胡為不忍別，感謝情至骨。

在青山山巔和青山寺杯渡洞窟旁有兩個相同的刻石題記〈高山第一〉，相傳是韓愈題字，似乎證明韓愈曾經登上青山遠望而留下墨寶。

盛唐時期，廣州設立管理海上貿易的市舶使。為保護海上貿易，玄宗開元二十四年（736年）設立獨立於地方政府之外的軍事駐防區「屯門兵鎮」，兵員二千人。屯門兵鎮設於今深圳南頭城內，香港屬於唐代屯門兵鎮的管轄區。2009年和2015年啟德機場西北部發現宋王臺遺址。遺址位於已夷為平地的三十多米高「聖山」北部。2009年該遺址內發現一個十五米長、十米寬的垃圾堆填坑，出土2.3公噸南宋和元代陶瓷。2012至2014年出土文物4.5公噸，約10.8萬片陶瓷片[24]。瓦片、瓦當、北宋「熙寧重寶」〔熙寧年間

24 吳震霖、金志偉、劉文鎖：〈香港九龍聖山遺址考古發掘簡報〉，《考古與文物》，2016年第6期。

（1068-1070年）〕和宋明墓葬亦有發現，出土瓷片有南宋至元代的龍泉系青瓷、建窯系黑釉茶盞、福建德化白瓷、福建同安窯青瓷、磁灶窯青瓷、閩清窯青瓷、江西景德鎮影青瓷、吉州窯畫花瓷器等。出土瓷片大量中高檔次瓷片，部分無使用痕跡，應是貿易瓷。顯示宋元時代，九龍灣西北部既有大型聚落，又是貿易轉口港。此外，在新界內陸平原和河谷階地也發現宋元文物，2011年錦田石崗高鐵地盤內發現南宋至明代聚落，出土1.5公噸南宋、元、明代陶瓷和瓦片，其中一件是元代青瓷高足杯。

香港發現明代中後期重要遺址有三處：第一處在大嶼山東北的竹篙灣（今廸士尼），第二處在大埔碗窯，第三處在官門（今萬宜水庫）沉船。官門沉船是一艘來自東南亞的大船，出土泰國指印幾何印紋釉陶罐碎片。

1514年George Alvares率領葡萄牙到達珠江沿海地區進行貿易。1517年8月15日葡人自馬六甲東來中國廣州貿易，到達「屯門島（Island of Tamão）[25]」（今大嶼山）的東涌。近年歷史學家研究葡國文獻和葡人航海針路，認為「屯門島」就是大嶼山[26]。葡人在大嶼山東涌居住六年（1517至1522年），建築炮臺，豎立葡萄牙國徽石柱，使大嶼山東涌成為葡萄牙在中國的貿易站。1521年6月22日至明朝廣東海道副使汪鋐率水師與葡人海戰於東涌海域，稱為「東涌戰役」。1521年9月8日葡人兵敗，離開屯門島，轉向福建廈門和浙江寧波發展貿易。在竹篙灣發現大批16世紀初江西省景德鎮青花瓷片，應與葡人東來貿易有關。由此可見當時大嶼山應是中葡瓷器貿易地方之一。

（三）青花瓷器生產

貿易瓷在世界歷史具有重要歷史意義。從16世紀開始，歐洲大量需求中國青花瓷，福建沿海瓷窯開始生產青花瓷，供應歐州洲市場。在這個大環境之下，1517年8月15日葡人自馬六甲東來中國廣州貿易，到達屯門島（今大嶼山）的東涌，其目的是購買青花瓷器。外貿市場大量需求，明神宗萬曆年間（1573-1620）香港大埔碗窯開始生產青花瓷器，供應海內外市場。1995年和1999年發掘大埔碗窯兩座明末至清初龍窯。臺灣省澎湖縣風櫃尾遺址

---

25 Tamão或拼寫為Timon，一說為內伶仃島。

26 吳志良、湯開建、金國平：〈「正德八年（1513年2月6日至1514年1月25日）」條〉，《澳門編年史・第一卷・明中後期》（廣州：廣州人民出版社，2009年）；吳偉鴻：〈1513至1522年葡人在香港大嶼山貿易地點考證〉，《香港考古學會會刊》，2017年第17卷。

出土碗窯青花瓷器[27]，顯示福建和香港青花瓷運到臺南熱蘭遮城（Zeelande Fort），由荷蘭東印度公司將青花瓷運到印尼爪哇巴達維亞（今雅加達），轉口運往歐洲。大埔碗窯生產青花瓷器證明16世紀末期，香港有大規模的手工業，如香港的青花瓷器，是當時世界貿易炙手可熱的商品。

（四）海防前線

16世紀倭寇、海盜和葡萄牙人是廣東的海患。1533年和1551年海盜兩次侵擾東莞，1558至1571年之間的十三年內，倭寇前後五次侵擾廣州、潮州、東莞和大鵬所城。1517至1521年葡萄牙占據大嶼山東涌，成為另一個海患[28]。

從17世紀中，臺灣明鄭政權成為廣東新海患。清政府為整治海防，對付臺灣明鄭反清復明義軍，17世紀末期至18世紀早期，清政府在我國沿海建造大量炮臺和墩臺。香港在此時建造兩座炮臺。

17世紀末期至19世紀中期清政府因應海防變化在香港境內修建兩期炮臺：第一期炮臺：18世紀初；修建東龍島北端「佛堂門炮臺」（1717年建，已發掘）和大嶼山西南端「大嶼山炮臺」（1717年建，即分流／雞翼角炮臺）。

第二期炮臺：19紀初期至中期，為對付海盜和歐洲（主要是英國）的侵略，修建大嶼山東涌兩座「石獅炮臺」（1817年建）、「九龍炮臺」（1811年建），和大嶼山東涌的「大鵬協右營所城」（1832年建，俗稱東涌炮臺）。清仁宗嘉慶十四年（1809年）中葡海軍圍剿海盜郭婆帶及張保仔船隊於大嶼山東涌海面，其後海盜郭婆帶及張保仔投降，兩年後興建九龍炮臺。九龍炮臺在原啟德機場客運大樓下面，2015年在九龍炮臺原址發掘，證明炮臺已在英國租借新界後拆除。1816年英國亞英士德使節團（Lord Amherest's Embassy）出使中國。使節團不依中國禮節晉見嘉慶皇帝，皇帝拒見使節團。使節團遂南下廣州，1816年11月16日使節團主力艦「阿爾提爾號」（*Alceste*）及「赫特威號」（*General Herwitt*）強行駛住廣州，為中國所拒，英國海軍與中國海軍在虎門開戰，翌年清政府在大嶼山東涌海岸興建兩座石獅炮臺。

---

[27] 郭學雷：〈香港大埔碗窯再認識〉，《南方文物》，2000年第4期。

[28] 張一兵：《深圳古代史》（北京：文物出版社，1997年）。

1839年鴉片戰爭第一仗在九龍灣開戰，駐防九龍炮臺的中國軍隊開炮轟擊在九龍灣海集結的英國船隊。鴉片戰爭和割讓香港島給英國，清政府在尖沙咀建造「臨衝炮臺」、「懲膺炮臺」（1840年建，1842年英軍毀，、「官湧炮臺」及海軍指揮中心「九龍寨城」（1847年建）。

「龍津石橋」是一座石碼頭，位於九龍灣，全長二百一十米。建於清穆宗同治十三年（1873年），德宗光緒二年（1875年）竣工。

從18世紀未起，西方貿易船已在香港維多亞港一帶停泊。1810年清政府因此在九龍灣建設九龍炮臺。據1834年西方海圖，九龍灣已有大形聚落，名為九龍（Co-lun）。1839年鴉片戰片戰爭在九龍灣開戰，中國軍隊在九龍炮臺擊退集結九龍灣的英國船隊。1841年1月英國占領香港島之後，九龍成為海防前線，兩廣總督耆英下令在九龍灣內陸建「九龍寨城」以禦海氛，1848年建成。寨城既是中國軍隊指揮中心，也是廣東省新安縣民政治所。

同治年間（1860-1872年），大量鴉片從香港走私中國大陸，清政府有鑑於此，在香港和九龍的航道上，設四個海關關卡，其中之一設在九龍炮臺側。1873年清政府因應海關、軍事和民政之需，向當地商民募捐修建龍津石橋。光緒二十四年（1898年）中英簽訂《展拓香港界址專條》，中國租借香港將新界租予英國，但不予租借九龍寨城及其相連的石碼頭——龍津石橋。1899年5月，英軍從香港島派兵占領九龍寨城，中國撤走官員兵丁以避其鋒。九龍寨城和及其連之龍津石橋，遂成為中英外交談判的議題。

根據〈龍津石橋碑〉及〈龍津石橋加長碑〉記載，和對比歷史地圖、照片後，確定龍津石橋原位置後，2008年和2012年發掘碼頭和北端接官亭[29]。接官亭北立面有同治十三年（1873年）「龍津」石匾，故名「龍津亭」。中國文武官員到九龍寨城上任，歡迎儀式在亭北廣場舉行，故又名「接官亭」。在接官亭的基礎裡，出土一件「同治年製」篆書款瓷碟殘件，與重修接官亭年份相同。

龍津石橋既與九龍一百三十多年來城市發展有關外，更與中國近代史息息相關。此外，石橋更是清政府文武官員到任登陸之處，於香港而言，具有重要歷史及和考古價值。

---

[29] Ng, Wai Hung Steven, *Full Excavation for Defining the preservation Approach of Lung Tsuen Stone Bridge Remnants*, (Hong Kong: AECOM Asia Ltd, 2013).

五、小結

綜合歷史文獻、碑刻和考古資料顯示，舊石器時代晚期至清朝滅亡，香港歷史是連貫的，是沒有缺環的；而且香港歷史有十二個特點：凝灰岩石器生產、水稻種植、玉石質飾物製造、煮海為鹽、燒造石灰、佛教傳扣播、遠航防衛、珍珠生產、貿易轉口港、皇室避難、青花瓷製造和海防炮臺。三個因素決定香港史的十二個特點：

1. 開發自然資源：香港從舊石器晚期開始有人類活動和居住。人們來到這裡目的是開發自然資源。土石質資源有凝灰岩、石英、水晶、頁岩和高嶺土，海洋資源有海鹽、珊瑚石和珍珠。人們利用自然資源製造玦環飾物、青花瓷器，生產海鹽和石灰、開採珍珠。
2. 優越的地理位置：香港位於南中國海北端，是東南亞到中國的第一站，通過河道到達湖南、江西和廣西。因此成為佛教傳播、遠航和貿易港口。
3. 海岸防衛：資源豐富，位置優越，大量人口居住，吸引盜賊，故需要海岸防衛，從而留下海防炮臺、海關、碼頭遺址。

中一至中三歷史科不可能全部教授香港史十二個特點，只可選擇具有重要歷史意義的特點作為教學內容。教學應該以上述三個因素為重點：香港歷史事件是環繞自然資源開發、地理位置優勢展開的，保衛自然資源和武力控制優越地理位置也鑄成了第三個特點。以此邏輯可以形成對香港早期人與自然關係的認識，以及對香港古代歷史脈絡的理解。

鑑於《指引》的香港歷史教學內容不連貫的，大量歷史缺環和重點不明確，茲建議在中一至中三級香港史教學重點如下。

1. 中一級教學課題：人類的需要：古與今

教學重點：自然資源開發。舊石器時代晚期至新石器晚期的香港。凝灰岩打製石器製作中心、玉石質飾物製作中心、香港農業的開始。

2. 中二級教學課題：早期香港地區的歷、文化與傳承

教學重點：優越的地理位置和自然資源開發。青銅器時代至明代香港。商代玉禮器在香港發現反映文化接觸、海鹽生產、遠航防衛、宋元貿易港

口、明代葡萄牙人東來和燒造青花瓷器。

3. 中三級教學課題：18至20世紀的香港發展

教學重點：優越的地理位置和海岸防衛。清代早至晚期的香港。清代海防前線及香港城市建設——佛堂門炮臺、九龍寨城、龍津石橋、威靈頓炮臺、中央書院的考古發掘。

《指引》第四章〈學與教〉提及：「在學生探究歷史課題的過程中，不同的歷史資料有助於學生多角度地呈現探究問題的歷史脈絡和情境；學生分析歷史問題時，他們須掌握多元的歷史資料，審慎查證不同的歷史是否可信……。」香港考古發現是多元的歷史資料之一，有必要將香港考古資料加入中一至中三級香港史教學內容中。如參考上述三點建議，應可避免《指引》規定的香港史教學三大缺點：時代不連貫、大量歷史缺環和重點不明確。

第二十章　工運口述史與教育

香港工運史研究小組
梁寶龍

一、引言

歷史的進程中，人的主觀因素占有重要的位置，口述史正是記錄這些主觀因素，有了這些主觀因素，歷史的縱深才能全面展現出來。

口述史是工會史的重要組成部分，陸鴻基教授所著的香港教育專業人員協會史《坐看雲起時》[1]，使用了大量口述史材料。全書三大冊，卷一是〈戰後的香港與教協崛興的背境〉，卷二是〈爭取教師權益與教育改進〉，卷三是〈教協與公民社會的形成與互動〉。讀完這三大卷會史，令本人想起數年前國內學者指出的治史問題，認為部分中共黨史內容，當中的人物與黨史歷程的輕重比例極有問題，如大比例地描述毛澤東在中共內的經歷，有如一本毛澤東傳。又指出部分中國現代史書內容中，中共史與現代史的輕重比例也失調，也是大比例地描述中共在現代史的歷程，有如一本中共史。

《坐看雲起時》卷一也有這種情況，是教協史抑或司徒華傳？卷三是教協史抑或香港現代教育史？反過來，會史如沒有這些個人材料或歷史背境資料，就不能全面立體地展現該會的歷史進程，甚至只流於表面而已。因此，在進行公務員口述史時，龍少的定位是個人奮鬥故事，故把受訪者的人生經歷全部記錄下來。整理時又加上當時的社會背境資料，甚至一些細小的掌故，冀讓讀者能多角度瞭解主人翁的故事。

何佩然教授著的《班門子弟——香港三行工人與工會》[2]，也使用了很

[1] 陸鴻基：《坐看雲起時——一本香港人的教協史》，卷1至3（香港：香港城市大學出版社，2017年）。

[2] 何佩然：《班門子弟——香港三行工人與工會》（香港：三聯書店，2018年）；參見區志堅：

多口述材料，她所撰的其他建築史書也是如此，這些材料和背境資料使用也恰如其分，沒有比例失衡。

正如文化巨人梁啟超在《中國歷史研究法》中指出：「大抵史料之為物，往往有單舉一事，覺其無足輕重；及彙集同類之若干事比而觀之，則一時代之狀況可以跳活表現。」[3]口述史的恰當使用就能把歷史活起來。同時，現時香港正推行的通識教育，其中部分談及香港工業發展，故本文以曾進行之有關工人口述歷史成果，以見教育工作者，可以運用工人口述資料，設計歷史教育課題，增加同學對工人的心態及思想的瞭解。

二、工會教育

五年前龍少從事公務員工運口述史，定名為《政府內部的吶喊》[4]。進行訪問期間，七、八十年代的工會領袖多番慨歎，香港沒有正規工會幹部培訓課程，他們都是傳統的跟師傅式的，學會組織和領導方法和技巧。現今情況稍好，各大集團工會都有零星內部培訓課程，培訓工會幹部，但不是有系統、按部就班和全面地培訓。被訪者也先後建議，如何將他們這一代人的經驗整理為幹部培訓課程內容，使工會幹部培訓能有正規和全面的課程，以按部就班來進行。

美國出版了Alexandra Bradbury, Mark Brenner, and Jane Slaughter合著的*Secrets of a Successful Organizer*一書，教人如何組織工會的書。上年香港工運史研究小組將該書編譯為簡體版，書名是《組織者手冊——做一個成功組織者的竅門》，於2018年在深圳出版。香港職工會聯盟在簡體版的基礎上，於209年出版了繁體本，書名是《成功組織者的八堂課》[5]。我們應如何參考這本書中的先例，結合香港工運的經驗，編輯整理一本香港版的《組織者手冊》。

當年讀高小時，語文老師愛以中國傳統演義故事，來誘導我們瞭解中國歷史，龍少就如此開始閱讀《三國演義》，購買了人生中第一套藏書，廣智出版的《三國演義》。初中時，歷史老師也鼓勵我們以演義入手誘發讀史興

〈工業「發展」下被忽略的聲音——馬鞍山鑛工及女性傳教士說出的故事〉，基督教香港信義會服務部編著：《礦山記憶》（香港：中華書局，2017年），第126-141頁。

[3] 梁啟超：《中國歷史研究法》（北京：中華書局，2014年），第71-77頁。

[4] 《政府內部的吶喊》尚未正式出版，曾印發徵求意見稿，在內部派發。

[5] 此書繁體版和簡體版都獲美方出版社授權出版。

趣，自此龍少開始沉迷歷史故事。此時兄長帶我們弟妹等到公共圖書館借書回家閱讀，更擴闊我的閱讀天地，可以涉獵更多文史哲作品。初中的西史老師則教我們如何思考歷史，從政治、文化和經濟等角度來切入；高中老師向我們灌輸獨立思考的重要性，陳明銶教授則把我鎖定在工人運動史上。

在這些老師的悉心指導下，我曾思考如何將歷史、說故事和文學結合起來，如葉永烈的傳記文學作品，有大量口述史材料。認為這結合會在歷史教學方面有所裨益。在進行口述史訪問時，大部分工會領袖都有說故事能力的人，故他們能吸收引同業入會，領導工會前進。小部分人更是叱吒一時的風雲人物，具有一定魅力的領袖。

在工會教育上，部分工會幹部愛以工會鬥爭史來吸收會員，繼而用來鼓動會員站起來爭權益。或以會史讓會員瞭解自己行業歷史，傳承工藝和傳統，或為工會和行業前景提出願景。龍少也曾多次出席工會的內部培訓營，講述香港工運史，也會蒐集一些該行業的歷史資料來講述。這是有利團結會員，增強會員對工會與行業的認同及傳承。但龍少一直主張獨立思考，曾撰文論述工會民主，強調團結一致下，要保留個人意見，傳承而不固步自封。

三、資料的真假

初中時同學們都愛說：「盡信史不如無史。」[6]深入研究歷史後，則緊記敢創新的胡適的話：「大膽假設，小心求證。」[7]他不是主張憑空說話，其大膽假設是建基在傅斯年所說的：「有一分史料，說一分話。」[8]但手上的史料，我們如何辨明真偽呢！

在進行口述史時，先遇上郵政局內不同政治背境的工會領袖，他們曾經合作並一起鬥爭，現今則彼此矛盾重重形如陌路人。更有其甚者，例如受訪者黃偉雄和梁籌庭兩人，他們曾在公務員工會聯合會共事，後來雙方產生很大的矛盾。兩人講述生平時必然會談及對方，更談了兩人的矛盾問題，各人的內容當然有所不同；幸好雙方都有修養，沒有互相謾罵。在這情況下，是非對錯難辨——實情如何？直至現今仍未

6　此話脫胎自《孟子‧盡心下》：「盡信《書》，則不如無《書》。吾於《武成》，取二三策而已矣。仁人無敵於天下，以至仁伐至不仁，而何其血之流杵也？」孟子所指的《書》是《尚書》。

7　此話來自胡適的〈介紹我自己的思想〉一文，這篇文章是他為1930年亞東圖書館出版的《胡適文選》所寫的自序。

8　王汎森：《傅斯年》（臺北：聯經出版社，2013年），第43頁。

能準確判斷；如何取捨？或者永遠也找不會到真相。龍少主張有聞必錄，同時指出其中分歧，列出所有蒐集得到的資料，供讀者獨立思考，自我判斷。

有一次，與華員會前會長黃河共同出席工會朋友飯局，主動送他一套《政府內部的吶喊徵求意見稿》。黃河問我：「你如何辨別他們所說的是不是事實？」我回答說：「翻看當日報刊以查核。」他說報刊也不準確，如某報刊報導說，黃河對此事沒有回覆，他翻查電話紀錄，根本沒有顯示過該報記者曾來電。記者沒有來電，他如何回覆呢！更談不上沒有回覆。在這情況下，龍少也無法再回答他提出的，如何進一步來求證。

進行口述史期間，黃偉雄說出香港市民支援愛國民主運動聯合會一宗重大糾紛，整理好文稿後，即向支聯會詢問有關該糾紛的問題。結果是口頭說好，然後只是提供了一些會議紀錄，這些內容亦早已見報，而有關重要點未有回覆。負責人說會問有關涉事者和當日在場的人，如此就把問題拖延了七八年，直至今天都沒有下文。

更有甚者，多位某人的同僚看完我的徵求意見稿後說，某人所說的內容是事實，但在某些支節上冒認功勞，為自己貼光，即是我被人利用了，幸好對第三者沒有傷害，只是令某人自己飄飄然而已。

在史實無法準確肯定情況下，所以龍少力主獨立思考，不要盡信任何書籍和文章的論述。

進行口述史時，龍少不會預先準備問題提問，會讓受訪者隨心所欲談，暢所欲言。他們很多時都會說出鮮為人知的故事，有時更是我們想像以外的故事，這些內容有助於研究歷史的縱深。

訪問時他們除了說出鬥爭故事外，更多的是生活小故事，及社會百態等，這可令人物和歷史事件更具立體感。

四、工運文物

進行口述史期間，部分受訪者展示他們的藏品，是一些極有價值的文物或文獻。人物故事有助於歷史教學，文物和文獻是歷史的基本來源之一，而文物亦是有助歷史教學的工具，是一個會說故事的實物。

先師陳明銶教授也曾建議跟貼科技發展，以錄像機進行口述史記錄，惜財力和人力有限，未能在這方面有所進展。某天和區志堅助教談起這事，他認為用手機來錄影也不錯，這是一個很好的建議，值得試用。陳明銶也曾說，訪問時間最好安排在早上吃早後，人的說話更坦蕩，修飾少。

五、小結

歷史研究者被一般人視為悶蛋，《羅馬帝國興亡史》（*History of the Decline and Fall of the Roman Empire*）著者愛德華・吉朋（Edward Gibbon）打趣說，歷史對普通人來說，只不過是人類犯罪和愚蠢行為，及厄運的記錄而已。而對歷史有興趣的人來說，則是豐富的寶藏，徘徊在歷史世界中，永不會乏味和鬱悶[9]。

二戰時出任英國首相的邱吉爾（Winston Leonard Spencer Churchill）則說，「你回頭看得愈久，就能往前看得愈遠。」這話與唐太宗所說：「夫以銅為鏡，可以正衣冠；以古為鏡，可以知興替；以人為鏡，可以明得失。」[10]有異曲同工之處，看得遠就是想知興替。個人口述史則有「以人為鏡」的作用，大歷史和個人口述史各有不同和相同作用，視乎使用者如何發揮。

大歷史可說是無數小故事的串聯，前英首相張伯倫（Neville Chamberlain）將歷史比喻為手提燈籠，說：「歷史以它閃爍不定的燈火，跌跌撞撞走在來時路上，設法重建過去的場景，喚起舊時的迴響，以幽暗微光重燃昔日激情。」[11]

口述史就是這些小故事之一，正是已過去的場景其中的一幕，文物有助喚起舊時的迴響，鬥爭史能燃起激情，這正是工會幹部愛以會史激勵鬥爭的原因之一。

9　愛德華・吉朋：《羅馬帝國興亡史》上冊（北京：商務書局，1997年），第23頁。
10　劉昫：《舊唐書・魏徵傳》，卷71（北京：中華書局，1975年）。
11　麥克勞德：《張伯倫傳》（北京：商務書局，1990年），第43頁。

第二十一章　在田野中發現精彩：福田區歷史教學研究的創新與探索

深圳市福田區教育科學研究院
張紅霞

2014年4月24日教育部正式印發《關於全面深化課程改革落實立德樹人根本任務的意見》，2016年9月13日《中國學生發展核心素養》正式發布。發展學生核心素養，為中國培養具有國際視野和競爭力的合格接班人成為教育界的核心任務。如何將當下教育的主旨追求付諸實踐，即是挑戰，也是教育研究積極優化、轉型的契機。福田區教育科學研究院依託中山大學優質教育資源，立足毗鄰港澳的區域優勢，積極挖掘珠江三角洲豐富的田野資源，不斷探索出一條尊重教育規律、基於核心素養培養，在田野中發現歷史、加深瞭解、增強粵港澳三地學子家國認同的實踐教學路徑。

一、中學生為什麼要走向田野？

歷史教學走向田野，體現的是歷史學的本位。清代乾嘉考據學興起後，歷史學界部分學者認為歷史學是書齋裡的學問。但從中國歷史學的源頭來看，歷史學是離不開實踐、離不開田野的學科。司馬遷曾經說：「行萬里路，讀萬卷書。」也就是必須讀書與實踐並行，方能深刻理解歷史、著出好史書。因此，歷史教學走向田野，不是一種創新，而是回歸歷史本位。近年來，國內一些高校的歷史學系，尤其以南方的中山大學和廈門大學為代表，再次開闢走向田野的歷史學本科教學，逐漸將歷史學從書齋裡滿堂灌式的教學恢復到田野與課堂相結合的模式。我們在深度參與中大田野教學實踐的過程中發現，這種教學模式高效又有很強的可操作性，適合中學歷史教學積極借鑑學習。

歷史教學走向田野，可以減少僅在課堂解讀歷史所造成的誤讀。這是因為，第一，在課堂裡讀歷史，我們只能讀到歷史文本，很難理解其產生的語境。比如：國內南方某著名歷史名勝，因「某某洞」而名，但該名勝所在地並無山洞，該景點的管理人員遂在其建築物的後山上，人工開鑿一「山洞」，以使該景點「名副其實」。然而，進入該歷史名勝所在地後，發現其地形是四周環山的一個小盆地，歷史上，這樣的地形，廣大南方人民都是直接命名為「洞」或「峒」的，南方山區的史料中，關於「洞」的記載，基本上都是這種地形[1]。可見，該名勝點根本無須開鑿山洞。之所以造成這種誤解，基本上就是從書本到書本的結果，從書本到書本，就不瞭解「洞」作為文本在南方山區的獨特語境中的含義。第二，停留在課堂裡讀歷史，常常缺乏對史料較為全面的掌握，對歷史人物、事件的認識基本上只能來自書本的結論。一旦掌握了更多的史料，對歷史的認識就有可能更為完備。比如珠江三角洲的自梳女，作為一個歷史現象，前人的研究反映在書本裡，常常是說這些女性不結婚，是對封建婚姻禮法的反抗。但是，中山大學已畢業的博士生徐靖捷，走進珠江三角洲，走訪了十多位八九十歲的自梳女婆婆，發現她們當年自梳，跟反抗男權或者反抗封建等基本沒有關係。這些婆婆自梳，主要原因有二：一是當地桑基魚塘興起，家裡需要勞動力；二是當地風俗，如果妹妹已嫁，姊姊就不能出嫁。這樣看來，這些自梳女，反而是因為「男權」或「封建」而自梳[2]。所以，走出書齋，到田野閱讀理解歷史是相當有必要的歷史學本位要求。

歷史教學走向田野，是發展學生核心素養極為有效的途徑之一。隨著《中國學生發展核心素養》的正式發布，學科核心素養成為中國教育界最為熱議的話題，從高校教育專家到基層教研員和廣大中學一線教師，大家都基於自己的認識和理解思考、討論著以下問題：為誰培養人？培養什麼樣的人？怎麼培養人？目前已經具有共識的歷史學科核心素養為：唯物史觀、時空觀念、史料實證、歷史解釋和家國情懷，我們認為它符合學理與社會主義公民教育的邏輯，大體上代表了當下歷史教育界對歷史學科核心素養的認識。顯然，教育研究領域不再把識記、理解等能力視為教育默認的訓練要旨，這是教育研究的巨大進步。與此相呼應，作為基層教育工作者，如何在

1　黃國信：〈走向田野：歷史學本科教學改革的一個嘗試〉，《歷史教學（下半月版）》，2014年第3期。

2　徐靖捷：〈走進西樵自梳女〉，載於黃國信、溫春來主編：《西樵歷史研究——歷史學田野實踐教學成果集》（桂林：廣西師範大學出版社，2016年），第55-63頁。

實踐中發展學生的核心素養？除了利用課堂教學培養核心素養，還有沒有另外一種學科特色鮮明、可操作、可推廣的途徑？這都成為我們積極思考的問題。要解決這個問題，就有必要更加清晰地總結歷史學科獨有的與其他學科有明顯差異的歷史學科核心素養，即歷史學科的獨特方法與能力。結合我們近幾年參與中山大學歷史系組織的一系列研究實踐教學，以及聽取一線大學老師的研究體會，我們覺得，歷史學科獨一無二的核心方法與能力，其實就是**「依時序排比分析史料」**的能力。所謂依時序排比分析史料，就是研究者在獲取關於同一問題的一組史料後，按照史料生產時間給史料編年，然後通過這一編年分析出這組史料所反映的歷史過程。而這種能力的培養，田野無疑是非常高效的一種教學形式，田野資源的開發，田野實踐教學的有效開展勢必可以成為中學歷史課程的有益補充，使歷史核心素養在田野中得以有效落地。

二、田野教學的基本理論

近年來歷史學田野實踐教學的基本理論，主要來自於「華南學派」，這是福田區教科院在進行田野實踐教學中積極學習借鑑的。

關於華南學派的田野理論的特點，中山大學溫春來教授有如下總結：

1. 重視對典章制度的瞭解與研究，這是理解傳統鄉村社會的基本前提。但這並不僅意味著考辨條文，還要去考察其具體的實踐過程與場景。
2. 積極蒐集、整理族譜、碑刻、書信等民間文書和地方文獻，力圖建立並發展有自己特色的民間與地方文獻的解讀方法和分析工具。
3. 強調走向田野，在歷史現場解讀文獻。相對於只在書齋或圖書館的苦讀，這種方式可達到對歷史更親切的認知，並有可能體驗到歷史在當代的延續與影響，從中激發出不一樣的思考。
4. 在蒐集、解讀文獻時強調不破壞文獻本身的系統與脈絡。
5. 對一個村落的歷史與現實的考察、體驗與研究，可以深切感知一個具體的社會是怎樣組織、延續與變遷的。
6. 對文獻、儀式等各種文本，不僅重視它們表達了什麼，更重視它們為何如此表達，強調對歷史的當事人的認知與表達持一種尊重的態度並盡量予以理解，而非用他者的視角去對之進行分類、評判、肢解與歸納。

7. 不同類型的文獻、口述資料、儀式活動等表達了不同層面、不同角度卻並非全然無關的歷史，應同時注重這些不同的歷史表達，並將之整合在一起，以期呈現富於立體感的歷史。
8. 在堅持歷史學本位的同時，保持開放的心態與其他人文學科與社會科學對話[3]。

來自於「華南學派」的田野教學理論，是近年來中國歷史學界非常有活力的理論創新，我們在以發展核心素養為教育主旨追求的當下接觸到這一理論，深受啟發，感覺將其引入中學歷史教學恰逢其時。

三、福田區田野教學探索

2018年底和2019年暑假，福田教科院借助中山大學強大的教育資源，以「走向歷史現場，發展核心素養」為目的開展了兩屆深港澳中學生田野實踐教學，這是對長期以來歷史教學被認為是「書齋裡的學問」的突圍，也是回歸歷史學傳統的一種努力與嘗試，更是對當下歷史學科核心素養培養的積極回應，當我們走進田野回到歷史現場，豁然發現更加立體、真實的歷史，也更容易理解歷史發展演變的邏輯，體會到歷史學科最根本的思考方法。福田區的田野教學在實踐過程中逐漸形成了一些自身的特點，主要表現為：

（一）重視田野文獻蒐集整理的方法訓練

我們的田野實踐課程，必然會蒐集到一些民間文獻，如何對其整理？整理有何特別方法？都是我們非常重視的問題。雖然我們蒐集到的族譜、碑刻、契約等民間文獻數量不多，但我們仍然在中山大學歷史系的民間文獻蒐集理論影響下，踐行一種與現行民間文獻分類蒐集不同的方法，要求學生在田野點理清這些文獻生產的空間與時間，並對其做出紀錄以備保存和以後閱讀，而不是對它們做簡單的分類整理而遺失其時空資訊。因為簡單分類整理，常常會讓以後的讀者無法瞭解這些文獻生產的語境，從而不能很好地解讀甚至還誤解了這些文獻。這一文獻整理方式，非常有利於學生在初學階段

[3] 溫春來：〈中國人類學評論〉，《歷史人類學實踐中的一些問題》，第十二輯（北京：世界圖書出版公司，2009年6月），第97-98頁。

即接觸到新的比較規範、有效的民間文獻蒐集理論與方法，訓練他們在提高文獻解讀能力的同時培養時空意識及史料實證意識。

（二）重視在歷史現場解讀與分析文獻

我們帶學生進入歷史現場前，會多次組織師生共同研讀田野讀本，梳理試圖解決的問題；除此以外我們更重視指導學生在歷史現場對照讀本解讀歷史時期生產出來的當地文獻，學生對文獻中的地點、建築物名、地方俚語獲得了直觀感受，立即理解了一些僅在書齋或圖書館苦讀無法解釋的名詞和概念，在此基礎上，結合該空間的環境、生態、交通、古蹟和各種人文景觀等歷史現場所留下的歷史資源，常常可以比較輕鬆地理解歷史時期在此空間活動的人物及其他們的行為，即使閱讀文獻時遇到困惑，也可以直接以當地的具體空間結構和訪談來解答，歷史研習的效果，較之於書齋閱讀，明顯好很多。

（三）重視歷史思維能力的培養，教會學生正確對待歷史材料

我們在田野實踐中，讓學生接觸到比課堂教學多得多的歷史材料，這正是培養學生正確對待歷史材料，形成歷史學核心思考方法的最佳情景。因此，我們強調：第一，不但要重視歷史材料中表達了什麼，更要重視它們為何要如此表達。只有這樣，才能對歷史上的人物活動做出合理的判斷，否則就容易被歷史材料所欺騙。第二，對大量的歷史材料進行「依時序排比分析」，通過排比揭示歷史發生的真相，理解不同時期人們為何要重新建構當地歷史的真實原因，從而超越材料本身的說法，也超越當地百姓的自我表達，形成對當地歷史的深度理解。第三，在以上兩個方法的基礎之上，強調對田野點進行整體的歷史分析和解讀。我們力求讓學生在田野點，也就是歷史現場，通過對田野讀本中的歷史材料，以及在現場蒐集到的文獻、口述等各種材料的綜合解讀，全面理解田野點的歷史發展過程，發現其歷史的關鍵時間點，理清在這些時間點當地發生了哪些重大轉變，這些轉變是由什麼人基於什麼原因而推動的。這樣，學生基本上可以理解田野點的整體歷史，甚至可以為它們編寫出「村誌」、「家族誌」等等歷史敘述作品，有的學生還可以在此基礎上就當地可持續發展提出建設性意見。

通過這三個方面的訓練，學生基本都能正確認識史料的性質、價值及其解讀方式，也能將不同史料按照時間序列進行排比，再結合各種史料，最終呈現具有立體感的地方歷史，並在此基礎上形成自己的歷史觀、行之有效的歷史材料解讀方法及地方整體歷史的敘述方法。較之於課堂教學，這樣的田野實踐，在訓練學生的獨立思考和研究能力方面，成效極為顯著。這種能力不論是在生活以及以後的工作中，都具有普適性價值，對於提升他們作為一個合格公民的基本素養有積極意義。

當然，我們將高校田野實踐課程引入中學尚處於起步和探索階段，尚存在不少問題與困惑，比如用這種專業的研究方式訓練中學生需要一個過程，學生們提交的研究報告尚顯稚嫩，我們尚未嚴格依據課程標準規定的學科核心素養水準層級對研究成果進行科學評價，涉及兩岸三地師生，課程時間較短且占用假期時間等等，行動方案都需要我們在以後的實踐中不斷優化和完善。

第二十二章　文化相通、民心相融：以官立中學中史學習圈說起

九龍工業學校中國歷史科
林國成

九龍工業學校於2019年1月11日應香港樹仁大學邀請在「兩岸四地中國歷史教育學術研討會」中，以「文化相通、民心相融：以官立中學中史學習圈說起」為題，闡釋「官立中學中史學習圈」推展理念和運作。

九龍工業學校熱心推廣中國文化及中史教育，除在初中課程加入豐富的閱讀素材輔助學習外，於學年間亦多次攜手校外歷史教育組織及大專院校教授從內地邀約抗日戰爭的老戰士、革命先烈及歷史人物後人、南京大屠殺倖存者等到校主持紀念活動及對談會。中史科老師又於試後活動期間組織師生中史考察團親到神州歷史景點學習，深深感受到歷史原來不是靠硬背死記而是可以透過互動、訪談、接觸、目睹、科技而「活」學的。

九龍工業學校的中史科老師在每次活動正式舉行前，為使資源善用及盡用，往往會邀請友校中史科老師幫忙帶領同學到校參與，頗費心力。有見及此，九龍工業學校黃國輝校長於2017年10月倡議九龍工業學校的中史科老師與其他官立中學的中史科老師共同組織「官立中學中史學習圈」。一則可配合教育局推動中史教育及國情教育，二則可集中及共用大家的專業知識、脈絡、組織能力及物力資源，以提升大家的專業水準及令學生受益為最終目標。例如有學校的老師在國內的脈絡較廣，有學校的老師有組織演講比賽的經驗，有學校的老師認識大專院校的史學教授，有學校的老師有編寫及出版歷史研究課題的經驗，有學校的校友是香港史專家，有學校的老師曾利用AR（擴增實景）科技應用於中史教學的經驗等。

只要大家能有效合作，互通有無，在專業交流上或在組織中史科的學習活動時定有事半功倍之效。

在2017至2018年度，九龍工業學校分別邀請了龍翔官立中學、皇仁書

院、賽馬會官立中學及國內的番禺區南村中學參加（番禺區南村中學是九龍工業學校及龍翔官立中學的姊妹學校），先後共同舉辦了一系列的南京大屠殺八十週年紀念活動、「基本法」演講比賽、香港海防歷史導賞活動及廣州辛亥革命歷史考察團，成效斐然。

2018至2019年度中史學習圈進一步擴闊協作領域，除原有學校外，觀塘官立中學、觀塘功樂官立中學及北京市第五十七中（九龍工業學校的姊妹學校）也相繼加入，深信在教育局的支持及各老師的專業協作下，各項協作活動定能圓滿成功。而九龍工業學校擔任召集人，積極籌畫各項活動與工作，以強化歷史教育，而友校學生無論在靜態或動態歷史活動中的表現均有長足的進步。

「官立中學中史學習圈」計畫運作剛剛起步，在未來的日子，將會聯繫更多官立中學協作參與，務求在學術交流、教學觀摩、資源共用的層面上緊密合作，「文化相通、民心相融」始終是「官立中學中史學習圈」長遠目標，中國歷史的長河，永流不息，國史教育對新一代思維啟發攸關重要，也是人生的核心價值。路遙漫漫，但也是值得去努力的。

一、歷史的見證・老戰士對談會

2017年，是南京大屠殺八十週年紀念，因此「歷史的見證・老戰士對談會」是官立中學中史學習圈首個協作活動。在12月14日的對談會中，由兩位居港抗日老戰士黃光漢伯伯和黃樹開伯伯親臨九龍工業學校與學生對談，分享昔日奮勇抗日往事。由兩位年逾九十的老戰士，將當年在戰場的前線上精忠為國的轟烈事蹟娓娓道來。當中也有默哀悼念南京大屠殺死難者儀式，同學朗讀個人感想，讓活的歷史再度呈現我輩眼前，活鮮鮮地見證歷史的真實。

> 少年智則國智，少年富則國富，少年強則國強，少年獨立則國獨立，少年自由則國自由，少年進步則國進步，少年勝於歐洲，則國勝於歐洲，少年雄於地球，則國雄於地球。
>
> ——梁啟超：〈少年中國說〉，1900年

一百多年前，在百日維新失敗後反思中的梁啟超寫下了上面這段話，把中國強盛的希望放在了青年人身上。「歷史的見證・老戰士對談會」中的

兩位老戰士——黃光漢伯伯和黃樹開伯伯，在他們年少時，日本侵華氣焰正熾，當細閱他們的經歷，方才知道昔日他們竟放下一切，毅然從軍報國，令我們一群後輩立時肅然起敬，佩服不已。

年輕人啊！國家的將來就交在你們手中，「少年強則國強」這句說話絕對不是空喊口號，而是要好好磨練自己，無論在知識上、心智上，都要裝備自強，盡己力貢獻我們的社會，關愛我們的國家。

硝煙的歲月縱然已遠遠地離開我們，但對於老戰士來說，往事並不如煙。他們與我們有著同樣想法，安定的日子實在得來不易，大家要緊緊記著：「牢記歷史，珍愛和平。」

二、學生分享南京大屠殺感悟

（一）賽馬會官立中學吳傑龍

南京大屠殺是中國近代最為慘痛的歷史事件之一，八十年後的今日，身為中華兒女的我們仍然為此感到心如刀割。

八十年前的昨天，侵華日軍攻破了當時的中國首都——南京，並對城內的百姓進行了長達六星期慘絕人寰的大屠殺，無數家庭支離破碎，侵華日軍對南京民眾所做的各種超越人類道德底線惡行簡直多不勝數，中國同胞的性命不值錢，如豬狗一般任人宰割，到處都是屍横遍野、血流成河，猶如地獄一般，叫人潸然淚下。

受害者當中不乏老弱婦孺、活埋我國同胞、以活人進行刺殺訓練、任意凌辱婦女、就連尚在襁褓的嬰兒都被那群惡魔用東洋刀殘忍地殺害，甚至進行殺人競賽。事後《東京日日新聞》竟然以讚賞和炫耀的方式報導這件慘劇，日軍殘忍、嗜殺的本性暴露無遺。以上種種不人道的行為只不過是侵華日軍在大屠殺中對南京民眾所做的冰山一角而已。

南京大屠殺的英文名稱是（Rape of Nanking），這名字可以說非常貼切。「Rape」意指強姦、蹂躪，日軍對南京人民的所作所為的確對得上此二字，甚至有過之而無不及。南京大屠殺是中國歷史最黑暗的一面，也是人性最黑暗的表現，這事件完全顯露出日本帝國主義反人類的思想。

面對如此不容置疑的歷史罪行，居然有部分日本人企圖淡化甚至否認這鐵一般的事實。不論有何目的，這都是不尊重受害者和歷史的愚蠢行為！不管歷史是讓我們為之喜悦或是悲傷，我們都應該去正視及銘記歷史，而不是選擇去否定它。

歷史的意義於我看來在於「告誡」二字，是用來提醒後人要以史為鑑，萬不可重蹈覆轍，犯下以往同樣的錯誤。就以南京大屠殺為例吧，我們固然不能忘記國殤，但也不該想著去報仇，而是從中意識到戰爭的殘酷。戰爭是沒有贏家的，無論是勝是敗，受苦受罪的往往只會是人民，從今往後應該極力主張和平的理念，避免慘劇再次在世上上演。

現在的時代是和平年代了，雖然亂世距離現今不過一百年，但是生活在此間的我們，縱使在書上、照片上或者是紀錄片上瞭解過歷史，也是很難對於南京大屠殺這些慘劇感同身受。也是如此，我們更要學會感恩。感謝那群抗戰的老戰士們為了祖國所付出的一切，沒有他們曾經與敵人奮不顧身地廝殺，就不會有我們今日的安穩生活。他們犧牲自己只因身後是無數位民眾的性命，可以說今日的生活是用老戰士們的血肉換來的，他們值得我們致上最崇高的敬意。

老戰士與我們生活的年代不算遠，但也不是人的生命能跨過的巨輪。現如今仍在人世的老戰士已經寥寥可數，我們能報答他們的只有一件事，那就是將他們留給我們的國家打造成一個人人都安居樂業的世界。為此需要每一個人的努力，人人都為這個社會貢獻出自己的力量方能達到。如此才不算愧對老戰士們所做的一切。

（二）九龍工業學校吳丹銘

眾所周知，南京大屠殺是中國近代史中，一段充滿悲哀與鮮血的悲慘歷史，它亦是我們每個中國人不可遺忘的一段歷史。

八十年過去了，這段歷史的悲痛仍不可被抹去，有人不願面對，不敢面對，但是，更多人選擇牢記這段屈辱，把它當作前進的動力、變強的動力，注入中國，成為中國富強的根源，珍惜和平，努力創造更和諧、美好的家園。

我曾拜訪過南京大屠殺紀念館等具有歷史紀念意義的地方，我對這段歷史有了自己的理解。日本侵略者對手無寸鐵的人民痛下毒手，犯下滔天罪行，給中國人民留下慘痛的回憶，日軍在南京屠殺了三十萬我們的同胞，我對這龐大的死亡人數感到震驚、悲痛和憤怒，無法想像當時的南京人民是處於一個多麼水深火熱的情景之中。我對自己能生活在一個和平年代感到幸福。同時我也明白和平來之不易，正是有像兩位黃伯伯一樣的英勇獻身的戰士，在當時，拋頭顱，灑熱血，上陣殺敵，不畏萬難，保家衛國，正是他們願意置生死於度外，捨小家為大家，衝鋒陷陣，為我們能生活在安全的時代而奮鬥。

非常感激，今天我能有幸聽兩位伯伯敘述當年的抗戰經歷，讓我有這個難得的機會從親歷者的口中更真實地瞭解這段歷史，我認為，這比任何一種形式的歷史呈現方式更加珍貴。謝謝！

三、鴻雁傳情懷

官立中學中史學習圈首個與番禺區南村中學合作項目就是「鴻雁傳情懷」，兩地學生於2017年12月以英文書信寄給現居住在德國的托馬斯·拉貝教授。原因是托馬斯·拉貝教授的已故祖父約翰·拉貝先生曾在南京大屠殺中拯救了數以萬計的南京人。兩地學生又以中文書信寄往南京歷史檔案處夏蓓處長，她曾到港闡述抗戰時期日軍轟炸重慶的慘烈歷史。本港學校學生代表主持南京大屠殺悼念默哀儀式，並宣讀個人感受。「鴻雁傳情懷」以書信表達學生對歷史的反思和珍愛和平的感受，讓學生親身投入歷史、感悟歷史。

（一）Wong Wing Yin的「鴻雁傳情懷」

Dear Professor Thomas Rabe & Mrs Rabe,

My name is Wong Wing Yin. I'm from Hong Kong. I am a secondary 5 student who study in Kowloon Technical school. I appreciate your grandfather very much. He is a person who doesn't care his life to help people. I will never forget your grandfather doing as many as he can to help China. I think it's not just having bravery to do that. Actually, doing that thing is not easy. Now, I like to use John Rabe's thoughts for my life. John Rabe is such a powerful and dazzling person. I will use your grandfather's spirit to help other people. I learn peace from your grandfather. Human beings must not fight each other. I don't want people arguing with each other anymore. I hope you can help more people. I wish your research will be successful.

Danke und dein GroBuater. Ich will Frieden in der Welt. Du hast wir viel beigebracht wissen.

Yours sincerely,
Wing Yin

（二）黃希嵐的「鴻雁傳情懷」：牢記歷史，珍惜和平

尊敬的夏館長：

您好，我是來自香港的九龍工業學校的學生黃希嵐。能夠跟你書信聯繫，我感到非常榮幸。我是透過校內的中國歷史科得知約翰・拉貝先生的故事，我想用書信聯繫的機會，說出自己的內心感受，與你分享我的看法。

首先，我身為中國人的一分子，為當年所發生的南京大屠殺感到痛心入骨。雖然我從來未經歷過此事，可是我在書本的資料上也能略微感受一二，南京大屠殺是中國人永遠都不能忘記，它是一段悲哀的歷史。

其次，我為約翰・拉貝先生的做法感到佩服不已，對他十分尊敬。雖然他並不是中國人，但他願意利用自己的特殊身分無畏無懼地幫助中國人，甚至把他們安置於自家的花園裡，此等捨生取義的行為，我心生佩服。而且，拉貝先生本著人道主義精神，拯救南京人，這是十分值得我們現時的學生去學習。看到拉貝先生的事蹟後，我更是感到自愧不如。拉貝先生讓我們明白牢記歷史，珍愛和平。

祝
身心康泰

九龍工業學校中四學生
黃希嵐　敬上

（三）Chen Yanfang的「鴻雁傳情懷」

Dear Mr. Thomas Rabe,

My name is Chen Yanfang,I am a middle school student from Guangzhou, China. I am so glad that I can write to you,and thank you for taking time to read this letter.

Winter has already entered, meaning the New Year is not far off.At this time of year, I always think of a deep thing about the Nanjing massacre in China during 1937 to 1938. December 13th, which is our memorial day for the bitter history and the people who suffered in that war,and we are also remembering your grandfather.

How cruel the invading Japanese at that time, that's what a horrible war also we can't know clearly, we only know that in our compatriots struggling, is your grandfather, great Mr.John Rabe, who during the war, did his best to transfer the suffering people to the international security zone, and finally saved more than 250, 000 refugees! The belong John Rabe,like the rain that moistened all things near the dry.He was likes a ray of sunshine in the dark, gave people hope.We are deeply moved by the kindness and help of Mr. John Rabe, and we will never forget it.

Everyone should realize that war makes everything chaotic and horrible.It was not only destroyed the country but also hurt so many people.Since war has no interest in both sides, why not choose peace?

Man's nature at birth is kind. We have to respect life not just animals but human beings. We should learn to be a kind and friendly person from Mr.John Rabe.

The past is painful, the life today is beautiful. We should cherish the dazzling sun and the bright moon every day, and treat everyone who loves you seriously and the people you love,and try our best to make our future better.

Dear Mr. Thomas Rabe, our country is safe now, and I can write to you comfortably at home, partly because of your grandfather.We are very grateful to Mr. John Rabe and his diary of Rabe for the history of the details.

Thank you for reading this letter again.I sincerely wish your family and you all the best and have happy life!

Best wishes

ChenYanfang

四、學習《基本法》演講比賽

官立中學中史學習圈於2018年3月16日在九龍工業學校舉辦「學習《基本法》演講比賽」，教育局首席助理祕書長李沙崙先生擔任主禮嘉賓。藉著聯校學生參與演講比賽，推動本港中學開展《基本法》教育，使廣大青少年學生深入瞭解《基本法》、尊崇《基本法》，弘揚《基本法》精神，增強《基本法》的法治觀念。當日番禺區南村中學也應邀專誠到港蒞臨比賽，各校參賽學生思維縝密，表達清晰流暢，賽事節奏緊湊，五校切磋詞鋒，相互觀摩學習，盡顯文化交流風采。

（一）賽馬會官立中學梁睿珊：〈基本法與香港〉

各位評判、同學，大家好！

我是賽馬會官立中學中三級的梁睿珊。今天演講的題目是〈基本法與香港〉。

《基本法》，眾所周知是中華人民共和國在香港回歸，即1997年送給香港一份度身訂做的禮物。為何我會說是一份禮物呢？正正是因為這份禮物才可以讓香港有一個過渡期以適應回歸。時間追溯到1982年，當時中華人民共和國的領導人鄧小平以及英國首相戴卓爾夫人就著香港回歸組成了一個委員會，草擬基本法，為香港回歸做準備。直至1997年，中央頒布《基本法》，從此香港回歸！基本法主要分為三個重點，分別是：一國兩制、港人治港和高度自治。

首先，是一國兩制。一國即是中國，而兩制是指分別有實行社會主義和資本主義的兩個地區。根據基本法第1章第5條裡面說到：「香港特別行政區不實行社會主義制度和政策，保持原有的資本主義制度和生活方式五十年不變。」在八十年代初，內地剛開始改革開放，但香港卻截然不同，已是一個繁榮的都市。兩地的經濟、制度和生活水準，各方面差距也很大。設立此制度，一方面可讓香港的經濟繼續自由地發展，另一方面，可以讓香港作中國的窗口，以便聯繫世界各地。

其次，是港人自港，根據字面意思就是由香港人管治香港。現時，香港的行政、司法和立法機關也是由香港永久性居民組成的。再者，是高度自治，根據基本法第1章第2條裡面說到：「全國人民代表大會授權香港特別行政區依照基本法的規定實行高度自治，可享有行政管理權、立法權、獨立的司法權和終審權。」在立法方面，除了有關外交國防和其他按基本法規定不屬於特別行政區自治範圍的法律外，其餘法律都可以自行制定。而有關於司法和終審權，香港法院進行審判不受任何干涉，可見這是絕無僅有的高度自治。

總而言之，有基本法才有香港。這個高度自治的社會下自然會有不同的聲音，但我們亦會按照香港整體利益做出微調，以讓香港成為一個更美好的社區！我的演講到這裡，謝謝大家！

（二）廣州市番禺區南村中學杜羨：〈憲法與我〉

大家好！很榮幸今天我可以代表我們學校來到香港，站在這個舞臺上為大家演講。我演講的主題是〈憲法與我〉。眾所周知，憲法是我們國家的根本大法，每當提起它，一股敬畏之情就在我的心中油然而生。但其實，在小學和初中階段，我對憲法並不瞭解，那時候的我以為憲法如同一座高不可攀的大山，讓人敬畏的同時也覺得離自己很遠很遠。隨著我年歲漸長，我發現身邊有些大人熱衷於「走後門」、「搞關係」，於是我有一種錯覺：法律這東西不過是個空中樓閣罷了。很可笑是不是?我曾經一度懷疑：什麼是「法治社會」？我們教材裡學習的憲法和法律到底跟我們有什麼關係？

上了高中，我接觸的人和事愈來愈多了，我開始慢慢有了體會，我的答案也愈來愈清晰了。當代中國，社會經濟高速發展，人民的利益日益得到充分實現，我們的幸福感愈來愈強了。這背後如果沒有法律的保障怎麼可能實現？我開始瞭解憲法，學習法律：憲法，它規定的是國家的根本制度和根本任務，是整個法律體系的核心，一切法律都要以憲法為依據，它是人們行為的基本準則。簡言之：憲法是管理國家的法律，是保護公民正當權益的法律。對於逾越它的人，絕不饒赦，它極其嚴厲、具有力度；然而，如果我們跳出憲法的文本，用心去感受生活中的一個個瞬間，我們會發現，憲法不僅僅有力度，更有溫度。

憲法第14條規定：國家厲行節約，反對浪費。我國一直提倡樹立勤儉節約的社會風氣，人們的生活觀念近年來發生了極大的轉變，我們更專注於精神消費了。以前，我的家裡時常為招待客人，大擺宴席鋪張浪費，去別人家拜訪，也要送出價格高昂的禮品，否則被視為無禮。如今，這些陋習大有改善，我們更看重人與人之間的情誼和志同道合的交流。可見，憲法對我們的生活具有引領作用。

憲法第33條寫到：國家尊重和保障人權。近期，我國有兩部口碑和票房雙豐收的電影，一部叫《戰狼2》，一部叫《紅海行動》，都改編自真實事件，講述的是在某些國家動盪不安遭遇恐襲事件的時候，中國公民和僑民生命安危和財產受到了威脅，我國的人民軍隊是如何深入腹地把人民拯救於水火之中！正如電影《戰狼2》裡所言：中華人民共和國公民，當你在海外遭遇危險，不要放棄；在你背後，有一個強大的祖國。拿著中國的護照，我有深深的安全感。有了憲法的保護，讓我覺得，當我說出「我是中國人」的時候，我由衷地自豪。

憲法第15條規定：中華人民共和國公民在年老、疾病、喪失勞動能力的時候有從國家、社會獲得物質幫助的權利。我家裡有許多長輩都已退休，他們都過上了安享晚年的生活，每次跟他們聊天，都能感受到他們的幸福和安詳！我知道，是憲法保障了他們的權利，是祖國的強大給予了我們安穩的生活。我們一出生，憲法就確認了我們應有的人權；我們長大，憲法又賦予了我們受教育的權利；成年後，我們便有了選舉權與被選舉權；畢業後，憲法還規定了我們光榮的勞動權利和義務；將來，在我垂暮老矣之時，我知道還有憲法給予我尊重和保障。……所以，憲法與我們每個人的生活息息相關。它如同我們離不開的水和空氣一樣，使我們擁有了和平的生活、安全的環境，使我們遠離了叢林法則，創就了今天燦爛而輝煌的文明。就像河流離開了河床就會氾濫，大雁離開了群體就會墮落，電腦離開防毒網就會癱瘓，如果中國沒有了憲法，社會就會混亂不堪，個人利益和國家利益就失去了保障。憲法，伴我同行，極具溫度！

當然，憲法除了規定和保障我們的基本權利以外，還規定了中國公民應該履行的義務，因為權利和義務從來都是統一的。一個真正的法治社會，它絕對不只是國家應該賦予公民多少權利，更應該是每個公民都有自覺為國家履行義務的意識和決心。所以，從現在開始，我會更加努力地學法、守法、用法，從我做起，從小事做起，為建設社會主義現代化法治國家貢獻力量！

五、香港歷史一天遊

學習《基本法》演講比賽後，二十五位九龍工業學校高中中史組學生與番禺區南村中學三十五位高中、初中學生，聯同兩校老師，並由九龍工業學校校友香港史專家鄧家宙博士擔任導遊，在2018年3月17日兩校進行「香港歷史一天遊」聯校活動。路線以環繞香港島的歷史為主，由參觀香港海防博物館為起點，繼而到赤柱大街午膳及購物，再介紹美利樓歷史，最後前往香港懲教博物館瀏覽。國內學校藉著歷史遊活動可對香港昔日的歲月加深認識，兩校學生也可藉此機會分享研習心得，實在饒富意義。

（一）一天遊後感受：九龍工業學校中四中史組黃希嵐

於我而言，這是一次刻骨銘心的活動，開始時蠻害怕的，平日我較少與別人接觸，沒想到番禺區南村中學的同學是非常熱情隨和，讓我認識了不少新朋友，大家可以彼此溝通，建立友誼。而我在活動中還可以增加了對香港歷史的認知。希望校方日後可安排更多同類活動，藉此會有更多機會與其他學校交流心得，促進學習。

（二）一天遊後感受：番禺區南村中學馮浩燊

我認為這次活動有很多益處。從前我覺得歷史是很枯燥乏味的，但通過這兩天活動，我學習了許多關於香港的歷史，而且過程十分輕鬆愉快，充滿無限歡樂，寓學習於活動中，使我受益匪淺。

六、林則徐後人對談會暨中國禁毒歷史文物專題展

今年是禁毒先驅林則徐誕生二百三十三年紀念，為此中華精忠慈善基金會與九龍工業學校再度攜手合作，舉辦全港中學「林則徐後人對談會」暨「中國禁毒歷史文物專題展」，由林則徐後人帶動，齊集中港學者分享與見證，再輔以歷史文物展示，補遺這段與香港息息相關的近代史，讓後人踏進真實歷史的學習領域。是次活動邀請到林祝光女士（林則徐第六代孫女、林則徐基金會副會長）訪港，還有劉蜀永教授（嶺南大學榮譽教授、香港地方誌辦公室副主任）、林建強教授PMSM（湖北警官學院客座教授、警察軍事博物學會會長）、鄧家宙博士（香港史學會總監）同場演講。當天有十二間中學共三百八十多位師生參加是次活動，學者們分享歷史灼見，各校師生雲集九龍工業學校專注聆聽，對近代中國歷史獲得嶄新的概念，迴響令人鼓舞。

由於我姓林，有一會，曾有朋友打趣的問我：「您認識林則徐嗎？您是林姓家族的後人嗎？」我莞薾笑了。猶記得許多年前我執教中三中國歷史課時，於鴉片戰爭課本章節結束後，我需要指導同學完成以林則徐為主題的專題研習。那時候的我，千頭萬緒，心中不期然泛起一團團困惑，究竟應該運用何種方法來引導同學明白或體會「林則徐精神」，甚至在現實生活中實踐出來。

林則徐是滿清時期的一位歷史人物，距今也有二百多年，對於初中同學而言，真的時代久遠，遙不可及。身為教師的我，面對這群年輕人，稚氣未除，期望他們的思維模式跟林則徐的相較，似乎真有點兒格格不入。沉思細想，苦尋向同學表達的方式。驀然記起林則徐名言：「苟利國家生死以，豈因禍福避趨之？」腦袋一轉，正正就是我輩現時所要倡議、所要學習的「大我」精神。林則徐堅決支持當時黃爵滋的嚴禁鴉片主張，提出六條具體禁煙方案，並率先在湖廣實施，成績卓著。歷時二十三天的虎門銷煙，在林則徐的指揮下，向全世界宣告了中華民族決不屈服於侵略的決心。虎門銷煙，是人類歷史上曠古未有的壯舉，展示出中華民族無以倫比的偉大形象，是抗擊外來侵略的勝利。縱使林則徐面對內外夾擊，甚至要克服列強的不妥協行動，但林則徐仍悉力應付，可謂排除萬難，以社稷居先，自身利益安危為後，放下「小我」，成就「大我」，這是我輩處世做人、樹德立品的指標。

「大我」是由無數個「小我」組成；同樣，沒有「大我」，又何來「小我」呢？林則徐的際遇與經歷，正正是民族英雄的楷模；國家蒙難，奮身救國，面對厄運的同時，仍心繫家國，雖然仕途未盡人意，抱負鬥志卻從沒半點後退，這可說是林則徐家訓的不朽精髓。

世事如棋，在一次偶然的機會下，與林健強教授認識並攀談，由他引薦下，很榮幸又認識了林則徐第六代孫女林祝光女士。林女士不僅是林則徐的後人，她在國內推展學習林則徐言行及忠義精神不遺餘力，將林則徐家訓承傳下去，惠及後世。

「林則徐後人對談會」暨「中國禁毒歷史文物專題展」由九龍工業學校、中華精忠慈善基金會、獅子會禁毒先鋒隊、警察軍事博物學會主辦，官立中學中史學習圈、中華書局（香港）有限公司協辦。同場也誠邀劉蜀永教授、鄧家宙博士、林建強教授作專題分享。彼此志同道合，齊心協力積極推動認識林則徐這位偉人的歷史活動，深願林則徐無私的忠義精神，廣被後世，共建社會將來。

七、廣州革命歷史考察之旅

為了讓學生認識一代偉人孫中山先生的生平事蹟及瞭解辛亥革命的由來和意義，九龍工業學校於年終試試後活動期間，與三所官立中學（皇仁書院、賽馬會官立中學及龍翔官立中學）合辦「廣州革命歷史考察之旅」，由中史科老師帶領學生親自體驗偉人的奮鬥歷程和進行實地考察。藉實地考察與親身感受，讓學生直接探究歷史史實，立體化接觸廣州革命歷史，促進學習果效，帶動同學對中史學習的興趣。聯校學生先後遊覽黃埔軍校、廣州辛亥革命紀念館、沙面島、大元帥府，從而更深刻瞭解孫中山先生在近代史上的貢獻及近代中國革命的意義。

（一）考察之旅後感受：九龍工業學校中五中史組李浩彬

> 這次廣州考察之旅雖然祇是短短兩天，但通過講解和體驗，讓我對近代史有更深入的瞭解，學習到很多課本以外的知識，明白了很多歷史人物的生命歷程，藉此機會，我也認識了聯校同學，增進了不少友誼。

（二）考察之旅後感受：賽馬會官立中學中四中史組張曉華

我很榮幸能參與這次廣州考察之旅，在這次活動中，我到過不同的歷史景點參觀，如黃埔軍校、辛亥革命紀念館、沙面島等，令我獲益良多。當中的建築十分宏偉，讓我拍下不少照片。昔日偉人的經歷，使我體會到歷史人物面對生活是多麼艱辛，很值得後人敬佩。

第二十三章　虛擬孫中山史蹟徑VR教學課堂設計

嶺南衡怡紀念中學、仁濟醫院董之英紀念中學
孫越、鍾紹明

一、VR教學的製作

此VR製作時間歷時兩個學年（2017-18及2018-19），由中史科老師和資訊科技科老師合力設計和製作。

於2017年12月15日中史老師帶領十九位學生參加「革命起源・孫中山史蹟徑」考察。透過此活動，學生可一邊回顧孫中山的一生，思考當時香港的特殊歷史背景，同時認識辛亥革命的歷史，啟發他們反思這段歷史，並培養批判和分析能力及思考如何關心社會。與此同時，資訊科技老師教授學生進行VR拍攝、360度照片拍攝，並進行錄音。在考察過程中，師生一起蒐集資料，回校後資訊科技老師教授創科會學生製作VR導覽、VR影片剪接、配音及字幕等製作工作。

透過與資訊科技科同事合作製作中山史蹟徑VR的過程中，學生除了認識孫中山革命起義的歷史外，亦學懂有關VR製作的技巧。他們充當小老師，教授中史老師有關知識，幫助老師克服了對資訊科技的恐懼，亦令老師增進了有關知識。由此中史老師學習到Tour Builder、Tour Creator和Google Poly這些工具如何運用在教學上，體現出教學相長的道理。

二、VR教學的優點

中山史蹟徑VR的應用可用於學校（課堂教育）及公眾（旅遊）的層面。在課堂教育上可達到：（1）Smart Teaching 打破時空限制。在中三級的中史課程會教授孫中山革命的歷史，老師可能會因為天氣和時間的限制而無法帶領學生外出進行考察，而此VR製作可以令老師和學生在沒有時間和

空間的限制下置身於中山史蹟徑中繼續學習。（2）Smart Teaching 隨時隨地學習，改變知識呈現方式。學生可以在任何時間使用此VR製作去複習孫中山革命的歷史，而不單單使用文字和圖片，也不用自己乘車到當地重新考察一次，同時亦令學生更自主地學習。在公眾層面上，令旅遊資訊更有現場感和真實感。在不同的旅遊網站中，只會使用文字和圖片來描述孫中山史蹟徑，而我們使用了360度圖片和影片進行製作，令使用者能置身於中山史蹟徑中。

三、教學設計

學科：中史科

教學對象：中三年級

教學法：

1. 沉浸式體驗學習
    - 學生利用VR教材身歷其境，並非紙上談兵。
    - 採訪現場沒有時間及空間的限制。
2. 自主學習／鷹架
    - 利用工作紙作為學習鷹架，引領學生注意學習內容重點。
    - 學生可按各人不同的步伐，根據VR教材的指引，進行探索。

教學工具：

1. VR眼罩
2. 支援VR的手機
3. VR影片／照片／導覽

教學實施及評估：分兩節進行

第一節：自主學習

學生利用工作紙及VR導覽自主學習課題內容。

利用工作紙的分數評估學習的效能。

第二節：分組協作學習

學生預先分組（異質分組），按所負責的內容進行準備及彙報。

老師事前說明彙報同學由老師即場選取，且必不選能力最佳的同學，希冀每組能各人投入互助。

利用各組的彙報表演評估學習的效能。

四、教案設計：第一節

孫中山史蹟徑教案：自主學習

教學目標：

1. 讓學生對中山史蹟徑的位置有概略認識。
2. 讓學生對革命黨人當年在香港的活動地區，有概略的觀念。
3. 讓學生認識孫中山在19世紀末及20世紀初年在香港的一些反清革命活動史蹟。
4. 讓學生認識香港今天尚保留不少與孫中山革命史蹟有關的遺址。
5. 透過孫中山在香港的革命事蹟，讓學生明白香港與內地的密切關係。

教學要點：

1. 香港是孫中山受業及孕育革命思想的地方。
2. 革命黨人利用香港作為反清革命基地的原因。
3. 香港今天尚保留不少與孫中山革命史蹟有關的遺址。
4. 興中會和同盟會是反清革命運動的根據地。

教學步驟：

1. 教師可於教授孫中山和辛亥革命前，播放《辛亥革命在香港part1》（https://youtu.be/JfsyA0xX1Ow），讓學生瞭解香港是革命的策畫和籌集經費的重要地。
2. 教師在課堂運用中山史蹟徑VR讓學生認識香港現存與革命運動有關的遺址，並簡介革命黨人當年在香港的活動地區。
3. 學生邊看中山史蹟徑360VR，邊完成相關工作紙，加深學生對孫中山在香港的革命事蹟的印象。
4. 指派分組（四人一組，異質分組），下一課節前各小組討論短片內容，深入瞭解孫中山在香港的事蹟。
5. 討論內容：簡介孫中山在香港的事蹟（時、地、人……）

五、教案設計：第二節

孫中山史蹟徑教案：分組協作

教學目標：

1. 讓學生對中山史蹟徑的位置有概略認識。
2. 讓學生對革命黨人當年在香港的活動地區，有概略的觀念。
3. 讓學生認識孫中山在19世紀末及20世紀初年在香港的一些反清革命活動史蹟。
4. 讓學生認識香港今天尚保留不少與孫中山革命史蹟有關的遺址。
5. 透過孫中山在香港的革命事蹟，讓學生明白香港與內地的密切關係。

教學要點：

1. 香港是孫中山受業及孕育革命思想的地方。
2. 革命黨人利用香港作為反清革命基地的原因。
3. 香港今天尚保留不少與孫中山革命史蹟有關的遺址。
4. 興中會和同盟會是反清革命運動的根據地。

教學步驟：

1. 學生上課前（上一節課堂及之後課餘）已透過VR視像及平板電腦觀看短片，漫遊孫中山史蹟徑的十五個史蹟點，自學孫中山在香港的足跡。
2. 上一節課堂已指派分組（四人一組，異質分組），上課前小組討論短片內容，深入瞭解孫中山在香港的事蹟，
3. 課堂上老師指派每小組某成員進行彙報所討論的心得，老師及同學互評。

討論內容：

1. 孫中山接受教育的學校及居住的地方
   第一組：A1（史蹟點1、2、4）
   第二組：A2（史蹟點5、9、10）
2. 孫中山與友人談論國是的場所
   第三組：B1（史蹟點3、6、8）
   第四組：B2（史蹟點11、13、14）
3. 孫中山及其革命同志在香港展開革命活動的地點

第五組：C（史蹟點7、12、15）

六、創新及科技運用

是次實踐運用了以下的科技元素：

1. 360 VR攝錄機：拍攝各場景的照片及影片。
2. Tour Creator：將360照片、旁述錄音和解說文字合成為一組導覽。
3. Google Poly：作為VR導覽的發放媒介及觀賞平臺。
4. Tour Builder：利用各景點在地圖上實質的位置和解說文字，製作旅程的鳥瞰地圖。
5. Power Director：將360影片編輯成為VR導覽影片。

七、檢討及反思

是次教學設計除應用學習鷹架、自主學習及協作學習外，還運用了一項較新的概念和科技——VR沉浸式體驗學習。所謂：「讀萬卷書不如行萬里路。」說明了親身體驗的重要性。然而，是次VR的運用實踐了「讀萬卷書不須行萬里路」，利用VR科技提供了「行萬里路」的體驗。

教材製作初期，由於對VR拍攝一竅不通，拍攝的內容質素低劣，無法應用。幸及後修畢VR拍攝的課程後，才開始瞭解合適的方法。我們和協助製作的學生屢敗屢戰，終於成功。

八、成品分享

地圖導覽	VR導覽	互動導覽	VR影片
建議使用桌面電腦 https://qrgo.page.link/MpfKN	https://poly.google.com/view/1TddzHpE9T0	https://cospac.es/mMX3	https://www.youtube.com/watch?v=VZO-oeKsmYs

第二十四章　體驗式學習何以促進香港青年的中華文化認同：對香港大學生中國內地交流計畫的個案研究

田家炳基金會
甄眉舒[1]

一、研究問題及個案介紹

（一）研究背景及問題

香港的主權回歸了二十餘年，但人心回歸未能同步實現。香港與中國內地「先賦的、原生的情感，以及同根同源的親緣文化紐帶未能在有效的社會互動中實現鞏固和強化」[2]。對祖國歷史及現狀的認知匱乏以及政治文化心理訴求的西化使部分香港青年[3]不僅抗拒「政治中國」，也對「侵入」本地社群生活和本土文化的內地文化產生牴觸。有鑑於此，建構文化層面的價值認同顯得尤為重要。

文化是構建身分認同的重要因素之一，文化認同是國家認同、政治認同的基礎，是民族凝聚力的根基。「對根源的尋求、對特定族群和歷史文化的歸從，是蟄伏於人性深處的精神衝動，是國家認同得以產生和強化的條件。」[4]加強香港青年對「文化中國」的認同，幫助他們通過中華文化「異中求同」，有助於克服分離主義，培育中華民族一體化意識，凝聚國家認同力量。

近年來，在中國政府的大力支持和香港特區政府不遺餘力的推動下，香

1　通訊作者：甄眉舒（anna@tinkaping.org）。
2　謝碧霞：〈生態系統視角下增強港澳青年國家認同的機遇與挑戰〉，《當代青年研究》，2019年第363期，第5-13頁。
3　為使討論更嚴謹，本文的「香港青年」指既是香港永久性居民、也是中國公民的青年群體。
4　李偉言：〈國家認同問題的教育學省思〉，《湖南師範大學教育科學學報》，2017年第16卷第3期，第32-38頁。

港各大專上院校、企業、慈善團體及社會機構等為青年學生搭建了在內地生活及發展的平臺，提供了形式多樣、內容豐富的交流機會。其中有大量交流團旨在通過文化考察等途徑，幫助香港青年瞭解中華文化。雖然這些活動的「數量」多，但對其「質量」的研究仍不充分。

和以往對香港青年的身分認同議題做宏觀診斷及理論解釋的研究不同，本文以個案研究法，通過青年視角來具體分析一項內地交流計畫，以嘗試研究這類體驗式學習活動的成效：在內地交流的過程中，香港青年如何看待中華文化？他們希望看到、學到、感受到哪些文化性要素？哪些設計能夠激發他們對中華文化的興趣及思考？教育者應如何參與其中？這類活動應如何設計，方能有效促進中華文化認同感的形成？

（二）研究個案

田家炳基金會自2017年起資助香港大學中文學院（以下簡稱「學院」）舉辦「承傳與探索——中國文化體驗學習交流計畫」，以培育大學生的文化素養，陶鑄多元價值，從而使他們成為立足香港、心懷家國、融通世界的新世紀多元人才。在內地高校及有關單位的配合下，該項目帶領大學生親赴一帶一路地域、少數民族地區及歷史文化名城進行考察，並在整個學年持續舉辦豐富的文化課程及活動以深化效果。

作為港大最受學生歡迎的內地交流計畫之一，該項目的報名人數創香港院校同類活動之冠。每次赴內地的活動都有來自全校各系各級約四百至五百人報名。主辦方從中遴選五十至六十人，平均錄取率約為十分之一，很多學生熱切要求增加名額。該計畫的學生評分亦居該校各類學生活動之首，學生的平均滿意率超過95%。有學生評價「這獨特的中國交流計畫不只是觀光，而是觀心之旅」。

制定香港青年政策的方向及推動青年價值觀教育的前提是「先瞭解現今年輕人的想法和特徵」[5]。本文以學生填寫的評估問卷為主要的研究文本，以他們的感受及反饋來分析內地交流活動對其中華文化認同感的影響，以及個案所包含的全方位體驗學習模式，最後進行討論總結。

[5] 何順文：〈九十後的特徵與啟示〉，網站：https://iknow.hkej.com/php/article.detail.php?aid=29536，瀏覽日期：2020-08-31。

二、外走萬里路，內育文化心

（一）對一次活動的重點分析

2019年10月，學院舉辦了「川流不息——四川西藏行」活動。在四川大學的配合下，活動由兩地專家共同精心設計考察路線，並進行了嚴謹周到的組織安排，從而增加學生對川藏文明的認識。出發前，學生會先在港大參加相關培訓，奠定一定的知識基礎，做好充分的行前準備。在十一天的行程中，學生來到康定草原、木格措景區、黃龍高原勝境等地，欣賞自然景觀，感受自然環境對文化的影響以及人與自然生態的協調發展；參訪色達喇榮五明佛學院、塔公寺、文殊院等，認識有關佛教的基本思想及文化藝術；與嘉絨藏民、康巴藏民和羌族朋友交流互動，瞭解當地少數民族的風俗、語言、信仰，體驗各民族在一起和諧共融的生活；到訪四川大學，與該校師生交流座談。港大及川大教師全程為學生做現場講解，及時答疑解惑。

在評估中，有98.4%的學生同意或非常同意活動「為我提供了學習中華文化知識的機會」，有100%的學生同意或非常同意活動「使我對真實世界有更深刻的理解」。學生認為，活動「在理論學習中欣賞中國內地令人震撼的景色和文化」[6]，「這是在真實旅途中深度學習文化的絕佳機會」[7]，「這種全新的經歷令我大開眼界」[8]等等。

活動何以獲得學生認可並取得理想效果？學生的反饋體現出是次活動的以下特色：

第一，精心選點，令學生能夠接觸到「令人驚歎的自然風光和藏傳佛教的豐富文化」[9]。「去色達瞭解藏傳佛教文化」，「難得有機會參觀一些偏遠／敏感的地方，比如五明佛學院」[10]等都令學生印象深刻。他們感到「到

6　因多數學生用英文填寫評估問卷，本文在正文中使用其英文表述的中文翻譯，在註釋中標註對應的英文原文。如學生使用的是中文，正文將直接加以引用。
本句原文：「To enjoy the stunning landscape and culture of mainland China with academic learning.」下同。

7　「This is really a good opportunity to have deeper culture learning through a real trip.」

8　「The experience is brand new for me and was an eye-opening one.」

9　「The amazing nature scene and the rich culture of Tibetan Buddhism.」

10　「The rare opportunity provided with students to visit remote/sensitive spots, such as the Wuming Buddhist Institute.」

訪有神祕色彩、有挑戰性且個人很難去到的地方」[11]，以及「去非旅遊景區」[12]能夠使得「整個交流活動不僅僅是一次旅行體驗」[13]，同時也「讓參加者能夠學習更多中華文化和佛學知識」[14]。

川藏地區富有文化特色的景觀及名勝古蹟數不勝數，在有限的考察時間內設計一條有特色的文化學習路線並非易事。正是兩地專家的精心策畫，才令每一個行程都包含明確而具意義的學習內容，令學生感受到是次活動不同於個人旅遊的獨特性。

第二，教師的專業指導和積極投入，增加了學生的文化知識，也為旅程增添了人文關懷。在評估中，有100%的學生同意及非常同意「項目負責人提供了足夠的指導及支持」。學生認為，港大和川大老師「沿途授課甚佳，同學能夠從中瞭解川藏文化，以及藏傳佛教的歷史」，「全程提供了豐富的信息及指引」[15]，「我在兩所大學優秀老師的指導下體驗了西藏文化，這是我參加過的最深入的實地考察」[16]。

教師講解知識的方式並不古板枯燥，而是使學生易於接受：廖老師「總是能以一種非常生動和容易記憶的方式解釋複雜的概念。他甚至利用晚餐時間與我們分享他在其他內地旅行中的經歷，並藉此令我們進一步瞭解這些地方的歷史和文化」[17]，「他教給我們課本以外的知識，給我們上了精彩的人生課」[18]，「不僅教授與考察地點直接相關的知識，而且指導我們如何將這些知識應用到生活中」[19]。

教師也帶來其他正面影響：「廖老師是我們的朋友和導師。這位堪稱典範的領導者不僅啟發我們，而且賦予我們力量」[20]，「是真正負責任的，並

---

11 「Visiting mysterious and challenging places that are hard to visit alone.」

12 「Going to non-touristy places.」

13 「This makes the whole exchange activity more than merely a travel experience.」

14 「That can allow participants to learn more about Chinese culture and Buddhism.」

15 「The program coordinators from HKU and SCU have provided sufficient information and guidance throughout the trip.」

16 「I got to experience Tibetan culture with the guidance of great teachers from both university, which goes away more in-depth than any other field trip I've been a part of.」

17 「He can always explain complex concepts in a very lively and easy to remember manner. He even made use of supper time to share his experiences in other mainland trips to us and from that what types of references we can further look into the history and culture of those places.」

18 「He fills us with knowledge beyond textbooks, teaches us awesome life lessons.」

19 「He not only teaches knowledge directly related to the sited visited, but also gives us guidance on how to apply them to our lives.」

20 「Liu Sir, acted as our friend and master. This exemplary leader not only enlightens us, but also empower us.」

盡其所能使旅程盡可能順利和愉快」[21]等。

作為學生學習的促進者，帶隊教師充分尊重青年學生的主體性和能動性。雖然旅途有導遊陪同，但教師更能夠理解香港學生的學習興趣和期待。特別是教師聯繫實際，將這些與香港本地文化有一定差異的文化元素和生活經驗相結合，拉近了異域文化與學生的心理距離，使知識學習更接地氣，有助於知行合一。教師以個人的文化素養、專業知識、敬業精神為學生樹立榜樣，並與其建立了亦師亦友的融洽關係，這都有利於激發學習動力，令學生投入其中。

第三，令學生親身體驗當地文化和生活。有學生認為，活動的最佳安排是「親眼看到並理解天葬」[22]，「我們能夠入住當地藏包」[23]等。他們增加了對當地人的瞭解：「那裡的人很好，因為他們相信業力和佛教」[24]，「我認識了藏傳佛教及其如何影響西藏人民的生活方式」[25]，「我們還觀察了西藏農村的農牧民。他們獨特的生活方式不應該被邊緣化和貶低」[26]。這類安排令他們獲得當地生活的融入感。

（二）對其他活動的整體回顧

以上特點在過去二十餘次活動中是一以貫之的。很多內地交流計畫以發達地區或大城市作為考察點，但學院卻選擇了香港年輕人很少主動去到的地區，令學生感受中華文化的歷史性、豐富性、壯闊性和現代性。這直接提升了他們的參與意願。

在文化體驗方面，活動的安排也別出心裁。例如，在「雪域天路——青海西藏行」中，許多學生對走進珠穆朗瑪峰、夜晚於珠峰大本營入住這段經歷感觸深刻：「我被推動（在有足夠支援的情況下）去挑戰我的極限，並學會在新的、嚴酷的、有挑戰的環境中生存，……這不僅僅是鍛鍊身體，更

21 「The project leader is really responsible and does his best to make the experience as smooth and enjoyable as possible.」

22 「Witnessing and understanding 天葬.」

23 「We were able to have a taste of local accommodations 藏包.」

24 「The people there are very good because they believe in karma and Buddhism.」

25 「I have learnt much about Tibetan Buddhism and how it has affected Tibetan people's way of life.」

26 「We also conducted observation on rural Tibetans, whether nomads or peasants. Their unique lifestyle should not be marginalized and devalued.」

是關乎決心和勇氣」[27]，「行前，我對一切都很緊張，我對自己應對此行的能力產生了懷疑。這趟旅行讓我瞭解自己，讓我成為一個更勇敢、更堅強的人」[28]。「這種真實生活的體驗」[29]也讓學生「以不同尋常且具啟發性的方式理解了西藏的文化、地理和歷史」[30]。

又如，在「多元、互動、和諧——雲南民族文化交流」活動中，學生與少數民族村民共居共融，合辦晚會。他們感到「最難忘的經歷是和當地人住在一起，品嚐他們的傳統食物」[31]，「真實的生活體驗比從書本上學習要好得多。它使我更加深入地瞭解這些人的生活方式，鼓勵我更多地認識少數民族群體」[32]。除了和當地居民交往，香港學生也能與當地大學師生交流，「雲南大學的老師及助教非常友善、樂於助人、知識淵博」[33]。

在此過程中，學生對文化的認知層層遞進，對文化的接受程度不斷提升。他們首先獲得了一定知識，產生了學習興趣：「我學到了很多關於西藏文化和宗教的知識。如，在這次旅行之前，我不知道達賴喇嘛和班禪在分工方面有什麼不同」[34]，「我對西藏的語言、醫學、建築和文學非常著迷」[35]，（在莫高窟）「看到有這麼多壯觀壁畫和雕塑的石窟，反映了高超的藝術水平及佛教在中國古代的興盛，令人驚歎」[36]。在此基礎上有所思考：「幫助我們理解旅遊對文化保育的影響」[37]，「令我從不同角度思考文化的矛盾性」[38]，「令我們反思文化的包容性，古老村落的商業化」[39]。還

---

27 「I'm pushed (while with adequate support) to test my limit, and learn to survive in a new, harsh and challenging environment... it is not just about physical fitness, but the determination and courage.」

28 「I was so nervous about everything before the trip, I had doubt about myself on my ability to cope with the trip. This whole trip allows me to understand myself, and makes me a more courageous and less vulnerable person.」

29 「This real-life exposure.」

30 「To understand the culture, geography and history of Tibet in a more striking and inspiring way.」

31 「The most unforgettable experience is to live with local people and have a taste of traditional food of these people.」

32 「Real life experience is much better & different from learning from books. It enables me to have a better insight of the lifestyle of these people and encourages me to know more about the minority group.」

33 「Teachers/Assistants from Yunnan University are really nice, helpful and knowledgeable.」

34 「I have learnt many things regarding the culture and religion of the Tibetan. For example, before this trip, I have no idea about the difference between Dalai Lama and Panchen Lama in terms of division of work.」

35 「I was fascinated by the linguistics, medicine, architecture and literature of Tibetan.」

36 「It's so amazing to find such grottoes with so many spectacular murals and sculptures which can reflects the high level of art and prosperity of Buddhism in ancient China.」

37 「Helped us understand the effect of tourism on cultural preservation.」

38 「Make me think about the cultural contradiction from different perspectives.」

39 「This enables us to reflect on culture inclusion, commercialization of old villages.」

有學生產生情感觸動，加強了文化素養，如：「我們開始關心作為中華文化一部分的西藏文化及其保護」[40]，「自己雖然沒有宗教信仰，但我理解並尊重這種獨特的文化」[41]，「佛像讓我看到了信仰的力量，以及人們對藝術再創作永不磨滅的激情」[42]。

此外，活動的細節安排亦十分周到。「行程雖緊但十分流暢」[43]，「組織有效，事事準備充分」[44]，「時間管理做得好，我們很早出發以避免遇到交通堵塞，這是明智的」[45]；活動招募了一些在港大就讀的內地學生參加，令「內地學生和大部分香港學生打成一片，共同度過了所有的苦與樂」[46]；在有關單位的資助下，「活動的價格頗具吸引力」[47]。這些都增加了學生的愉快體驗，「希望能在此多留幾天，我實在不想離開」[48]。

（三）對成效的討論

長期以來受西方優越論影響，不少香港年輕人對內地持有刻板固化的負面觀感，對內地文化生活懷有疏離感，對內地人的認識限於「遊客」，有時對同胞缺乏基本接納甚至會反向歧視。學院舉辦的這些活動使學生能夠腳踏神州大地，正面認識中華文化，「引領學生充分重視自身樸素和鮮活的經驗性資源，把自身的觀察、體悟、分析、判斷結合起來，以實事求是的考察破除對抽象觀念的迷戀和主觀臆想」[49]。

活動亦不會預設「感受國家強大」、「提高愛國意識」等「目標」，而是提供充分的自由空間，令學生真心地投入[50]。「學生能自由選擇自己的

40 「We began to concern about Tibet as part of the Chinese culture and preserve this culture.」

41 「I don't have a religious belief, but I understand and respect this unique culture.」

42 「Buddha statues opened my eyes towards the strength of the people's faith and their unyielding passion towards recreating art.」

43 「The schedule was very tight but smooth.」

44 「The organization was very efficient; everything was well prepared.」

45 「Time management was great that it was a wise decision that we set off early to avoid traffic jam.」

46 「Mainland students successfully merge in with most Hong Kong students during all hardships and highlights.」

47 「The price of the programme is very attractive.」

48 「I hope we can stay for several more days because I really don't want to leave.」

49 李偉言：〈國家認同問題的教育學省思〉，《湖南師範大學教育科學學報》，2017年第16卷第3期，第32-38頁。

50 廖舜禧：〈預設愛國教育難有果效・感受山河大地事半功倍〉，《信報》，2020-04-03。

學習方式」[51]，「每一位學生都有平等表達想法的機會」[52]。他們在認知與現實之間做自我修正和調適，在理性思考中消除認識和情感上的隔膜，體驗和內地人的一體感，獲得發自內心的思想轉變及情感觸動。從評估問卷可知，絕大部分學生對國家及中華文化的認知有正面改觀，不少學生首次產生「國家山河壯麗偉大」之感。「只有當我們走進內地，和當地人在一起時，才能理解中國內地的真實情況並消除一些偏見。」[53]人的情感總是與一定文化情境相聯繫，就減少偏見而言，情感上（affective）的改變較認知上（cognitive）的改變更為關鍵[54]。文化認同正是這樣一個由表及裡、逐漸發展的內化過程。

三、全方位的文化學習模式

（一）全方位文化學習模式的內涵

促進對中華文化的認同感，僅靠一兩次北上內地並不足夠，校內的文化課程及活動同樣重要。經過多年探索，學院已發展出一項「全方位」的文化學習模式，令學生在整個學年都浸潤於中華文化的氛圍中。

「全方位」在縱向上加強內地交流活動的完整性和教育性。出行前，學院先安排學生在先導課堂上學習考察相關的文化知識，或邀請內地專家學者赴港教學，幫助學生熟悉考察內容和學習重點。行程結束後，學生須提交報告，就旅程所學加以反思總結；在本次活動展覽上展示攝影作品。學院也安排了視頻製作工作坊，幫助學生更生動地記錄下沿途的所見所聞所思。這些作品雖然在技術上稍顯稚嫩，卻流露著學生對於腳下那片中華大地的真情實感。此外，學院會及時為學生舉辦講座和研討會，助其深化所見，內化所學。如「大漠孤煙直——絲路敦煌新疆古道行」後，學生參與了「敦煌壁畫工作坊」、「心經抄寫工作坊」。「完成所有行程後舉辦了座談會，同學們踴躍發表感想。老師所提出的問題引人深思，我亦從中獲益不少。」

「全方位」在橫向上拓展校內文化課堂及活動的創新性和豐富性。學院與有關單位合作，在整個學年恆常舉辦各類文化活動。僅在2017至2018學

51 「Sufficient freedom for students to choose their way of learning.」

52 「Each students was provided with an equal opportunity to express their opinions.」

53 「Only when we are inside & live with the local people could we understand the real situation in mainland China & eradicate some of the bias.」

54 周八駿：〈讓青年做香港與祖國的紐帶〉，《香港商報》，2017-06-22。

年就有十五項，吸引了二千二百三十位校內外的大、中、小學生報名，有一千零四十五名學生得以參與或獲獎。這些課程及活動廣泛涉及中華文化的豐富內容，包括茶道（如「茶禪一味——茶禪體驗課程」）、書法（如「書法比賽及師生書法聯展」）、命理（「知命與宿命——命理八字文化工作坊」）、中樂（如「古韻悠揚——古琴古樂欣賞會」）、佛學（如「茶水經行慈山寺」）、棋藝（如「樂在棋中——象棋文化講座及對弈體驗」）等。在傳授知識之餘，這些講座及活動更強調學生的親身體驗，讓他們自己拿起毛筆嘗試寫一幅書法，或靜下心來嘗試打坐參禪等，讓學生在躬體力行中體會中華文化要義。學院的經驗學習及交流計畫總監廖舜禧老師指出：「不能硬邦邦、老八股，一定要翻出新意，慢慢滲透，以清新幽默之法，植種善種子。再用說教的方式，哪有學生肯來呢？」

學院還組織大學生帶領少數族裔的中小學生參加文化遊活動，讓大學生指導他們寫揮春、學中文。在這一過程中，大學生不只是文化的學習者，更是傳播者。學院致力以多種方式，建構學生對國家文化「認識、珍惜、弘揚」之道路。

（二）學生評價

在歷次評估中，平均有98%的學生同意及非常同意「這種文化學習模式及其過程有助於我的文化學習」，有97%的學生同意及非常同意「授課教師在出行前後的講座增加了我對文化及是次項目的瞭解」。有學生結合自己的學習經歷對這種模式的效果做出分析：「我從這些旅行中獲得的豐富收穫可以說改變了我的生活，因為它們不只是觀光旅行，而是將旅行、體驗或融入當地人的生活，以及量身定做的工作坊和講座綜合為一體。這完全改變了我自己的視角，把我的學術思維提升到了新的高度。」[55]「中國有句古話：讀萬卷書不如行萬里路。廖老師在所有這些項目中採用的有趣策略是將參觀和講座相結合，且每次講座都是因應不同學生的多樣化需求而做出調整。這是一種新型的教與學——將傳統的教學方式轉變為一種更高效、更全面、更有

---

55 「The fruitful experience I gained through these travels has been life-changing, because they are not just sightseeing travelling, they are combination of travelling, experiencing or immersing in local lives, as well as tailor-made workshops and lectures. This is completely change my own point of view, bringing my academic thinking to another level.」

實踐性的知識轉移模式。」[56]

這些項目及活動拓展了學生的中華文化視野，激發了學習積極性，增強了對民族文化的識別能力。有的學生反思自己的文化知識和中文語言能力不夠，「我希望我們自己在去內地前多做準備，例如對西藏文化進行研究」[57]，「我一直想提升語言能力，在中國練習普通話」[58]。很多學生不僅要求「交流時間再長一些就好了，需要更多時間來理解深刻的文化內涵」[59]，還要求組織更多去新疆、內蒙古、東三省等地區的考察活動，或「在內地的農村地區體驗不同的農村文化」[60]，「沿著一帶一路，去中國以外的國家，如俄國、哈薩克斯坦等」[61]，「以中國歷史年代為單位，去各個年代具有重要軍事、文化或是政治價值的地區參觀」，「到東南亞交流學習，瞭解中國文化對其他國家的影響，如瞭解馬來西亞、越南華僑的生活，中國文化在國外的適應」[62]等。他們也希望與內地同胞增加交往，如「到少數民族的學校觀課或上課」，「和內地大學生有更多交流，一起分享不同的生活方式和文化」[63]，「加入更多當地的文化活動，以和當地居民交流」[64]等。學生紛紛提出更為明確的學習方向和知識訴求，如希望在文化課堂上學習詩詞、漢服、唐卡、中國舞、中國戲曲、國畫、射箭、雕刻、陶藝、民歌、武術等，進行以中華文化為主題的「電影／紀錄片放映及圓桌討論」[65]等。

---

56 「There is always a Chinese saying: walking 10000 miles is better than reading 10000 books. The interesting strategy which Mr. Hayson Liu has adopted in all of these programs is to incorporate tours and lectures in one go - and the lectures are different every time two different people catering to different needs. This is the new kind of learning and teaching - transforming traditional way of teaching to a more lean, all-encompassing and hands-on mode of knowledge transfer.」

57 「I hope we can make more preparation ourselves before the programme, e.g. conducting research regarding the Tibet culture.」

58 「I have always wished to strengthen my language skills and get to practice my mandarin in China.」

59 「The exchange period can be longer, need more time to understand the profound culture.」

60 「Allow students to experience different rural cultures in rural areas of the mainland.」

61 「Along the one belt one road regions beyond China, e.g. Russia, Kazakhstan, etc.」

62 「An exchange study to Southeast Asia to see the infusion of Chinese culture into other countries e.g. lives of overseas Chinese in Malaysia, Vietnam, etc., adaptation of Chinese culture in foreign countries.」

63 「Communicate more with students from Chinese universities, so that we can share different lifestyle and culture together.」

64 「Organize some exchange programmes that involving more local and cultural activities, so we can communicating with local resident.」

65 「Film/documentary screening and roundtable discussion.」

四、小結：對香港青年中華文化教育的再討論

近年來，部分青年對國家發展的關心程度不高，對國家形成了牴觸和對立情緒。逢中必反幾乎成為部分人的思維定勢。在此背景下，從文化認同的角度切入，幫助青年人對內地及香港的文化價值進行共識重構、共享價值體系，是促進民族及國家認同的可行途徑。文化價值的「內化」有助於生活在某一特定社會中的人們達成思想上的接近或者一致，經由文化價值的認同，可以使得社會成員較易整合進和諧的行為體系中，及促進共同體目標的實現[66]。

本文的個案可帶來以下思考：

第一，充分理解香港青年人對於中華文化的接受態度和認知特點。

因和內地青年的成長背景不同，香港的年輕一代很難以種族、血緣做身分認同的依據，很難天然地擁有「大中華」、「血濃於水」、「龍的傳人」的意識。一味指責青年人背祖忘根，或是灌輸式的教育方式可能適得其反。促進他們的中華文化及國家認同需要走過漫長、曲折的歷程；既要尊重他們的成長規律，正確看待新一代青年群體的世代特徵，改進工作的方式方法，發揮青年的參與性和主動性，也要保持信心和耐心[67]。

第二，體驗式學習需要精準設計與有效實施。

體驗式學習的方式能夠突破書本、傳統課堂和網路媒介的局限，讓青年學生獲得關於中華文化的直接信息和真實感覺。基於體驗式學習的理性討論勝於基於政治圖譜的感性宣洩。學生也認可這種方式，「體驗式學習是一種新趨勢，學生們非常喜歡，因為他們從中獲得了中國文化背景下的高質量體驗」[68]。

然而，體驗式學習的教育目的能否達成取決於活動質量。近年來大量的內地交流團何以成效不彰？有研究指出，不少青年視短期的內地交流為「廉價旅遊」，旅行式的設計重觀光勝於交流；淺薄的接觸、「與真實內地社會

66　李敢：〈內地與香港文化價值共識重構的實證分析——以香港國民教育科爭議處置個案為例〉，《華僑大學學報》，2013年第4期，第100-107頁。

67　謝碧霞：〈生態系統視角下增強港澳青年國家認同的機遇與挑戰〉，《當代青年研究》，2019年第363期，第5-13頁。

68　「Experiential learning is the new trend, and students like it very much because they gain something: quality experience in the context of Chinese culture.」

隔絕」往往留給參與者模糊的印象和淡薄的感受，並未增加對祖國的瞭解；豪華招待和只強調國家強盛的「形象工程」反而令參與者有所戒備[69]。

本文的個案克服了以上問題，通過精心的頂層設計、用心的周密實施、教師的專業引領以及系統性的學習模式，增進了青年學生對中華文化的理性思考，激發了學生的學習興趣，培養了發自內心的熱愛、悅納、自豪等積極情感。

在2019年香港社會動盪期間，兩地交流活動幾乎停辦，香港的「反中」情緒不斷加劇，但學院的內地交流計畫迎難而上、如期舉行，報名參加的學生人數依然「爆滿」，他們也用優秀的表現贏得了內地師生的讚賞。可見，香港學生並不抗拒瞭解中國文化歷史，亦不抗拒中國交流學習，問題是當中能否給予空間自由討論、交流是否讓他們見到真貌，而不是要他們實踐校方、官方預設的「目標」、收到訂立的「效果」[70]。

此外，這類文化課程及活動需要內地有關單位的配合和社會力量的支持，共同為促進香港青年的中華文化認同創設有利條件。

第三，深入研究中華文化認同教育在香港所面臨的挑戰與機遇。

國際形勢的發展變化帶來的地緣政治影響、國家綜合實力的升降以及港澳本土的經濟、社會文化發展都在作用於港澳青年的國家認同問題（謝碧霞，2019）。在香港，已經形成了不同於內地社會的本土文化意識軌跡，表現為一種以地緣情感、集體記憶、歷史經驗和生活方式的差異為特徵的本土主義思潮；香港本土文化認同在一套香港中心主義邏輯裡已經演變成排他性的自我認同，疏離了香港「自我」與內地「他者」[71]。

粵港澳大灣區建設有序展開，一系列有利於香港青年在內地升學、就業、生活的利好政策出臺，這些有助於推動兩地教育融合發展，逐漸深化香港與祖國之間的文化傳承，形成共同的感性經驗與心理共識，構建共同的歷史、語言、風習、信仰和集體記憶等文化性要素。教育工作者可幫助香港青年人梳理多元混雜的價值取向與矛盾複雜的心理狀態，塑造「一本多元」、中華文化為本的文化觀念；在全球化時代形成一種包容性的文化認同，既不喪失中華文化立場而盲目崇洋，也不讓對本土文化的認同流向狹隘的民族主義。

---

[69] 趙永佳、梁凱澄、黃漢彤：〈短期內地交流成效不彰．宜避免形式化〉，《明報》，2017-06-21。

[70] 廖舜禧：〈預設愛國教育難有果效．感受山河大地事半功倍〉，《信報》，2020-04-03。

[71] 馮慶想：〈香港本土主義的內在邏輯與歷史演變〉，《天府新論》，2016年第5期，第114-119頁。

社會科學類　PC0981　Viewpoint 58

多元視角：
二十一世紀中華歷史文化教育（教育現場卷）

編　　者／梁操雅、梁超然、區志堅
責任編輯／許乃文
圖文排版／楊家齊
封面設計／蔡瑋筠

發 行 人／宋政坤
法律顧問／毛國樑　律師
出版發行／秀威資訊科技股份有限公司
114台北市內湖區瑞光路76巷65號1樓
電話：+886-2-2796-3638　傳真：+886-2-2796-1377
http://www.showwe.com.tw
劃撥帳號／19563868　戶名：秀威資訊科技股份有限公司
讀者服務信箱：service@showwe.com.tw
展售門市／國家書店（松江門市）
104台北市中山區松江路209號1樓
電話：+886-2-2518-0207　傳真：+886-2-2518-0778
網路訂購／秀威網路書店：https://store.showwe.tw
國家網路書店：https://www.govbooks.com.tw

2020年11月　BOD一版
定價：600元

國家圖書館出版品預行編目

多元視角：二十一世紀中華歷史文化教育. 教育現場卷 / 梁操雅, 梁超然, 區志堅主編. -- 一版. -- 臺北市 : 秀威資訊科技, 2020.11
面； 公分. -- (社會科學類 ; PC0981)
(Viewpoint ; 58)
BOD版
ISBN 978-986-326-856-7(平裝)

1. 教育史 2. 歷史教育 3. 文集 4. 中國

520.92 109014503

讀者回函卡

感謝您購買本書，為提升服務品質，請填妥以下資料，將讀者回函卡直接寄回或傳真本公司，收到您的寶貴意見後，我們會收藏記錄及檢討，謝謝！

如您需要了解本公司最新出版書目、購書優惠或企劃活動，歡迎您上網查詢或下載相關資料：http:// www.showwe.com.tw

您購買的書名：________________________________

出生日期：________年________月________日

學歷：□高中（含）以下　□大專　□研究所（含）以上

職業：□製造業　□金融業　□資訊業　□軍警　□傳播業　□自由業

□服務業　□公務員　□教職　□學生　□家管　□其它____

購書地點：□網路書店　□實體書店　□書展　□郵購　□贈閱　□其他

您從何得知本書的消息？

□網路書店　□實體書店　□網路搜尋　□電子報　□書訊　□雜誌

□傳播媒體　□親友推薦　□網站推薦　□部落格　□其他________

您對本書的評價：（請填代號　1.非常滿意　2.滿意　3.尚可　4.再改進）

封面設計____　版面編排____　內容____　文／譯筆____　價格____

讀完書後您覺得：

□很有收穫　□有收穫　□收穫不多　□沒收穫

對我們的建議：________________________________

____

____

____

請貼
郵票

11466
台北市內湖區瑞光路 76 巷 65 號 1 樓
秀威資訊科技股份有限公司 收
BOD 數位出版事業部

....

（請沿線對折寄回，謝謝！）

姓　　名：________________ 年齡：________ 性別：□女　□男

郵遞區號：□□□□□

地　　址：____

聯絡電話：(日)________________ (夜)________________

E-mail：____